HTML y CSS

Diseño y construcción de sitios Web

JON DUCKETT

HTML y CSS

Diseño y construcción de sitios Web

JON DUCKETT

TÍTULO ESPECIAL

TÍTULO DE LA OBRA ORIGINAL: HTML & CSS. Design and Build Websites

TRADUCCIÓN: Santiago Andrés de León

REVISIÓN: Lidia Señarís Cejas

MAQUETACIÓN: OkDesignforLife.com

REALIZACIÓN DE CUBIERTA: Celia Antón Santos

RESPONSABLE EDITORIAL: Eugenio Tuya Feijoó

Authorised translation from the English language edition published by John Wiley & Sons Inc.
Copyright © 2014 by John Wiley & Sons, Inc.
All rights reserved.

Edición española:

© EDICIONES ANAYA MULTIMEDIA (GRUPO ANAYA, S. A.), 2024

Valentín Beato, 21. 28037 Madrid

Depósito legal: M-6385-2024

ISBN: 978-84-415-4959-3

Impreso en España

PAPEL DE FIBRA
CERTIFICADA

Pruebe y descargue todo el código de este libro de:
http://www.htmlandcssbook.com/code/

ÍNDICE DE CONTENIDOS

INTRODUCCIÓN

- ▸ Sobre este libro.
- ▸ Cómo funciona la red.
- ▸ Aprender de otras páginas.

Antes de nada, gracias por elegir este libro. Se ha escrito pensando en dos tipos de lectores muy diferentes:

- Quienes desean aprender a diseñar y construir sitios web desde cero.

- Cualquiera que tenga un sitio web (que puede haberse construido con un sistema de gestión de contenido, software para blogs o una plataforma de comercio electrónico) y quiere más control sobre el aspecto de sus páginas.

Lo único que necesitas para usar este libro es un ordenador con navegador web y un editor de texto (como el Bloc de notas de Windows o TextEdit de Mac).

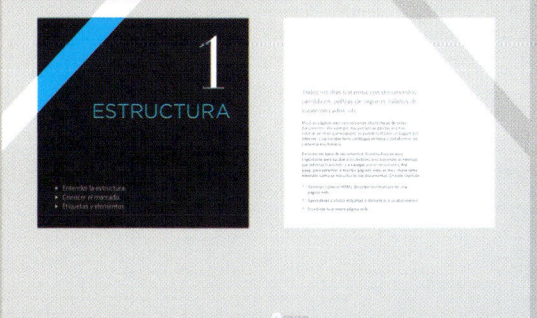

Las páginas **introductorias** aparecen al principio de cada capítulo. Presentan los temas clave sobre los que aprenderás.

Las páginas de **referencia** presentan elementos clave de código HTML y CSS. El código HTML se muestra en azul y el código CSS en rosa.

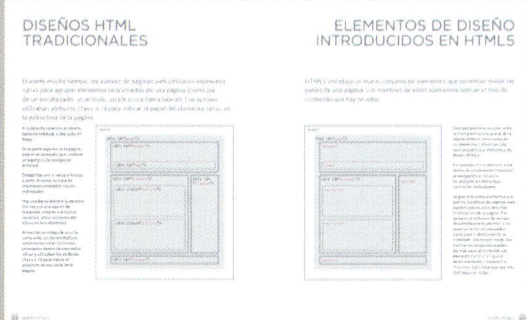

Las páginas de **contexto** son blancas; explican el trasfondo de los temas de cada capítulo.

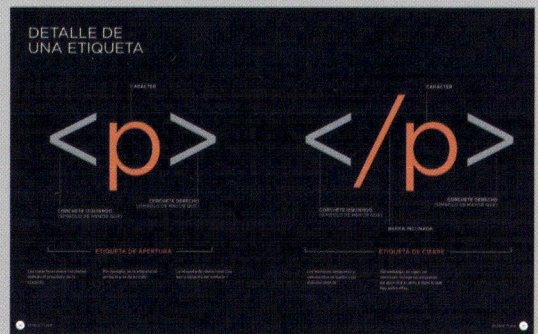

Las páginas con **diagramas e infografías** tienen un fondo oscuro. Ofrecen una referencia sencilla y visual para cada uno de los temas.

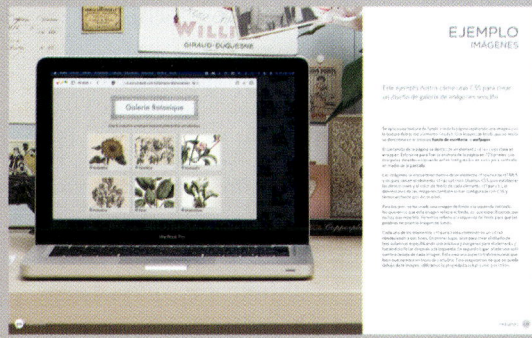

Las páginas de **ejemplo** recogen los temas aprendidos y muestran cómo aplicarlos.

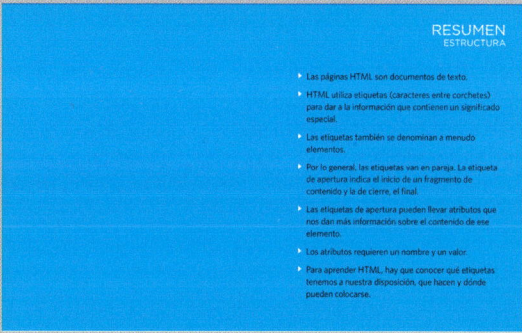

Al final de cada capítulo hay una página de **resumen** para recordar los temas clave que se han abordado.

¿ES DIFÍCIL APRENDER?

Muchos libros que enseñan HTML y CSS son manuales aburridos. Para que te resulte más fácil aprender, hemos pasado de la plantilla tradicional que usan las editoriales para rediseñar el libro desde cero.

En el trabajo, cuando la gente mira mi pantalla y la ve llena de código, no es raro que hagan comentarios sobre lo complicado que parece o lo listo que debo de ser yo para entenderlo. La verdad es que no es difícil aprender a escribir páginas web ni leer el código con el que se crean; ciertamente, no hace falta ser «programador».

Entender HTML y CSS puede ayudar a cualquiera que trabaja con la red; los diseñadores pueden crear sitios más atractivos y usables, los editores web pueden crear mejor contenido, los de marketing pueden comunicarse con su público de una manera más efectiva y los directivos pueden encargar mejores sitios para sacar lo mejor de su equipo.

Me he centrado en el código que hay que usar el 90 % del tiempo y he omitido el que raramente se ve, incluso cuando te dedicas a crear sitios web para ganarte la vida. Al final del libro, te encontrarás con el 10 % restante; puedes buscarlo en Google de una manera fácil y rápida para comprender su significado.

También he añadido información práctica sobre los temas por los que suelen preguntarme, por ejemplo, cómo preparar imágenes, sonidos y vídeos para Internet, cómo enfocar el diseño y construir un sitio nuevo, cómo mejorar la posición en los motores de búsqueda (SEO) y cómo utilizar Google Analytics para saber más sobre los visitantes de tu sitio.

LA ESTRUCTURA DE ESTE LIBRO

Para enseñarte a crear páginas web, el libro está dividido en tres secciones:

1: HTML

Dedicaremos el primer capítulo a examinar cómo se usa HTML para crear páginas web. Verás que se empieza escribiendo las palabras que queremos aparezcan en la página. Luego añadimos etiquetas o elementos a las palabras para que el navegador sepa si son un encabezado, dónde empieza y acaba un párrafo, etc.

El resto de la sección presenta las etiquetas de las que disponemos para crear páginas web, agrupadas en capítulos sobre texto, listas, enlaces, imágenes, tablas, formularios, vídeo y sonido y elementos misceláneos.

Debo advertirte que los ejemplos de los primeros nueve capítulos no son precisamente emocionantes, pero constituyen la base de cualquier página web. Los siguientes capítulos sobre CSS explicarán cómo hacer que las páginas web tengan un aspecto mucho más interesante.

2: CSS

Empezamos esta sección con un capítulo explicativo de las reglas de CSS para controlar el estilo y el diseño de las páginas web. A continuación veremos la amplia variedad de propiedades CSS que podemos usar en esas reglas. Por lo general, estas propiedades se reparten en dos categorías:

Presentación: Cómo controlar aspectos como el color del texto, las fuentes y su tamaño, cómo añadir colores de fondo a las páginas (o a partes de una página) y cómo añadir imágenes de fondo.

Diseño: Cómo controlar dónde se colocan los distintos elementos en la pantalla. También veremos varias técnicas que usan los profesionales para hacer sus páginas más atractivas.

3: PRÁCTICA

Terminaremos con información útil que te ayudará a crear sitios web mejores.

Echaremos un vistazo a etiquetas de HTML5 que te ayudarán a describir la estructura de tus páginas. HTML5 es la última versión de HTML. Antes de aprender sobre estos elementos, necesitas tener claro cómo se utiliza CSS para controlar el diseño de las páginas web. Hay un capítulo que te guiará por un proceso de diseño que te conviene seguir al crear una página web.

Por último, abordaremos temas útiles para cuando ya tengas construido tu sitio: cómo subirlo a Internet, la optimización en motores de búsqueda (*Search Engine Optimization*, SEO) y el uso de software de análisis para rastrear quiénes pasan por tu sitio y qué miran ahí.

NOTA SOBRE LA VERSIÓN ORIGINAL DEL LIBRO

El 31 de diciembre de 2020 Adobe dejó de dar soporte a Flash Player. Por ese motivo se han eliminado de esta obra las referencias a Flash, además de algunos contenidos actualmente irrelevantes.

CÓMO ACCEDE LA GENTE A INTERNET

Antes de fijarnos en el código que sirve para construir sitios web, es importante considerar las distintas maneras en que la gente accede a Internet y aclarar la terminología.

NAVEGADORES

La gente accede a los sitios web utilizando un software denominado **navegador**. Firefox, Internet Explorer, Safari, Chrome y Opera son ejemplos populares de navegador.

Para ver una página web, los usuarios pueden escribir la dirección en el navegador, seguir un enlace desde otro sitio o utilizar un marcador.

Los productores de software sacan con regularidad actualizaciones de sus navegadores con funciones nuevas. No obstante, es importante recordar que muchos propietarios de ordenadores no están utilizando la versión más reciente de estos navegadores, por lo que no podemos confiar en que todos los visitantes de nuestro sitio web puedan usar las últimas funcionalidades ofrecidas para todos los navegadores.

Veremos cómo saber qué navegadores usan los visitantes para acceder a nuestro sitio web en el capítulo 19.

SERVIDORES WEB

Cuando introducimos una página web en el navegador, la solicitud se envía por Internet a un ordenador especial, conocido como **servidor web**, que aloja el sitio web.

Los servidores web son ordenadores especiales permanentemente conectados a Internet y optimizados para enviar páginas web a la gente que las solicita.

Algunas empresas grandes tienen sus propios servidores, pero lo más habitual es utilizar los servicios de una empresa de **alojamiento web**, que nos cobra una tarifa por alojar nuestro sitio.

DISPOSITIVOS

La gente accede a Internet desde una amplia variedad de dispositivos, incluidos ordenadores de sobremesa, portátiles, *tablets* y teléfonos móviles. Conviene recordar que los distintos dispositivos tienen tamaños de pantalla diferentes y algunos tienen conexiones más rápidas que otros.

LECTORES DE PANTALLA

Los **lectores de pantalla** son programas que leen en alto el contenido de la pantalla de un ordenador para un usuario. Los utilizan habitualmente las personas con dificultades visuales.

Igual que en muchos países hay legislaciones que exigen que los edificios públicos sean accesibles para personas con discapacidad, también hay leyes que exigen que los sitios web sean accesibles para estas personas.

A lo largo del libro hay varias referencias a los lectores de pantalla. Estas notas te ayudarán a asegurarte de que los sitios que crees sean accesibles para la gente que usa ese software.

Hay un hecho interesante y es que se están empleando tecnologías similares a las de los lectores de pantalla en otras situaciones en las que la gente no puede leer una pantalla, como, por ejemplo, cuando van conduciendo o salen a correr.

CÓMO SE CREAN LOS SITIOS WEB

Todos los sitios web utilizan HTML y CSS, pero los sistemas de gestión de contenido, el software para blogs y las plataformas de comercio suelen añadir unas cuantas tecnologías más al cóctel.

LO QUE VEMOS

Cuando miramos un sitio web, lo más probable es que el navegador esté recibiendo HTML y CSS del servidor que aloja el sitio. El navegador interpreta el código HTML y CSS para crear la página que vemos.

La mayoría de los sitios web también incluyen contenido adicional, como imágenes, sonido, vídeos o animaciones, y este libro te enseñará a prepararlos para utilizarlos en la red y a insertarlos en tus páginas web.

Algunos sitios también envían JavaScript a nuestro navegador y veremos cómo añadir esto a nuestras páginas web. Esta tecnología es un tema avanzado sobre el que podrás aprender más, si quieres, cuando ya domines HTML y CSS.

CÓMO SE CREA

Los sitios web pequeños están escritos a menudo solo con HTML y CSS.

Otros sitios web más grandes, sobre todo los que se actualizan regularmente y utilizan un sistema de gestión de contenido (CMS), herramientas de blog o software para comercio electrónico, suelen requerir tecnologías más complejas en el servidor web, pero estas tecnologías sirven en realidad para producir HTML y CSS que se envía a continuación al navegador. Así pues, si tu sitio utiliza estas tecnologías, serás capaz de usar tu nuevo conocimiento sobre HTML y CSS para tener más control sobre el aspecto de tu sitio web.

Los sitios más grandes y complejos usan bases de datos para almacenar datos y lenguajes de programación como PHP, ASP. Net, Java o Ruby en el servidor, pero no necesitas conocer estas tecnologías para mejorar lo que ve el usuario. Las habilidades que desarrollarás con este libro deberían ser suficientes para ayudarte a recorrer ese camino.

HTML5 Y CSS3

Desde que se creó Internet, ha habido varias versiones de HTML y CSS, cada una con el propósito de mejorar la anterior.

HTML5 y CSS3 son las versiones actuales y, como se basan en versiones anteriores, entender estos lenguajes te ayudará a comprender también las versiones pasadas. He añadido notas claras cuando el código podría no funcionar en navegadores antiguos.

CÓMO FUNCIONA LA RED

Cuando visitamos un sitio web, el servidor que lo aloja puede estar en cualquier parte del mundo. Para encontrar la ubicación del servidor web, el navegador se conectará primero a un servidor DNS (*Domain Name System*, sistema de nombres de dominio).

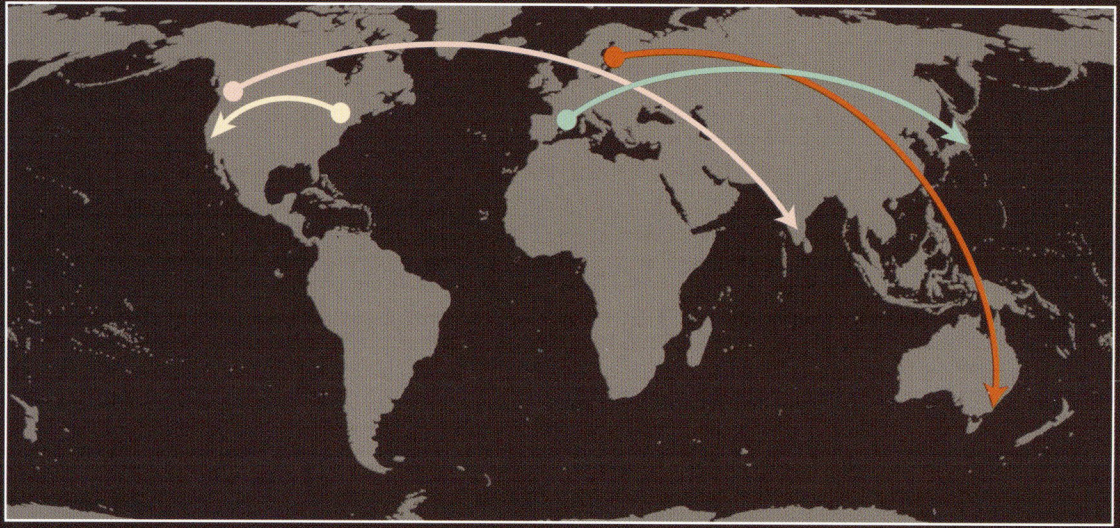

Esta página muestra ejemplos de cómo el servidor que aloja el sitio web que estamos visitando podría estar en cualquier lugar del mundo. Es el servidor DNS el que indica al navegador cómo localizar el sitio web.

● Un usuario de Barcelona visita sony.jp en Tokio.

● Un usuario de Nueva York visita google.com en San Francisco.

● Un usuario de Estocolmo visita qantas.com.au en Sídney.

● Un usuario de Vancouver visita airindia.in en Bangaluru.

A la derecha, vemos lo que ocurre cuando un internauta de Inglaterra quiere ver el sitio web del museo del Louvre de Francia, en www.louvre.fr. Primero, el navegador de Cambridge contacta con un servidor DNS en Londres, el cual le indica la ubicación del servidor web que aloja el sitio web en París.

1

Cuando nos conectamos a la red, lo hacemos mediante un ISP (*Internet Service Provider*, proveedor de servicios de Internet). Escribimos un nombre de dominio o una dirección web en el navegador para visitar un sitio; por ejemplo, `google.com`, `bbc.co.uk`, `microsoft.com`.

2

El ordenador contacta con una red de servidores denominada DNS que actúa como una guía telefónica: indica al ordenador la dirección IP asociada con el nombre de dominio solicitado. Una dirección IP es un número de hasta 12 dígitos separados por puntos. Cada dispositivo que se conecta a Internet tiene una dirección IP única, es como el número de teléfono de ese dispositivo.

3

El número único que devuelve el servidor DNS al ordenador permite al navegador contactar con el servidor web que aloja el sitio solicitado. Un servidor web es un ordenador conectado de manera constante a la red, configurado especialmente para enviar páginas web a los usuarios.

4

El servidor web envía entonces la página solicitada al navegador.

Cambridge

LONDRES

PARÍS

1

ESTRUCTURA

- ▶ Entender la estructura.
- ▶ Conocer el marcado.
- ▶ Etiquetas y elementos.

Todos los días tratamos con documentos: periódicos, pólizas de seguros, folletos de supermercados, etc.

Muchas páginas web son versiones electrónicas de estos documentos. Por ejemplo, los periódicos dan las mismas noticias en línea que en papel, se puede contratar un seguro por Internet, y las tiendas tienen catálogos en línea y plataformas de comercio electrónico.

En todos los tipos de documentos, la estructura es muy importante para ayudar a los lectores a comprender el mensaje que intentas transmitir y a navegar por el documento. Así pues, para aprender a escribir páginas web, es muy importante entender cómo se estructuran los documentos. En este capítulo:

- Veremos cómo el HTML describe la estructura de una página web.

- Aprenderás a añadir etiquetas o elementos a un documento.

- Escribirás tu primera página web.

CÓMO UTILIZAN LAS PÁGINAS LAS ESTRUCTURAS

Pensemos en los artículos del periódico: para cada uno, hay un titular, texto y, tal vez, alguna imagen. Si es largo, puede haber titulillos para dividirlo en secciones o citas destacadas de los implicados. La estructura ayuda a los lectores a entender las noticias del periódico.

Cuando se lee el periódico en línea, la estructura de las noticias es muy similar (aunque puede incluir sonido o vídeo). Vemos un ejemplo a la derecha, con un ejemplar de periódico junto al artículo correspondiente en su sitio web.

Consideremos ahora un tipo muy distinto de documento, una póliza de seguros. Estos formularios suelen tener encabezados para las distintas secciones, cada una de las cuales contiene una lista de preguntas con espacio para escribir o casillas que marcar. De nuevo, la estructura es muy similar en línea.

ESTRUCTURAR DOCUMENTOS DE TEXTO

El uso de títulos y subtítulos en cualquier documento suele reflejar una jerarquía de la información. Por ejemplo, un documento podría empezar con un título grande seguido de una introducción o de la información más importante.

La información podría ampliarse bajo subtítulos más adelante en la misma página. Cuando utilizamos un procesador de texto para crear un documento, separamos el texto para darle estructura. Cada tema podría tener su propio párrafo y cada sección un título para describir de lo que trata.

A la derecha vemos un sencillo documento de Microsoft Word. Tanto los diferentes estilos del documento, como los distintos niveles de título, aparecen en el menú desplegable. Si empleas Word habitualmente, probablemente también hayas utilizado la barra de herramientas de formato para hacer lo mismo.

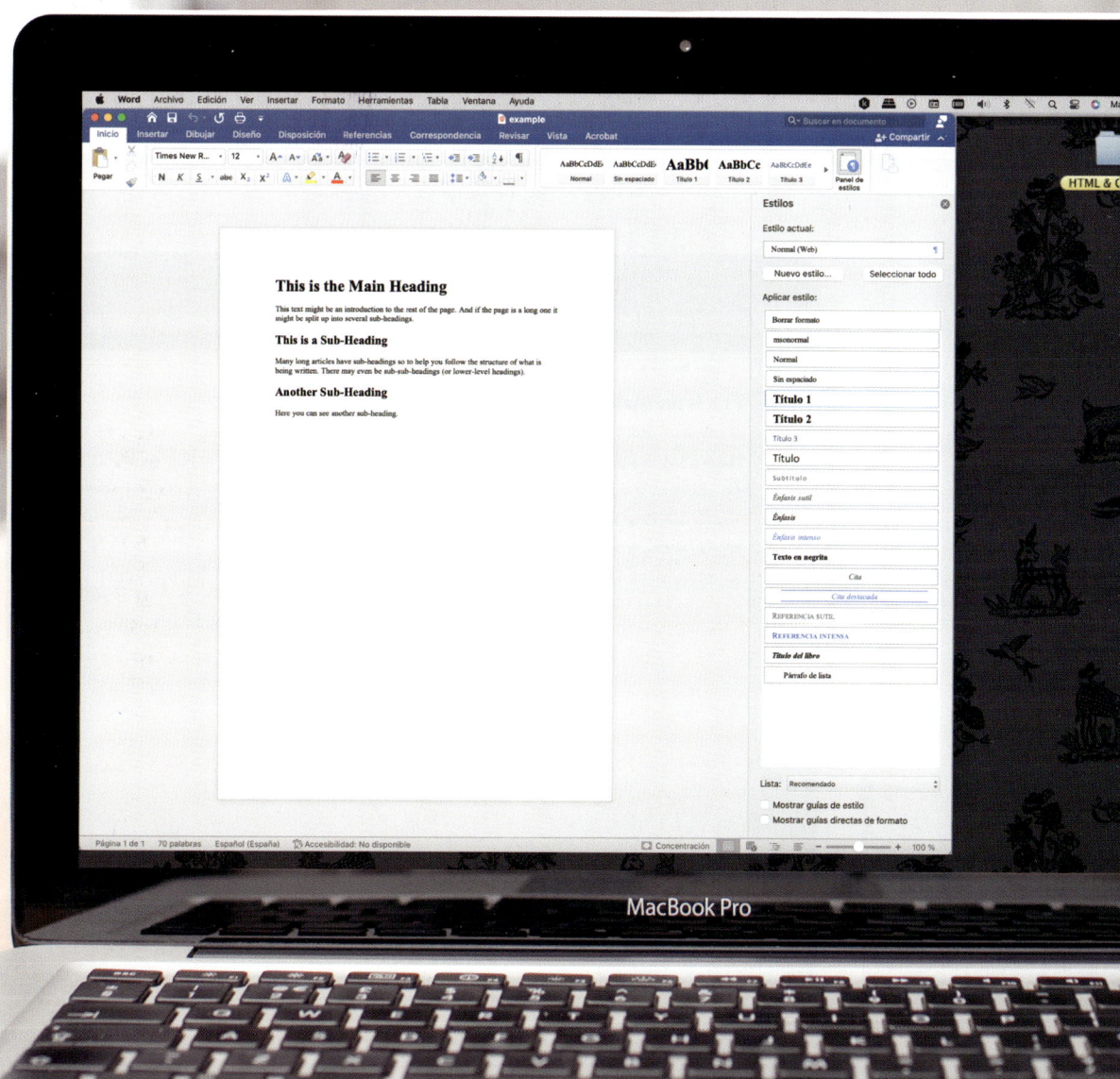

En la página anterior veíamos cómo se añade estructura a un documento de Word para que sea más fácil entenderlo. Usamos la estructura del mismo modo cuando escribimos páginas web.

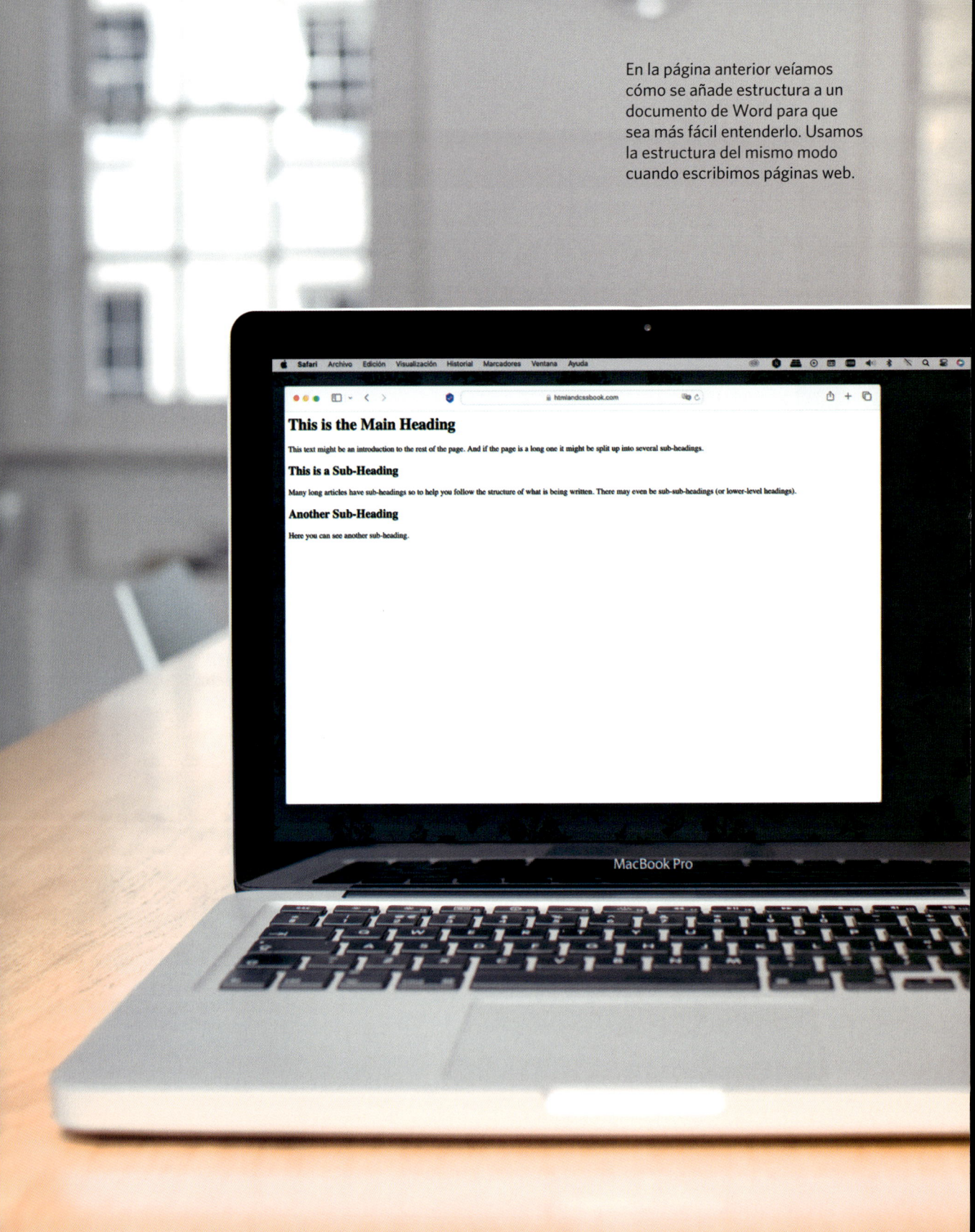

This is the Main Heading

This text might be an introduction to the rest of the page. And if the page is a long one it might be split up into several sub-headings.

This is a Sub-Heading

Many long articles have sub-headings so to help you follow the structure of what is being written. There may even be sub-sub-headings (or lower-level headings).

Another Sub-Heading

Here you can see another sub-heading.

HTML DESCRIBE LA ESTRUCTURA DE LAS PÁGINAS

En la ventana del navegador vemos una página web que presenta exactamente el mismo contenido que el documento de Word de la página 25. Para describir la estructura de una página web, añadimos código a las palabras que queremos aparezcan en la página.

A continuación se muestra el código HTML para esta página. No te preocupes todavía por descifrarlo. Empezaremos a verlo con más detalle en la página siguiente. Observa que el código HTML está en azul y el texto que vemos en la pantalla en negro.

```
<html>
  <body>
    <h1>This is the Main Heading</h1>
    <p>This text might be an introduction to the rest of
      the page. And if the page is a long one it might
      be split up into several sub-headings.</p>
    <h2>This is a Sub-Heading</h2>
    <p>Many long articles have sub-headings so to help
      you follow the structure of what is being written.
      There may even be sub-sub-headings (or lower-level
      headings).</p>
    <h2>Another Sub-Heading</h2>
    <p>Here you can see another sub-heading.</p>
  </body>
</html>
```

El código HTML (en azul) se compone de caracteres enmarcados entre corchetes, que reciben el nombre de **elementos** HTML. Los elementos suelen estar formados por dos **etiquetas**: una de apertura y otra de cierre (caracterizada por una barra extra). Cada elemento HTML dice al navegador algo sobre la información que se encuentra entre las etiquetas de apertura y cierre.

HTML UTILIZA ELEMENTOS PARA DESCRIBIR LA ESTRUCTURA DE LAS PÁGINAS

Veamos con más detenimiento el código de la página anterior. Hay varios elementos diferentes y cada uno tiene una etiqueta de apertura y otra de cierre.

CÓDIGO

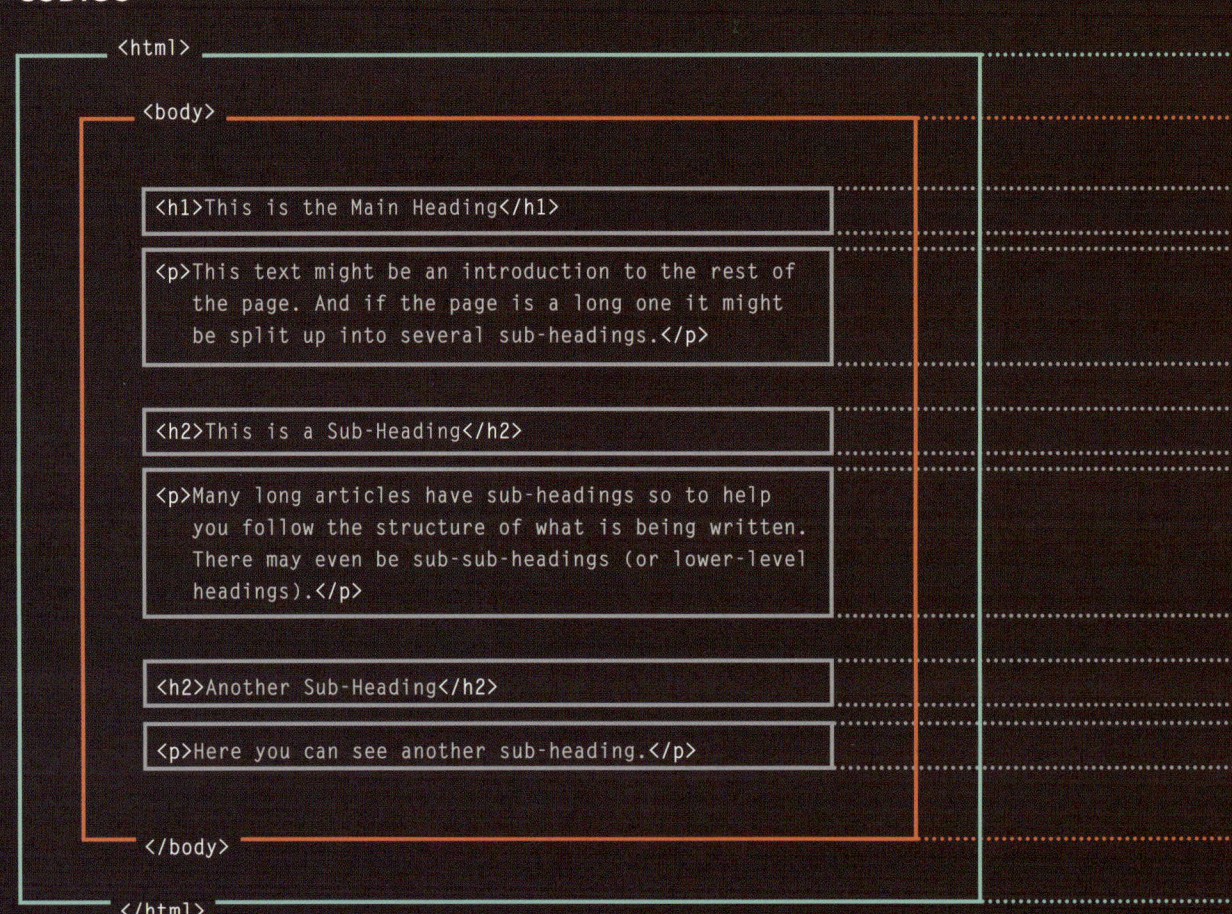

```
<html>
    <body>

        <h1>This is the Main Heading</h1>

        <p>This text might be an introduction to the rest of
           the page. And if the page is a long one it might
           be split up into several sub-headings.</p>

        <h2>This is a Sub-Heading</h2>

        <p>Many long articles have sub-headings so to help
           you follow the structure of what is being written.
           There may even be sub-sub-headings (or lower-level
           headings).</p>

        <h2>Another Sub-Heading</h2>

        <p>Here you can see another sub-heading.</p>

    </body>
</html>
```

Las etiquetas actúan como contenedores. Dicen algo sobre la información que hay entre la de apertura y la de cierre.

La etiqueta de apertura `<html>` indica que todo lo que haya entre ella y la etiqueta de cierre `</html>` es código HTML.

La etiqueta `<body>` señala que todo lo que haya entre ella y la de cierre `</body>` debería mostrarse dentro de la ventana principal del navegador.

Las palabras entre `<h1>` y `</h1>` son un título.

Un párrafo de texto llevará estas etiquetas `<p>` y `</p>`.

Las palabras entre `<h2>` y `</h2>` forman un subtítulo.

Aquí hay otro párrafo entre la etiqueta de apertura `<p>` y la de cierre `</p>`.

Otro subtítulo entre `<h2>` y `</h2>`.

Otro párrafo entre etiquetas `<p>` y `</p>`.

La etiqueta de cierre `</body>` indica el final de lo que debería aparecer en la ventana principal del navegador.

La etiqueta de cierre `</html>` marca el final del código HTML.

DETALLE DE UNA ETIQUETA

CARÁCTER

<p>

CORCHETE DERECHO
(SÍMBOLO DE MAYOR QUE)

CORCHETE IZQUIERDO
(SÍMBOLO DE MENOR QUE)

ETIQUETA DE APERTURA

Los caracteres entre corchetes indican el propósito de la etiqueta.

Por ejemplo, en la etiqueta de arriba la p es de párrafo.

La etiqueta de cierre tiene una barra después del símbolo <.

CARÁCTER

< / p >

CORCHETE DERECHO
(SÍMBOLO DE MAYOR QUE)

CORCHETE IZQUIERDO
(SÍMBOLO DE MENOR QUE)

BARRA INCLINADA

ETIQUETA DE CIERRE

Los términos «etiqueta» y
«elemento» se suelen usar
indistintamente.

Sin embargo, en rigor, un
elemento incluye las etiquetas
de apertura y cierre y todo lo que
hay entre ellas.

LOS ATRIBUTOS DAN INFORMACIÓN SOBRE LOS ELEMENTOS

Los atributos ofrecen información adicional sobre el contenido de un elemento. Aparecen en la etiqueta de apertura del elemento y constan de dos partes: un nombre y un valor, separados por un símbolo de igualdad.

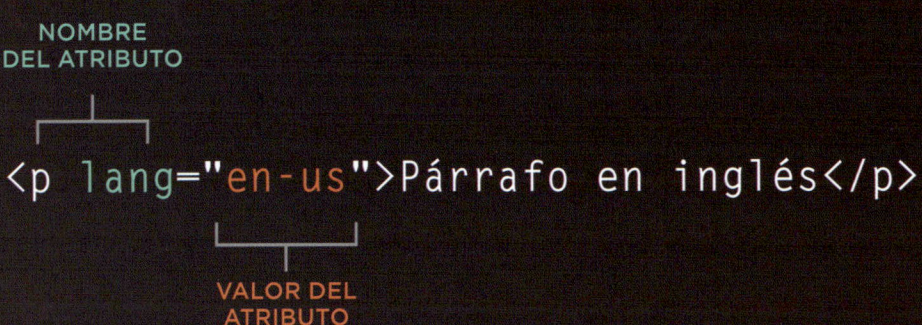

NOMBRE DEL ATRIBUTO

```
<p lang="en-us">Párrafo en inglés</p>
```

VALOR DEL ATRIBUTO

El nombre del atributo indica el tipo de información adicional que estamos proporcionando sobre el contenido del elemento. Debería escribirse en minúsculas.

El valor es la información o configuración del atributo. Debería ir entre comillas. Los distintos atributos pueden tener diferentes valores.

Aquí hemos usado un atributo llamado lang para indicar la lengua utilizada en ese elemento. El valor del atributo especifica que está en inglés americano.

HTML5 permite utilizar nombres de atributo en mayúscula y omitir las comillas, pero no es recomendable hacerlo.

NOMBRE
DEL ATRIBUTO

```
<p lang="fr">Párrafo en francés</p>
```

VALOR DEL
ATRIBUTO

La mayoría de los atributos solo se pueden usar con determinados elementos, aunque hay algunos (como lang) que pueden aparecer en cualquiera.

La mayoría de los valores están predefinidos o tienen un formato establecido. Veremos los valores permitidos cada vez que presente un atributo nuevo.

El valor del atributo lang es una manera abreviada de especificar el idioma utilizado en el elemento que todos los navegadores entienden.

BODY, HEAD Y TITLE

<body>

Ya hemos visto el elemento <body> en el primer ejemplo que hemos creado. Todo lo que queda dentro de este elemento aparecerá en la ventana principal del navegador.

<head>

Antes del elemento <body> es frecuente encontrar un elemento <head>. Este contiene información *sobre* la página, en vez de la información que se muestra en la ventana principal del navegador (destacada en azul en la siguiente página). Por lo general, encontraremos un elemento <title> dentro del elemento <head>.

<title>

El contenido del elemento <title> se muestra en la parte superior del navegador, encima de la barra donde escribimos la URL de la página que queremos visitar, o en la pestaña de esa página (si el navegador usa pestañas para permitirnos abrir varias páginas al mismo tiempo).

/chapter-01/body-head-title.html · HTML

```html
<html>
  <head>
    <title>This is the Title of the Page</title>
  </head>
  <body>
    <h1>This is the Body of the Page</h1>
    <p>Anything within the body of a web page is
    displayed in the main browser window.</p>
  </body>
</html>
```

RESULTADO

This is the Body of the Page

Anything within the body of a web page is displayed in the main browser window.

Todo lo escrito entre las etiquetas `<title>` aparecerá en la barra de título (o pestañas) en la parte superior del navegador, destacada aquí en naranja.

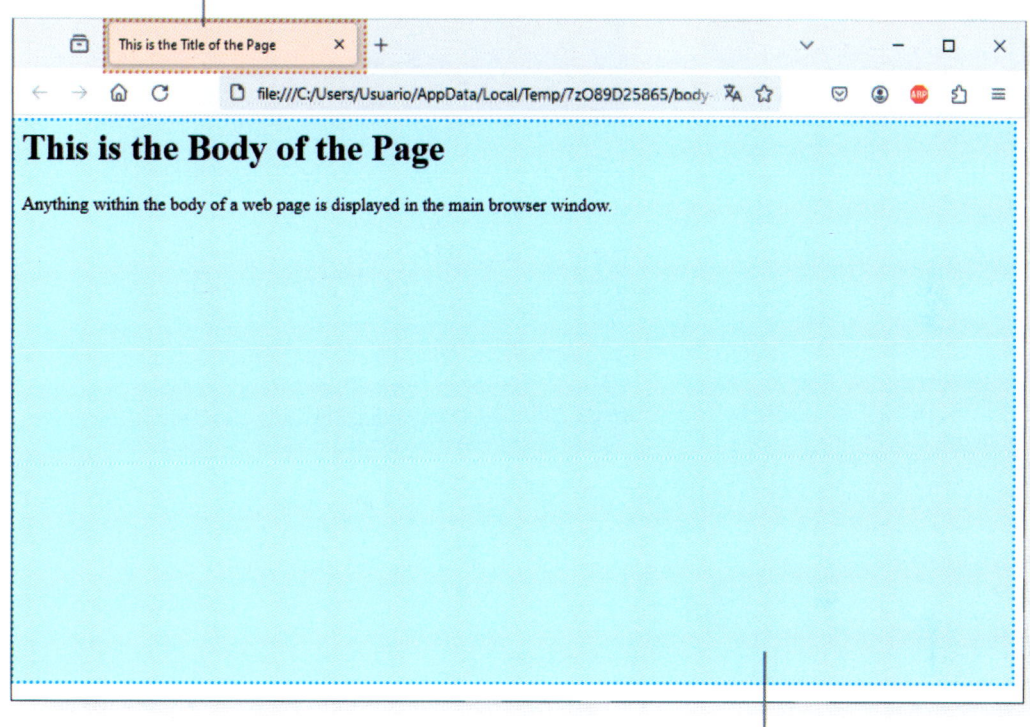

Todo lo incluido entre las etiquetas `<body>` aparecerá en la ventana principal del navegador, destacada aquí en azul.

Tal vez ya sepas que HTML significa *HyperText Markup Language*, lenguaje de marcas de hipertexto. El hipertexto alude a que HTML permite crear enlaces con los que los visitantes pueden pasar de una página a otra de manera rápida y sencilla. Un lenguaje de marcado nos permite anotar texto y esas anotaciones aportan significado adicional al contenido de un documento. Si pensamos en una página web, añadimos código alrededor del texto que queremos se muestre y el navegador usa ese código para mostrar bien la página. Así pues, las etiquetas que añadimos son las marcas.

CREAR UNA PÁGINA WEB EN UN PC

Para crear tu primera página web en un PC, abre el Bloc de notas. Lo encontrarás escribiendo **Bloc de notas** en la casilla **Buscar** del menú permanente de la parte inferior de la pantalla.

También puedes descargar el editor gratuito Notepad++ en notepad-plus-plus.org.

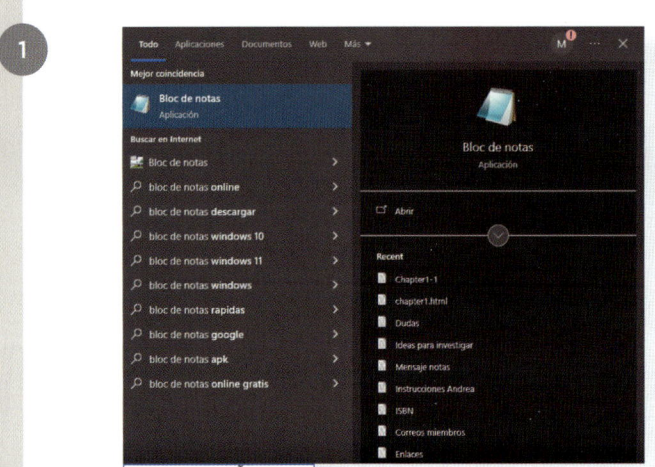

Escribe el código mostrado a la derecha.

```
<html>
        <head>
                <title>My First Web Page</title>
        </head>
        <body>
                <h1>Welcome to My First Web Page</h1>
                <p>This is an HTML page that I created in TextEdit.</p>
        </body>
</html>
```

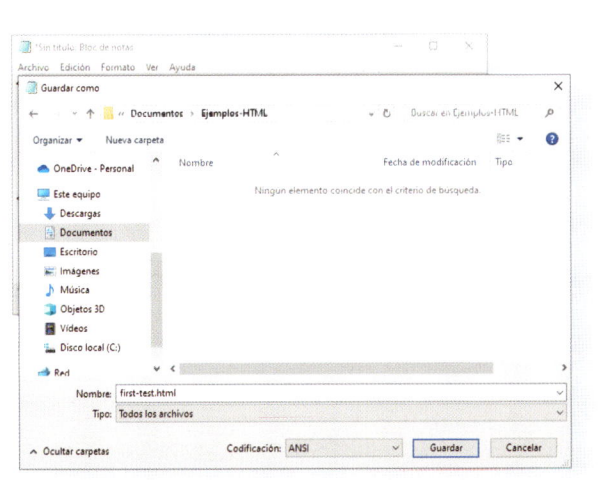

Ve al menú **Archivo** y selecciona **Guardar como**. Guarda el archivo en un sitio que recuerdes bien. Si quieres, puedes crear una carpeta para todos los ejemplos que pruebes con este libro.

Guarda este primer fichero como `first-test.html`. Asegúrate de que está seleccionada la opción **Todos los archivos** en el menú desplegable **Tipo**.

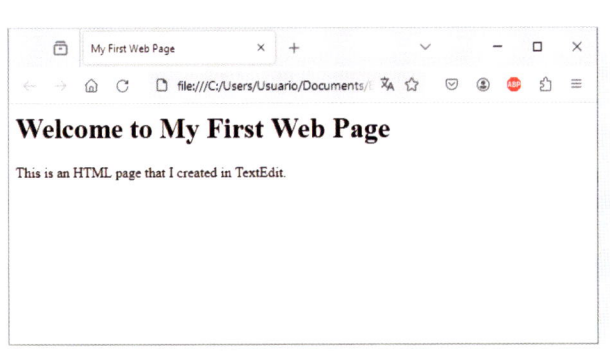

Abre un navegador. Ve al menú **Archivo** y selecciona A**brir archivo**. Busca el archivo que acabas de crear, selecciónalo y haz clic en el botón **Abrir**. El resultado debería parecerse a la captura de pantalla de la izquierda.

Si no es el caso, busca el archivo en el ordenador y asegúrate de que tiene la extensión `.html` (si es `.txt`, tendrás que volver al Bloc de notas y guardar de nuevo el archivo, poniendo el nombre entre comillas "firsttest.html").

CREAR UNA PÁGINA WEB EN UN MAC

Para crear tu primera página web en un Mac, abre TextEdit; debería estar en la carpeta Aplicaciones.

Puede que te interese descargar un editor de texto gratuito para crear páginas web llamado TextWrangler, disponible en barebones.com.

1

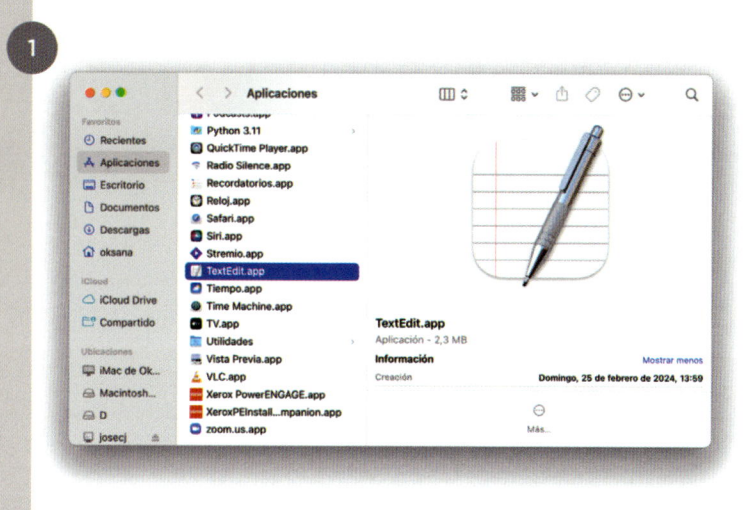

Escribe el código que se muestra a la derecha.

2

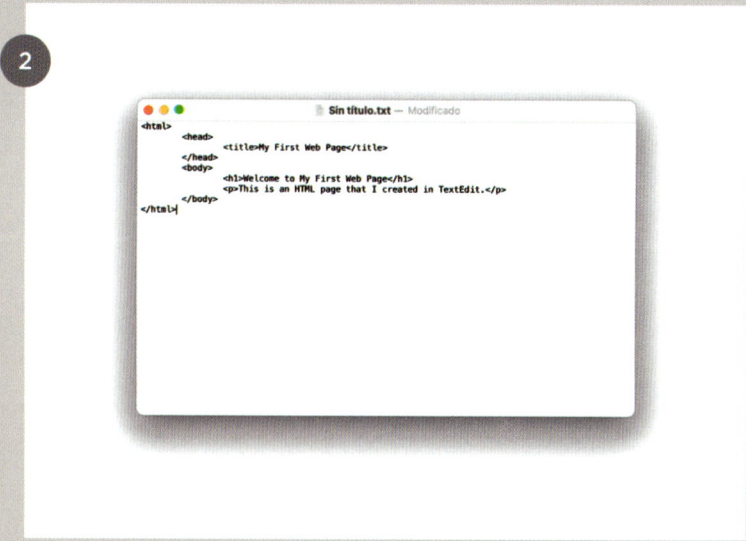

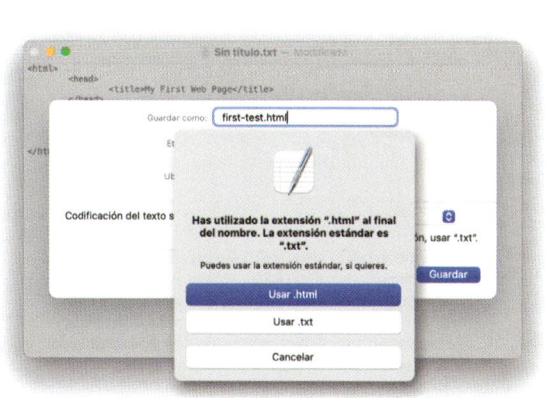

Ve al menú **Archivo** y selecciona **Guardar**. Guarda el archivo en un sitio que recuerdes bien.

Si quieres, puedes crear una carpeta para todos los ejemplos que pruebes con este libro.

Guarda este primer fichero como `first-test.html`. Es probable que veas una ventana como la de la izquierda. Selecciona el botón **Usar .html**.

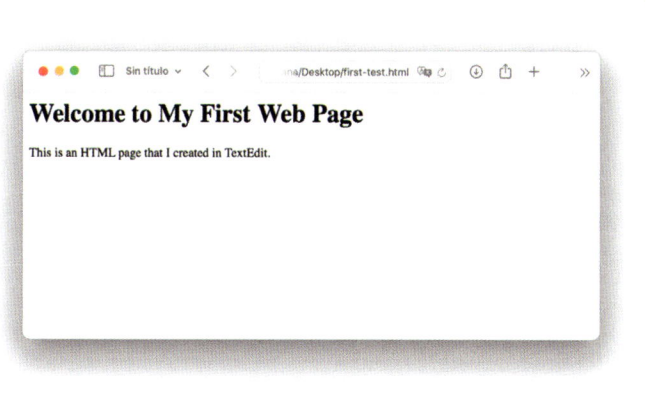

A continuación, abre el navegador web, ve al menú **Archivo** y selecciona **Abrir**. Busca el archivo que acabas de crear, selecciónalo y haz clic en el botón **Abrir**. El resultado debería ser algo parecido a la captura de la izquierda.

Si no es el caso, es posible que tengas que cambiar una de las configuraciones del editor. Ve al menú **TextEdit** y selecciona **Preferencias**. En las preferencias para **Abrir y guardar**, marca la casilla **Ignorar comandos de texto enriquecido en los archivos HTML**. Prueba a guardar de nuevo el archivo.

CÓDIGO EN UN SISTEMA DE GESTIÓN DE CONTENIDOS

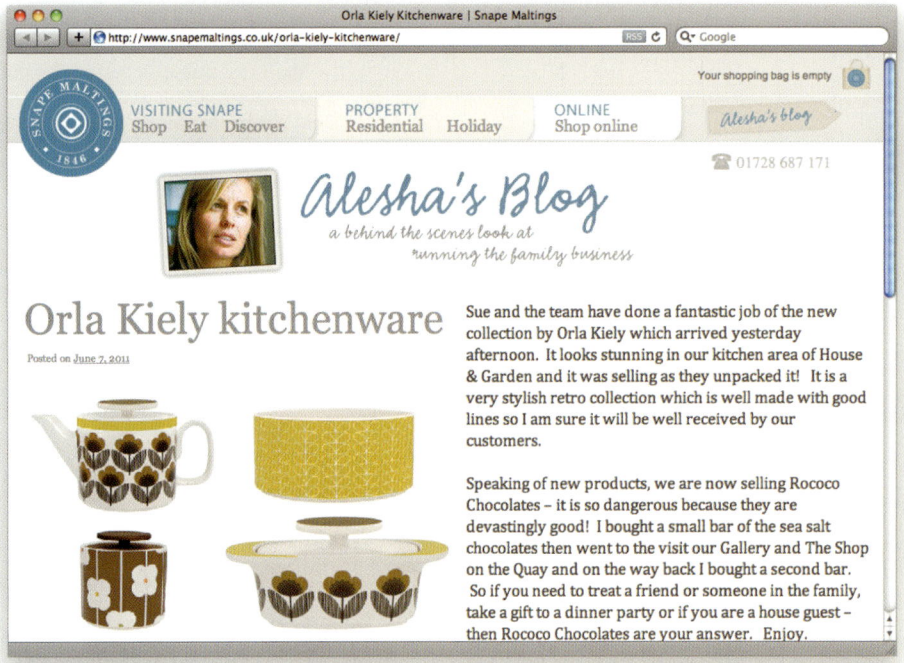

Si estás trabajando con un sistema de gestión de contenidos, una plataforma para blogs o una aplicación de comercio electrónico, probablemente inicies sesión en una sección especial de administración del sitio web para controlarlo. Las herramientas de estas secciones suelen permitir editar partes de la página en lugar de la página entera, lo cual significa que raramente verás los elementos `<html>`, `<head>` o `<body>`.

Si te fijas en el sistema de gestión de contenido de la siguiente página, verás un cuadro que

permite introducir un título para la página, otro para el artículo principal, una forma de poner fecha a la publicación y algo para indicar a qué sección del sitio pertenece esta página.

Para una tienda electrónica, podríamos tener también cuadros para poner nombre al producto, una descripción de este, su precio y la cantidad disponible.

Esto se debe a que utilizan una única «plantilla» para controlar todas las páginas de una sección del sitio. Por ejemplo, un sistema de comercio electrónico podría

emplear la misma plantilla para mostrar todos sus productos. La información suministrada se coloca en las plantillas.

La ventaja de este enfoque es que la gente que no sabe escribir páginas web puede añadir información a un sitio web y también cambiar la presentación de algún elemento de la plantilla para que se actualice en todas las páginas que usan esa plantilla. Imagina una tienda electrónica con mil artículos a la venta, alterar una sola plantilla es mucho más fácil que cambiar la página de cada uno de los productos.

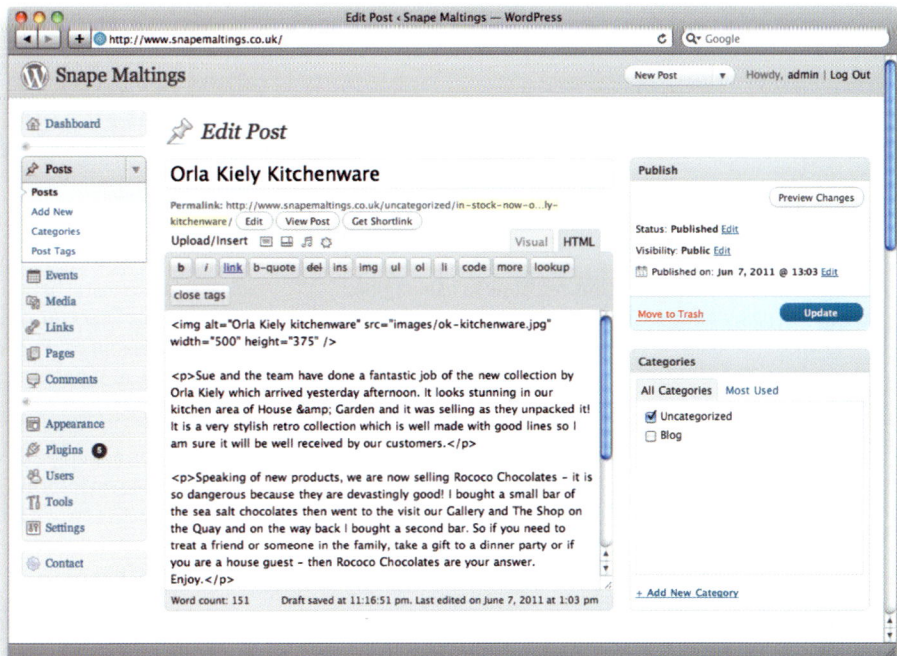

En sistemas como este, cuando hay un bloque de texto largo que se puede editar, como una noticia, una entrada de blog o la descripción de un producto en una tienda, lo habitual es encontrar un editor de texto visible.

Los editores de texto suelen tener controles un poco parecidos a los de nuestros procesadores de texto y nos ofrecen opciones para dar estilo al texto, añadir enlaces o insertar imágenes. Entre bambalinas, estos editores añaden código HTML al texto, como el que hemos visto hace un momento. Muchos de estos editores contarán con una opción que permita ver (y editar) el código que producen.

Una vez que aprendas a leer y editar este código, podrás controlar mucho más esas secciones de tu sitio web.

En el ejemplo anterior, vemos que el editor de texto tiene una pestaña para alternar entre una vista visual y una vista HTML de lo que escribe el usuario. Otros sistemas podrían tener un botón (que suele tener unos corchetes) para indicar cómo acceder al código.

Algunos sistemas de gestión de contenido ofrecen herramientas que permiten también editar archivos de plantilla. Para editar una plantilla, conviene comprobar la documentación del CMS porque no son todos iguales. Hay que tener cuidado al editar archivos de plantilla porque eliminar un fragmento de código equivocado o añadir algo donde no procede puede hacer que todo el sitio deje de funcionar.

OBSERVAR CÓMO ESTÁN HECHOS OTROS SITIOS WEB

En los inicios de Internet, una de las formas más habituales de aprender sobre HTML y descubrir nuevos trucos y técnicas era fijarse en el código fuente que componía las páginas.

Actualmente hay muchos más libros y tutoriales en línea que enseñan HTML, pero todavía se puede ver el código que nos envía un servidor web. Para echar un vistazo, ve al código de muestra de este capítulo, en www.htmlandcssbook.com/code/ y haz clic en el enlace Click here for the view source example.

Una vez abierta esa página, busca el menú **Desarrollo** de tu navegador y selecciona la opción **Mostrar código fuente de la página** (el nombre exacto puede cambiar dependiendo del navegador).

Debería abrirse una página o una pestaña nueva con el código fuente utilizado para crear esta página.

La fotografía de la derecha muestra el resultado. La página que vemos es la ventana superior; el código está debajo.

A primera vista, este código puede parecer complejo, pero no te desanimes. Para cuando termines el siguiente capítulo lo comprenderás todo.

Todos los ejemplos de este libro están en Internet y puedes utilizar esta sencilla técnica con cualesquiera de las páginas para ver cómo funcionan.

También puedes descargar todo el código del libro en el mismo sitio web haciendo clic en Download.

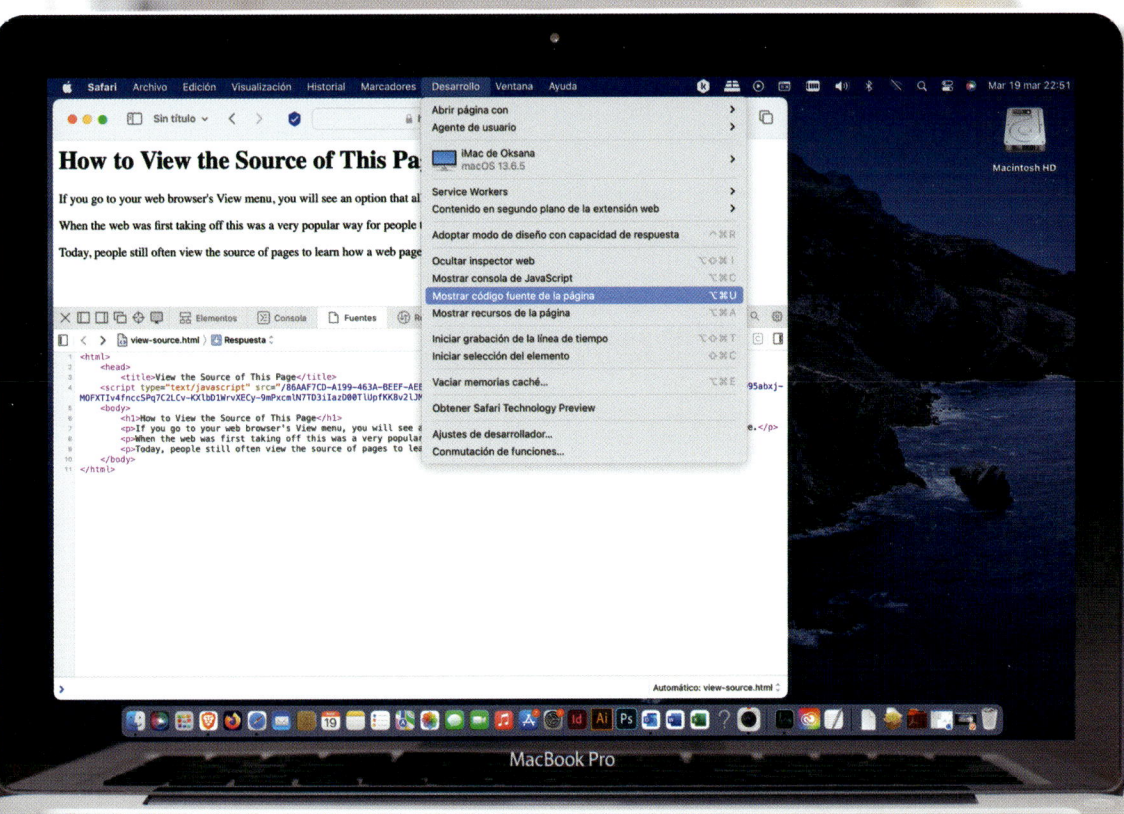

▶ Las páginas HTML son documentos de texto.

▶ HTML utiliza etiquetas (caracteres entre corchetes) para dar a la información que contienen un significado especial.

▶ Las etiquetas también se denominan a menudo elementos.

▶ Por lo general, las etiquetas van en pareja. La etiqueta de apertura indica el inicio de un fragmento de contenido y la de cierre, el final.

▶ Las etiquetas de apertura pueden llevar atributos que nos dan más información sobre el contenido de ese elemento.

▶ Los atributos requieren un nombre y un valor.

▶ Para aprender HTML, hay que conocer qué etiquetas tenemos a nuestra disposición, qué hacen y dónde pueden colocarse.

2
TEXTO

- ▶ Encabezados y párrafos.
- ▶ Negrita, cursiva, énfasis.
- ▶ Marcado estructural y semántico.

Al crear una página web, añadimos
etiquetas (conocidas como marcas) al
contenido de la página. Estas etiquetas
aportan significado adicional y permiten a
los navegadores mostrar a los usuarios la
estructura apropiada para la página.

En este capítulo nos centraremos en cómo añadir marcas al
texto que aparece en una página. Hablaremos sobre:

- **Marcado estructural:** los elementos que podemos utilizar
  para describir encabezados y párrafos.

- **Marcado semántico:** ofrece información adicional, como
  dónde dar énfasis a una oración, si algo que hemos escrito es
  una cita (y quién lo dijo), el significado de acrónimos, etc.

The Story in the Book

Chapter 1

Molly had been staring out of her window for about an hour now. On her desk, lying between the copies of *Nature*, *New Scientist*, and all the other scientific journals her work had appeared in, was a well thumbed copy of *On The Road*. It had been Molly's favourite book since college, and the longer she spent in these four walls the more she felt she needed to be free.

She had spent the last ten years in this room, sitting under a poster with an Oscar Wilde quote proclaiming that "Work is the refuge of people who have nothing better to do". Although many considered her pioneering work, unravelling the secrets of the llama DNA, to be an outstanding achievement, Molly *did* think she had something better to do.

ENCABEZADOS

<h1>

<h2>

<h3>

<h4>

<h5>

<h6>

HTML tiene seis «niveles» de encabezado:

<h1> se utiliza para el título principal.

<h2> es para subtítulos.

Si hay más secciones después de un subtítulo, se usa el elemento <h3>, etc.

Los navegadores muestran el contenido de los encabezados con distinto tamaño. El contenido de un elemento <h1> es el más grande y el de un elemento <h6> el más pequeño. El tamaño exacto al que cada navegador muestra los encabezados puede variar ligeramente. Los usuarios también pueden ajustar el tamaño del texto en su navegador. Veremos cómo controlar el tamaño del texto, su color y las fuentes cuando lleguemos a CSS.

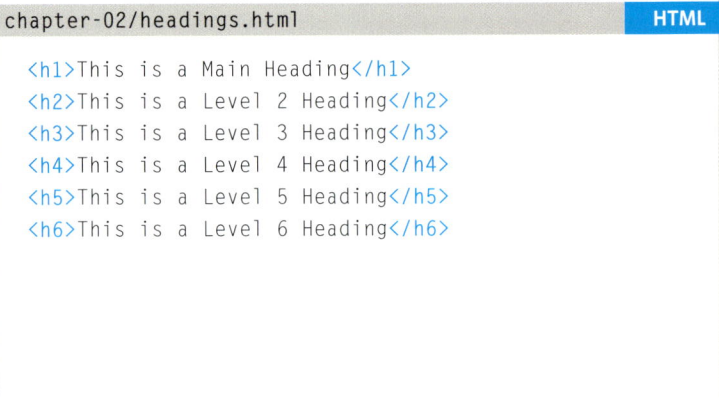

chapter-02/headings.html · HTML

```html
<h1>This is a Main Heading</h1>
<h2>This is a Level 2 Heading</h2>
<h3>This is a Level 3 Heading</h3>
<h4>This is a Level 4 Heading</h4>
<h5>This is a Level 5 Heading</h5>
<h6>This is a Level 6 Heading</h6>
```

RESULTADO

This is a Main Heading

This is a Level 2 Heading

This is a Level 3 Heading

This is a Level 4 Heading

This is a Level 5 Heading

This is a Level 6 Heading

PÁRRAFOS

HTML chapter-02/paragraphs.html

```
<p>A paragraph consists of one or more sentences
   that form a self-contained unit of discourse. The
   start of a paragraph is indicated by a new
   line.</p>
<p>Text is easier to understand when it is split up
   into units of text. For example, a book may have
   chapters. Chapters can have subheadings. Under
   each heading there will be one or more
   paragraphs.</p>
```

Para crear un párrafo, metemos las palabras que lo componen entre una etiqueta de apertura `<p>` y la correspondiente de cierre, `</p>`.

Por defecto, un navegador mostrará cada párrafo en una línea nueva, con un poco de espacio entre ese y el siguiente párrafo.

RESULTADO

A paragraph consists of one or more sentences that form a self-contained unit of discourse. The start of a paragraph is indicated by a new line.

Text is easier to understand when it is split up into units of text. For example, a book may have chapters. Chapters can have subheadings. Under each heading there will be one or more paragraphs.

NEGRITA Y CURSIVA

\<b>

Al incluir palabras entre las etiquetas \<b> y \</b> los caracteres aparecerán en negrita.

El elemento \<b> también representa una sección presentada de manera visualmente distinta (por ejemplo, las palabras clave de un párrafo), aunque el uso de este elemento no implica ningún significado adicional.

chapter-02/bold.html `HTML`

```
<p>This is how we make a word appear <b>bold.</b>
   </p>
<p>Inside a product description you might see some
   <b>key features</b> in bold.</p>
```

`RESULTADO`

This is how we make a word appear **bold.**

Inside a product description you might see some **key features** in bold.

\<i>

Al poner palabras entre las etiquetas \<i> e \</i> hacemos que los caracteres aparezcan en cursiva.

El elemento \<i> también marca una sección de texto que se diría de manera diferente que el contenido que la rodea, como términos técnicos, nombres de barcos, palabras extranjeras, pensamientos u otras palabras que normalmente pondríamos en cursiva.

chapter-02/italic.html `HTML`

```
<p>This is how we make a word appear <i>italic</i>.
   </p>
<p>It's a potato <i>Solanum teberosum</i>.</p>
<p>Captain Cook sailed to Australia on the
   <i>Endeavour</i>.</p>
```

`RESULTADO`

This is how we make a word appear *italic*.

It's a potato *Solanum teberosum*.

Captain Cook sailed to Australia on the *Endeavour*.

SUPERÍNDICE Y SUBÍNDICE

```
<p>On the 4<sup>th</sup> of September you will learn
   about E=MC<sup>2</sup>.</p>
<p>The amount of CO<sub>2</sub> in the atmosphere
   grew by 2ppm in 2009<sub>1</sub>.</p>
```

RESULTADO

On the 4th of September you will learn about E=MC^2.

The amount of CO$_2$ in the atmosphere grew by 2ppm in 2009$_1$.

<sup>

El elemento <sup> sirve para marcar caracteres que deberían ir en superíndice, como los sufijos de los números ordinales o conceptos matemáticos como elevar un número a una potencia, por ejemplo 2^2.

<sub>

El elemento <sub> contiene caracteres que deberían ir en subíndice. Se usa habitualmente con notas al pie o en fórmulas químicas, como H$_2$O.

ESPACIO EN BLANCO

Para que resulte más fácil leer el código, los autores de páginas web añaden a menudo espacios en blanco o empiezan algunos elementos en línea nueva.

Cuando el navegador se encuentra con dos o más espacios juntos, muestra solo uno. Del mismo modo, si se encuentra con un salto de línea, lo trata como un único espacio. Esto se conoce como **colapso del espacio en blanco**.

Con frecuencia, verás que los autores de páginas web aprovechan el colapso del espacio en blanco para sangrar el código de manera que resulte más fácil seguirlo.

`chapter-02/white-space.html` **HTML**

```
<p>The moon is drifting away from Earth.</p>
<p>The moon        is drifting away from Earth.</p>
<p>The moon is drifting away from

     Earth.</p>
```

RESULTADO

The moon is drifting away from Earth.

The moon is drifting away from Earth.

The moon is drifting away from Earth.

SALTOS DE LÍNEA Y CAMBIOS DE TEMA

```
<p>The Earth<br />gets one hundred tons heavier
   every day<br />due to falling space dust.</p>
```

RESULTADO

The Earth
gets one hundred tons heavier every day
due to falling space dust.

`<br />`

Como ya hemos visto, el navegador muestra cada párrafo o encabezado en una línea nueva, pero si queremos añadir un salto de línea dentro de un párrafo, podemos usar la etiqueta de salto de línea, `<br />`.

```
<p>Venus is the only planet that rotates
   clockwise.</p>
<hr />
<p>Jupiter is bigger than all the other planets
   combined.</p>
```

RESULTADO

Venus is the only planet that rotates clockwise.

Jupiter is bigger than all the other planets combined.

`<hr />`

Para crear un cambio temático, como el cambio de tema en un libro o una escena nueva en una obra de teatro, podemos añadir una línea horizontal entre secciones con la etiqueta `<hr />`.

Hay unos cuantos elementos que no incluyen palabras entre una etiqueta de apertura y otra de cierre. Se denominan **elementos vacíos** y se escriben de una forma diferente.

Por lo general, un elemento vacío lleva solo una etiqueta. Antes del corchete de cierre de un elemento vacío suele haber un espacio en blanco y una barra. Algunos autores de páginas web no usan esto, pero es una costumbre que conviene adoptar.

LOS EDITORES VISUALES Y SU VISTA DEL CÓDIGO

Los sistemas de gestión de contenido y los editores de HTML, como Dreamweaver, suelen ofrecer dos vistas de la página que estamos creando: un editor visual y una vista del código.

Los **editores visuales** tienen un aspecto parecido al de un procesador de texto. Aunque cada editor puede ser diferente, la mayoría de ellos comparten características que nos permiten controlar la presentación del texto.

- Los títulos se crean destacando el texto y usando un menú desplegable para seleccionar un encabezado.

- El texto se pone en negrita y cursiva seleccionándolo y pulsando un botón **b** o **i**.

- Los párrafos nuevos se crean con el retorno de carro o la tecla **Intro**.

- Los saltos de línea se hacen pulsando **Mayús-Intro** a la vez.

- Los cambios de tema se crean con un botón que muestra una línea recta.

Si copiamos y pegamos texto de un programa que nos permita darle formato (como Word) en un editor visual, podría añadir marcas extra. Para evitar que esto ocurra, copia el texto en un editor de texto simple primero (como el Bloc de notas de Windows o TextEdit en Mac) y luego cópialo desde ahí para pegarlo en el editor visual.

Las **vistas de código** muestran el código creado con el editor visual para que podamos editarlo manualmente o añadir código nuevo. Suele activarse con un botón que muestra las letras HTML o unos corchetes. El editor puede añadir espacio en blanco al código para que sea más fácil leerlo.

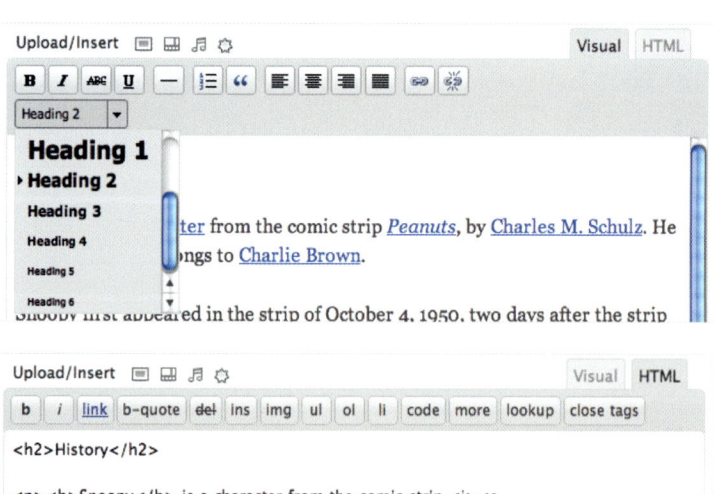

MARCADO SEMÁNTICO

Hay algunos elementos textuales que no pretenden afectar a la estructura de las páginas web, sino que añaden información adicional a la página. Se trata de las marcas semánticas.

Durante el resto del capítulo, conoceremos algunos elementos más que nos ayudarán cuando añadamos texto a una página web. Por ejemplo, veremos el elemento `<em>`, que permite indicar dónde habría que poner énfasis en palabras seleccionadas, y el elemento `<blockquote>`, indicativo de que un bloque de texto es una cita.

Los navegadores suelen mostrar el contenido de estos elementos de una forma diferente. Por ejemplo, el elemento `<em>` aparece en cursiva y `<blockquote>`, por lo general, sangrado. Pero no conviene usarlos para cambiar el aspecto del texto; su función es la describir el contenido de la página web con mayor precisión.

El motivo para utilizar estos elementos es que otros programas, como los lectores de pantalla o los motores de búsqueda, pueden usar esta información adicional. Por ejemplo, la voz de un lector de pantalla añadirá énfasis a las palabras contenidas en un elemento `<em>`, o un motor de búsqueda podría registrar que la página incluye una nota si usamos el elemento `<blockquote>`.

RELEVANCIA Y ÉNFASIS

`<strong>`

El uso del elemento `<strong>` indica que su contenido tiene gran relevancia. Por ejemplo, las palabras contenidas en este elemento podrían decirse con un énfasis fuerte.

Por defecto, los navegadores mostrarán el contenido de un elemento `<strong>` en negrita.

chapter-02/strong.html `HTML`

```
<p><strong>Beware:</strong> Pickpockets operate in
    this area.</p>
<p>This toy has many small pieces and is <strong>not
    suitable for children under five years old.
    </strong></p>
```

`RESULTADO`

Beware: Pickpockets operate in this area.

This toy has many small pieces and is **not suitable for children under five years old.**

`<em>`

El elemento `<em>` indica énfasis que cambia sutilmente el significado de una oración.

Por defecto, los navegadores mostrarán el contenido de un elemento `<em>` en cursiva.

chapter-02/emphasis.html `HTML`

```
<p>I <em>think</em> Ivy was the first.</p>
<p>I think <em>Ivy</em> was the first.</p>
<p>I think Ivy was the <em>first</em>.</p>
```

`RESULTADO`

I *think* Ivy was the first.

I think *Ivy* was the first.

I think Ivy was the *first*.

```html
<blockquote cite="http://en.wikipedia.org/wiki/
   Winnie-the-Pooh">
   <p>Did you ever stop to think, and forget to start
      again?</p>
</blockquote>
<p>As A.A. Milne said, <q>Some people talk to
   animals. Not many listen though. That's the
   problem.</q></p>
```

RESULTADO

Did you ever stop to think, and forget to start again?

As A.A. Milne said, "Some people talk to animals. Not many listen though. That's the problem."

Hay dos elementos asociados habitualmente al marcado de citas:

`<blockquote>`

El elemento `<blockquote>` se utiliza para citas largas que ocupan un párrafo entero. Fíjate en que el elemento `<p>` se mantiene dentro del elemento `<blockquote>`.

Los navegadores tienden a sangrar el contenido del elemento `<blockquote>`, pero no conviene utilizarlo solo para sangrar un fragmento de texto; para eso es mejor utilizar CSS.

`<q>`

El elemento `<q>` se usa para citas más cortas que van dentro de un párrafo. Se supone que los navegadores ponen entre comillas este elemento, pero algunos no lo hacen, por lo que mucha gente evita emplear el elemento `<q>`.

Ambos elementos pueden utilizar el atributo `cite` para indicar de dónde es la cita. Su valor debería ser una URL con más información sobre la fuente.

ABREVIATURAS Y ACRÓNIMOS

<abbr>

Si utilizamos una abreviatura o un acrónimo, podemos usar el elemento <abbr>. Un atributo title en la etiqueta de apertura permite especificar el término completo.

En HTML 4 había un elemento <acronym> específico para acrónimos y el atributo title servía para poner el nombre completo, pero HTML5 utiliza solo el elemento <abbr> tanto para abreviaturas como para acrónimos.

chapter-02/abbreviations.html `HTML`

```html
<p><abbr title="Professor">Prof</abbr> Stephen
   Hawking is a theoretical physicist and
   cosmologist.</p>
<p><acronym title="National Aeronautics and Space
   Administration">NASA</acronym> do some crazy
   space stuff.</p>
```

`RESULTADO`

Prof Stephen Hawking is a theoretical physicist and cosmologist.

NASA do some crazy space stuff.

National Aeronautics and Space Administration

CITAS Y DEFINICIONES

<cite>

HTML   chapter-02/citations.html

```
<p><cite>A Brief History of Time</cite> by Stephen
   Hawking has sold over ten million copies
   worldwide.</p>
```

RESULTADO

A Brief History of Time by Stephen Hawking has sold over ten million copies worldwide.

Cuando hacemos referencia a una obra, como un libro, una película o un artículo de investigación, podemos utilizar el elemento `<cite>` para indicar el origen de la cita.

En HTML5, `<cite>` no debería utilizarse para el nombre de una persona, aunque como se podía hacer en HTML4, mucha gente lo sigue haciendo.

Los navegadores muestran el contenido de un elemento `<cite>` en cursiva.

<dfn>

HTML   chapter-02/definitions.html

```
<p>A <dfn>black hole</dfn> is a region of space from
   which nothing, not even light, can escape.</p>
```

RESULTADO

A black hole is a region of space from which nothing, not even light, can escape.

La primera vez que se explica una terminología nueva (tal vez un concepto académico o una jerga) en un documento es la instancia definitoria.

El elemento `<dfn>` sirve para indicar la instancia definitoria de un término nuevo.

Algunos navegadores muestran el contenido del elemento `<dfn>` en cursiva, pero Safari y Chrome, por ejemplo, no cambian su aspecto.

DETALLES DEL AUTOR

<address>

El elemento <address> tiene un uso bastante específico: contener datos de contacto del autor de la página.

Puede incluir una dirección postal, pero no es necesario. Por ejemplo, también puede contener un número de teléfono o una dirección de correo electrónico.

Con frecuencia, los navegadores muestran el contenido del elemento <address> en cursiva.

También puede interesarte el microformato hCard para añadir información postal a tu marcado.

MÁS INFORMACIÓN:

Para saber más sobre hCards, visita la web `https://www.htmlandcssbook.com/extras/introduction-to-hcard/`.

```
chapter-02/address.html                        HTML
<address>
  <p><a href="mailto:homer@example.org">
     homer@example.org</a></p>
  <p>742 Evergreen Terrace, Springfield.</p>
</address>
```

RESULTADO

homer@example.org

742 Evergreen Terrace, Springfield.

CAMBIOS EN EL CONTENIDO

HTML   chapter-02/insert-and-delete.html

```
<p>It was the <del>worst</del> <ins>best</ins> idea
   she had ever had.</p>
```

RESULTADO

It was the ~~worst~~ <u>best</u> idea she had ever had.

`<ins>`
`<del>`

El elemento `<ins>` sirve para mostrar contenido insertado en un documento, mientras que `<del>` puede mostrar texto eliminado del mismo.

El contenido de un elemento `<ins>` suele aparecer subrayado, mientras que el de un elemento `<del>` aparece tachado.

HTML   chapter-02/strikethrough.html

```
<p>Laptop computer:</p>
<p><s>Was $995</s></p>
<p>Now only $375</p>
```

RESULTADO

Laptop computer:

~~Was $995~~

Now only $375

`<s>`

El elemento `<s>` indica que algo ya no es exacto o relevante, pero que se debería eliminar.

Visualmente, el elemento `<s>` aparecerá tachado con una línea.

Las versiones anteriores de HTML tenían un elemento `<u>` para contenido subrayado, pero ya ha quedado desfasado.

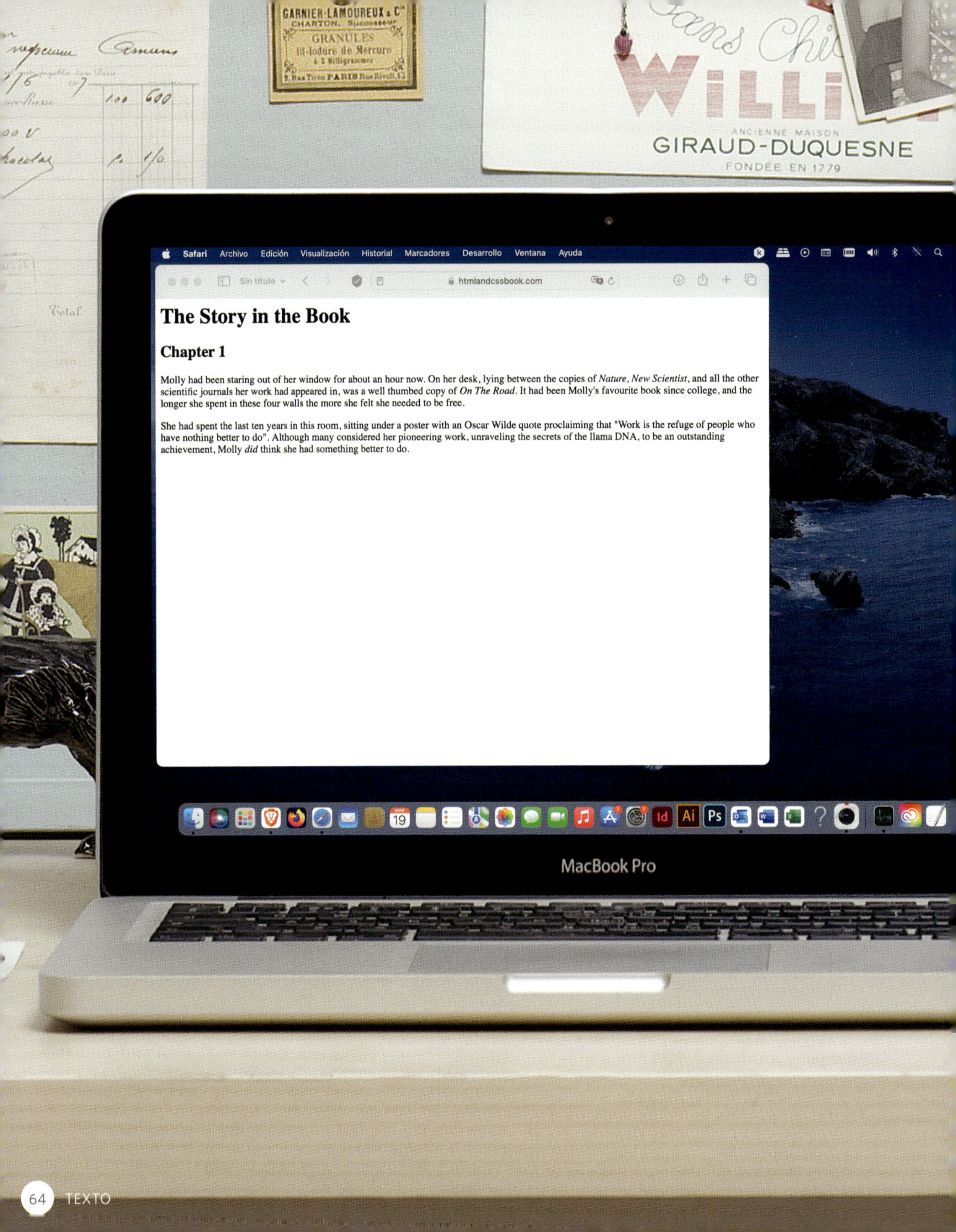
GARNIER-LAMOUREUX & Cie
CHARTON, Successeur
GRANULES
Bi-Iodure de Mercure
WiLLi
ANCIENNE MAISON
GIRAUD-DUQUESNE
FONDÉE EN 1779
Safari Archivo Edición Visualización Historial Marcadores Desarrollo Ventana Ayuda
Sin título
htmlandcssbook.com
The Story in the Book
Chapter 1
Molly had been staring out of her window for about an hour now. On her desk, lying between the copies of Nature, New Scientist, and all the other scientific journals her work had appeared in, was a well thumbed copy of On The Road. It had been Molly's favourite book since college, and the longer she spent in these four walls the more she felt she needed to be free.
She had spent the last ten years in this room, sitting under a poster with an Oscar Wilde quote proclaiming that "Work is the refuge of people who have nothing better to do". Although many considered her pioneering work, unraveling the secrets of the llama DNA, to be an outstanding achievement, Molly did think she had something better to do.
MacBook Pro

EJEMPLO
TEXTO

Esto es una página HTML muy sencilla que ilustra el marcado del texto.

El marcado estructural incluye elementos como <h1>, <h2> y <p>. La información semántica la aportan elementos como <cite> y <em>.

```html
<html>
  <head>
    <title>Text</title>
  </head>
  <body>
    <h1>The Story in the Book</h1>
    <h2>Chapter 1</h2>
    <p>Molly had been staring out of her window for about
      an hour now. On her desk, lying between the copies
      of <i>Nature</i>, <i>New Scientist</i>, and all
      the other scientific journals her work had
      appeared in, was a well thumbed copy of <cite>On
      The Road</cite>. It had been Molly's favorite book
      since college, and the longer she spent in these
      four walls the more she felt she needed to be
      free.</p>
    <p>She had spent the last ten years in this room,
      sitting under a poster with an Oscar Wilde quote
      proclaiming that <q>Work is the refuge of
      people who have nothing better to do</q>. Although
      many considered her pioneering work, unraveling
      the secrets of the llama <abbr
      title="Deoxyribonucleic acid">DNA</abbr>, to be an
      outstanding achievement, Molly <em>did</em> think
      she had something better to do.</p>
  </body>
</html>
```

▶ Los elementos HTML sirven para describir la estructura de la página (por ejemplo, títulos, subtítulos, párrafos).

▶ También ofrecen información semántica (por ejemplo, dónde debería ponerse énfasis, la definición de un acrónimo o cuándo un texto es una cita).

3

LISTAS

- ▶ Listas numeradas.
- ▶ Listas con viñetas.
- ▶ Listas de definiciones.

En muchas ocasiones necesitamos usar listas. HTML nos ofrece tres tipos de listas diferentes:

- Las **listas ordenadas** son aquellas en las que cada elemento está numerado. Por ejemplo, la lista podría recoger los pasos de una receta que debe seguirse en orden o un contrato legal en el que cada punto debe identificarse por un número de sección.

- Las **listas sin ordenar** son listas que comienzan con una viñeta (en vez de caracteres que indiquen orden).

- Las **listas de definiciones** están formadas por un grupo de términos con sus correspondientes definiciones.

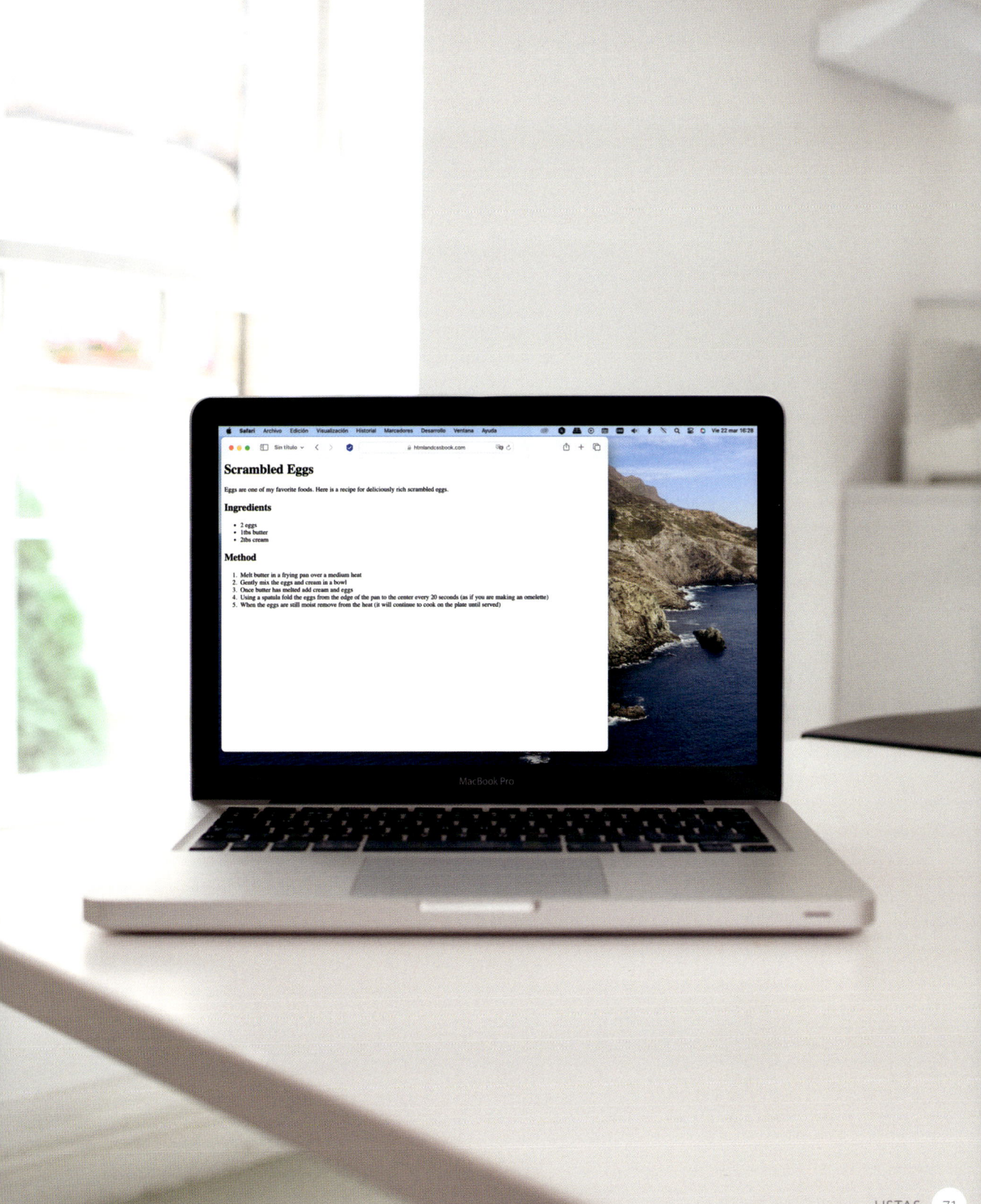

Scrambled Eggs

Eggs are one of my favorite foods. Here is a recipe for deliciously rich scrambled eggs.

Ingredients

- 2 eggs
- 1tbs butter
- 2tbs cream

Method

1. Melt butter in a frying pan over a medium heat
2. Gently mix the eggs and cream in a bowl
3. Once butter has melted add cream and eggs
4. Using a spatula fold the eggs from the edge of the pan to the center every 20 seconds (as if you are making an omelette)
5. When the eggs are still moist remove from the heat (it will continue to cook on the plate until served)

LISTAS ORDENADAS

<ol>

Las listas numeradas se crean con el elemento <ol>.

<li>

Cada elemento de la lista va entre una etiqueta de apertura <li> y una de cierre, </li>. (li es de lista).

Por defecto, los navegadores sangran las listas.

A veces, encontramos un atributo type con el elemento <ol> para especificar el tipo de numeración (números, letras, números romanos, etc.). Es mejor usar la propiedad liststyle-type de CSS, explicada en las páginas 330-332.

chapter-03/ordered-lists.html `HTML`

```html
<ol>
  <li>Chop potatoes into quarters</li>
  <li>Simmer in salted water for 15-20
      minutes until tender</li>
  <li>Heat milk, butter and nutmeg</li>
  <li>Drain potatoes and mash</li>
  <li>Mix in the milk mixture</li>
</ol>
```

`RESULTADO`

1. Chop potatoes into quarters
2. Simmer in salted water for 15-20 minutes until tender
3. Heat milk, butter and nutmeg
4. Drain potatoes and mash
5. Mix in the milk mixture

LISTAS SIN ORDENAR

chapter-03/unordered-lists.html

```
<ul>
  <li>1kg King Edward potatoes</li>
  <li>100ml milk</li>
  <li>50g salted butter</li>
  <li>Freshly grated nutmeg</li>
  <li>Salt and pepper to taste</li>
</ul>
```

RESULTADO

- 1kg King Edward potatoes
- 100ml milk
- 50g salted butter
- Freshly grated nutmeg
- Salt and pepper to taste

<ul>

La lista desordenada se crea con el elemento <ul>.

<li>

Cada elemento de la lista se coloca entre una etiqueta de apertura <li> y una de cierre, </li>. (li es de lista.)

Por defecto, los navegadores sangran las listas.

A veces, encontramos un atributo type con el elemento <ul> para especificar el tipo de viñeta (círculos, cuadrados, rombos, etc.). Es mejor usar la propiedad liststyle-type de CSS, explicada en las páginas 330-332.

LISTAS DE DEFINICIONES

`<dl>`

Las listas de definiciones se crean con el elemento `<dl>` y suelen consistir en una serie de términos y sus definiciones.

Dentro del elemento `<dl>` es normal encontrar pares de elementos `<dt>` y `<dd>`.

`<dt>`

Se usa para contener la palabra definida (el término de la definición).

`<dd>`

Sirve para contener la definición.

A veces, podemos encontrar una lista en la que dos términos tengan la misma definición o haya dos definiciones para un mismo término.

`chapter-03/definition-lists.html` **HTML**

```
<dl>
  <dt>Sashimi</dt>
  <dd>Sliced raw fish that is served with
      condiments such as shredded daikon radish or
      ginger root, wasabi and soy sauce</dd>
  <dt>Scale</dt>
  <dd>A device used to accurately measure the
      weight of ingredients</dd>
  <dd>A technique by which the scales are removed
      from the skin of a fish</dd>
  <dt>Scamorze</dt>
  <dt>Scamorzo</dt>
  <dd>An Italian cheese usually made from whole
      cow's milk (although it was traditionally made
      from buffalo milk)</dd>
</dl>
```

RESULTADO

Sashimi
> Sliced raw fish that is served with condiments such as shredded daikon radish or ginger root, wasabi and soy sauce

Scale
> A device used to accurately measure the weight of ingredients
> A technique by which the scales are removed from the skin of a fish

Scamorze
Scamorzo
> An Italian cheese usually made from whole cow's milk (although it was traditionally made from buffalo milk)

LISTAS ANIDADAS

```html
<ul>
  <li>Mousses</li>
  <li>Pastries
    <ul>
      <li>Croissant</li>
      <li>Mille-feuille</li>
      <li>Palmier</li>
      <li>Profiterole</li>
    </ul>
  </li>
  <li>Tarts</li>
</ul>
```

Podemos incluir una segunda lista dentro de un elemento <li> para crear una sublista, o lista anidada.

Los navegadores muestran las listas anidadas con un sangrado mayor que el de la lista principal. En las listas anidadas desordenadas, el navegador también suele cambiar el estilo de la viñeta.

RESULTADO

- Mousses
- Pastries
  - Croissant
  - Mille-feuille
  - Palmier
  - Profiterole
- Tarts

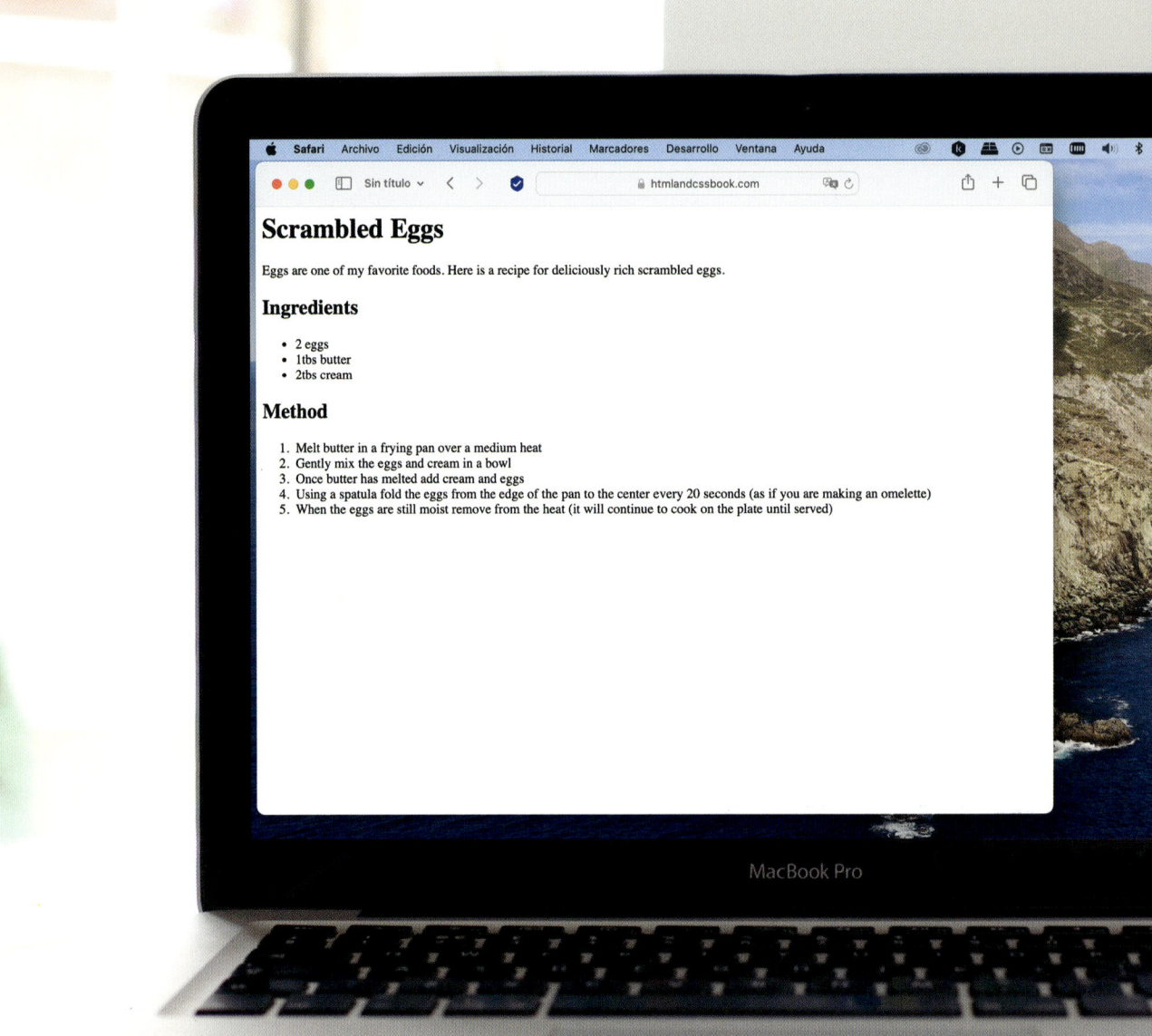

Scrambled Eggs

Eggs are one of my favorite foods. Here is a recipe for deliciously rich scrambled eggs.

Ingredients

- 2 eggs
- 1tbs butter
- 2tbs cream

Method

1. Melt butter in a frying pan over a medium heat
2. Gently mix the eggs and cream in a bowl
3. Once butter has melted add cream and eggs
4. Using a spatula fold the eggs from the edge of the pan to the center every 20 seconds (as if you are making an omelette)
5. When the eggs are still moist remove from the heat (it will continue to cook on the plate until served)

EJEMPLO
LISTAS

Esta receta presenta un encabezado principal, seguido por un párrafo introductorio. Se ha utilizado una lista sin ordenar para los ingredientes y una lista ordenada para los pasos.

```html
<html>
  <head>
    <title>Lists</title>
  </head>
  <body>
    <h1>Scrambled Eggs</h1>
    <p>Eggs are one of my favourite foods. Here is a
      recipe for deliciously rich scrambled eggs.</p>
    <h2>Ingredients</h2>
    <ul>
      <li>2 eggs</li>
      <li>1tbs butter</li>
      <li>2tbs cream</li>
    </ul>
    <h2>Method</h2>
    <ol>
      <li>Melt butter in a frying pan over a medium
          heat</li>
      <li>Gently mix the eggs and cream in a bowl</li>
      <li>Once butter has melted add cream and eggs</li>
      <li>Using a spatula fold the eggs from the edge of
          the pan to the center every 20 seconds (as if
          you are making an omelette)</li>
      <li>When the eggs are still moist remove from the
          heat (it will continue to cook on the plate
          until served)</li>
    </ol>
  </body>
</html>
```

▸ Hay tres tipos de listas en HTML: ordenadas, sin ordenar y de definiciones.

▸ Las listas ordenadas usan números.

▸ Las listas desordenadas utilizan viñetas.

▸ Las listas de definiciones sirven para definir términos.

▸ Se puede anidar una lista dentro de otra.

4

ENLACES

- ▶ Creación de enlaces entre páginas.
- ▶ Enlaces a otras páginas.
- ▶ Enlaces para correos electrónicos.

Los enlaces son una característica típica de la red porque nos permiten movernos de una página web a otra, la esencia misma de navegar por Internet.

Normalmente nos encontraremos con los siguientes tipos de enlaces:

- Enlaces de un sitio web a otro.

- Enlaces de una página a otra del mismo sitio web.

- Enlaces de una parte de una página web a otra parte de la misma página.

- Enlaces que se abren en una nueva ventana del navegador.

- Enlaces que abren un gestor de correo electrónico y dirigen el mensaje a alguien.

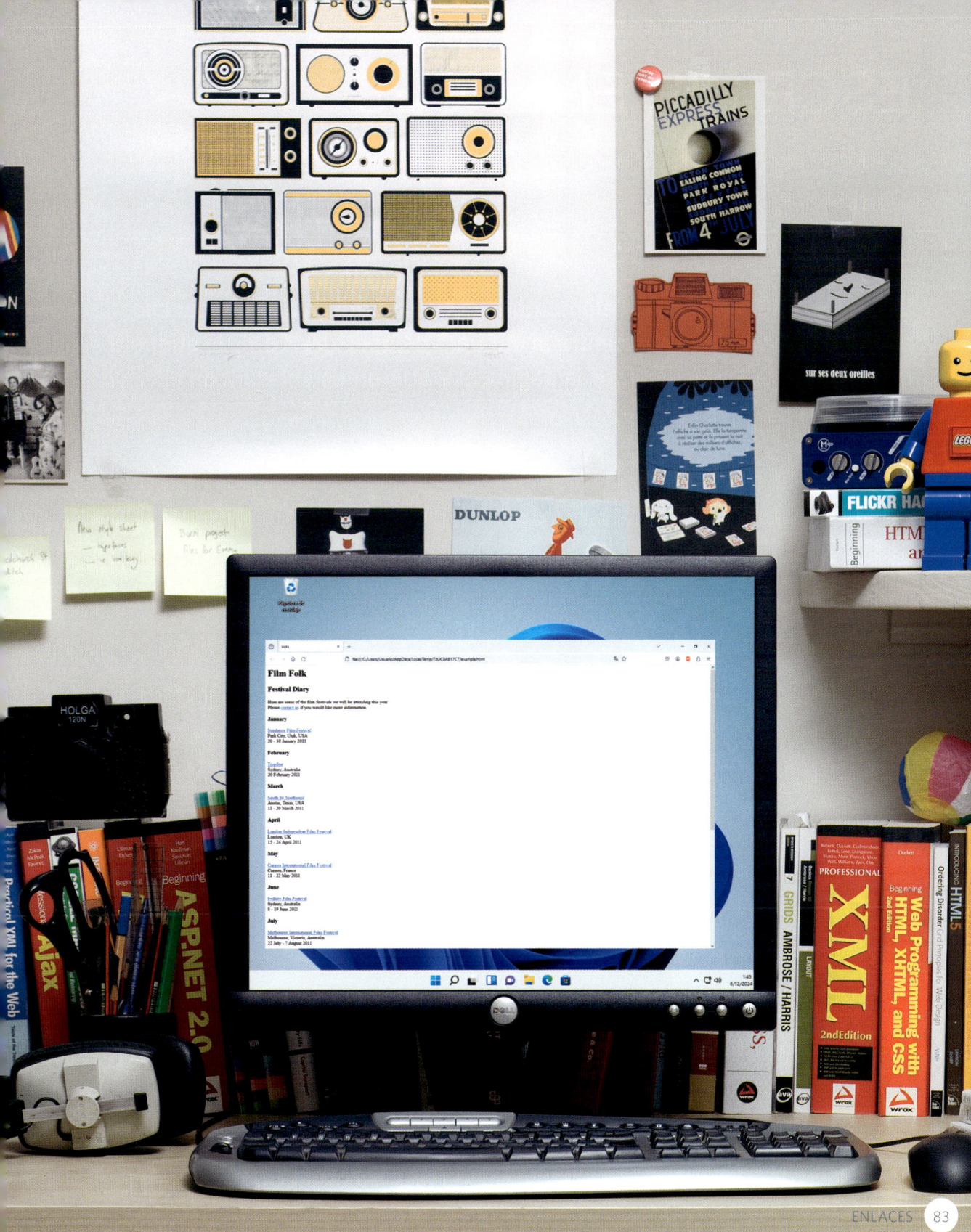

ESCRIBIR ENLACES

Los enlaces se crean con el elemento `<a>`. Los usuarios pueden hacer clic en cualquier cosa que haya entre la etiqueta de apertura `<a>` y la etiqueta de cierre `</a>`. Especificamos la página que queremos enlazar con el atributo `href`.

ESTA ES LA PÁGINA A LA QUE NOS LLEVA EL ENLACE

ESTE ES EL TEXTO EN EL QUE HACE CLIC EL USUARIO

```
<a href="http://www.imdb.com">IMDB</a>
```

ETIQUETA DE APERTURA DEL ENLACE

ETIQUETA DE CIERRE DEL ENLACE

El texto comprendido entre las etiquetas <a> y </a> se conoce como texto del enlace. Siempre que sea posible, el texto del enlace debería explicar dónde irán los visitantes si hacen clic en él, en lugar de decir solo «haz clic aquí». Abajo tenemos el enlace a IMDB creado en la página anterior.

Mucha gente navega por los sitios web ojeando el texto en busca de enlaces. Un texto de enlace claro ayudará a los visitantes a encontrar lo que quieren. Esto les causará una impresión más positiva del sitio y puede animarlos a visitarlo durante más tiempo. También ayuda a las personas que necesitan software de lectura de pantalla.

Para escribir un buen texto de enlace, podemos pensar en las palabras que usaría la gente al buscar la página a la que vamos a poner el enlace. Por ejemplo, en vez de «alojamientos», podríamos usar algo más específico, como «hoteles en Nueva York».

IMDB

ENLACES A OTROS SITIOS WEB

Los enlaces se crean con el elemento `<a>`, que tiene un atributo denominado `href`. El valor de `href` es la página a la que queremos llegue la gente al hacer clic en el enlace.

Los usuarios pueden hacer clic en cualquier parte entre las etiquetas `<a>` y `</a>` y llegarán a la página especificada en el atributo `href`.

Cuando ponemos un enlace a un sitio web diferente, el valor del atributo `href` será la dirección completa del sitio web, lo cual se conoce como URL **absoluta**.

Por defecto, los navegadores muestran los enlaces en azul y subrayados.

chapter-04/linking-to-other-sites.html `HTML`

```
<p>Movie Reviews:
  <ul>
    <li><a href="http://www.empireonline.com">
        Empire</a></li>
    <li><a href="http://www.metacritic.com">
        Metacritic</a></li>
    <li><a href="http://www.rottentomatoes.com">
        Rotten Tomatoes</a></li>
    <li><a href="http://www.variety.com">
        Variety</a></li>
  </ul>
</p>
```

`RESULTADO`

Movie Reviews:

- Empire
- Metacritic
- Rotten Tomatoes
- Variety

URL ABSOLUTAS

URL viene de *Uniform Resource Locator*, localizador uniforme de recursos. Cada página web tiene su propia URL. Es la dirección web que escribiríamos en un navegador si quisiéramos visitar esa página.

Una URL absoluta empieza con el nombre de dominio de ese sitio y puede ir seguida de la ruta a una página específica. Si no se especifica una página, se mostrará la página de inicio.

ENLACES A OTRAS PÁGINAS DEL MISMO SITIO

<a>

```html
<p>
  <ul>
    <li><a href="index.html">Home</a></li>
    <li><a href="about-us.html">About</a></li>
    <li><a href="movies.html">Movies</a></li>
    <li><a href="contact.html">Contact</a></li>
  </ul>
</p>
```

Cuando ponemos enlaces a otras páginas dentro del mismo sitio, no hace falta especificar el nombre de dominio en la URL. Podemos utilizar una clave conocida como URL **relativa**.

Si todas las páginas del sitio están en la misma carpeta, el valor del atributo href es solo el nombre del archivo.

Si tenemos las distintas páginas de un sitio en carpetas diferentes, podemos emplear una sintaxis un poco más compleja para indicar dónde está la página de destino en relación con la actual. Veremos más sobre esto en las páginas 88-91.

Si te fijas en el código descargable de cada capítulo, verás que el archivo index.html contiene enlaces que utilizan URL relativas.

RESULTADO

- [Home]
- [About]
- [Movies]
- [Contact]

URL RELATIVAS

Cuando enlazamos a otras páginas dentro de un mismo sitio, podemos usar URL relativas. Se trata de versiones acortadas de las URL absolutas, porque no es preciso especificar el nombre de dominio.

Veremos con más detalle las URL relativas en las páginas 90-91, pues hay varios atajos útiles que podemos utilizar para escribir enlaces a otras páginas de nuestro propio sitio.

Las URL relativas son útiles a la hora de construir un sitio en el ordenador porque podemos crear enlaces entre páginas sin tener que establecer el nombre de dominio ni el alojamiento.

ESTRUCTURA DE DIRECTORIO

En los sitios web grandes, conviene organizar el código colocando las páginas para cada sección en una carpeta nueva. Las carpetas de un sitio web se denominan a veces directorios.

ESTRUCTURA

El diagrama de la derecha muestra la estructura del directorio para un sitio web ficticio de listas de entretenimiento llamado ExampleArts.

La carpeta del nivel superior se conoce como directorio **raíz**. En este ejemplo, se llama examplearts. El directorio raíz contiene todos los demás archivos y carpetas del sitio web.

Cada sección del sitio va en una carpeta aparte; es útil para organizar los archivos.

Cuando se trabaja con un sistema de gestión de contenido, software para blogs o un sistema de comercio electrónico, es posible que no haya archivos individuales para cada página del sitio web.

RELACIONES

La relación entre los archivos y carpetas de un sitio web se describe como una jerarquía.

En el diagrama de la derecha, vemos algunas relaciones dibujadas.

La carpeta examplearts es la principal para las carpetas movies, music y theater. Y las carpetas movies, music y theater son subcarpetas de examplearts.

En su lugar, estos sistemas utilizan a menudo un archivo de plantilla para cada tipo de página (como noticias, posts o productos).

PÁGINAS DE INICIO

La página de inicio principal de un sitio web escrita en HTML (y las páginas de inicio de cada sección en una subcarpeta) se llama index.html.

Los servidores web suelen estar configurados para devolver el archivo index.html si no se especifica ningún otro nombre de archivo.

Así pues, si escribimos examplearts.com iremos a examplearts.com/index.html y examplearts.com/music nos llevará a examplearts.com/music/index.html.

La edición del archivo de la plantilla afecta a todas las páginas que usen esa plantilla, así que no cambies ningún código que no sea HTML para no romper la página.

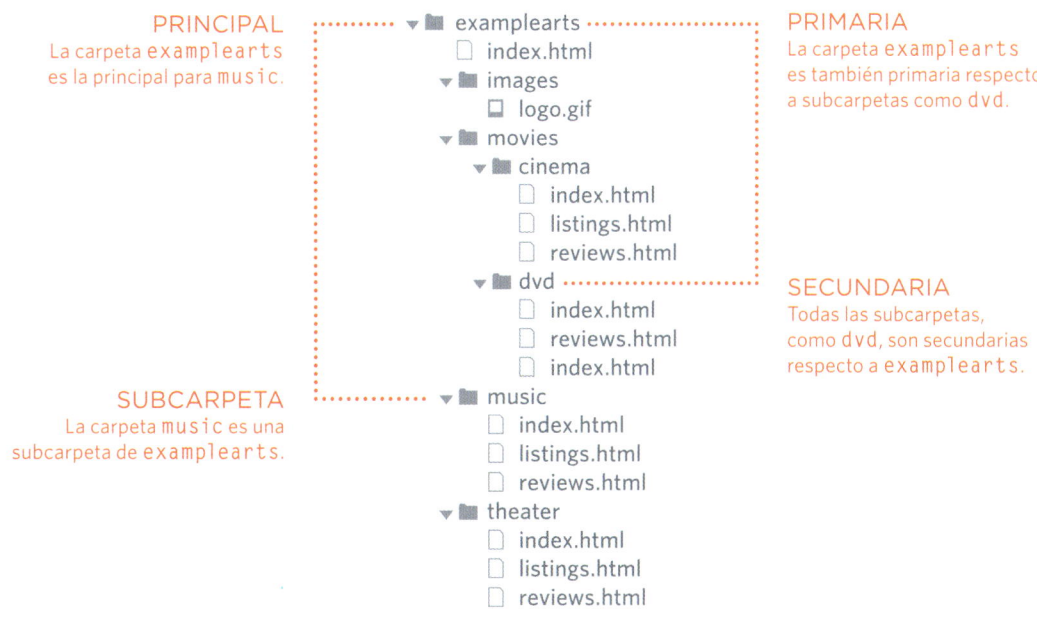

PRINCIPAL
La carpeta examplearts es la principal para music.

PRIMARIA
La carpeta examplearts es también primaria respecto a subcarpetas como dvd.

SECUNDARIA
Todas las subcarpetas, como dvd, son secundarias respecto a examplearts.

SUBCARPETA
La carpeta music es una subcarpeta de examplearts.

Cada página e imagen de un sitio web tiene una **URL**, que está formada por el nombre de dominio seguido de la **ruta** hasta esa página o imagen.

La ruta hasta la página de inicio de este sitio es www.examplearts.com/index.html. La ruta al logotipo del sitio es examplearts.com/images/logo.gif.

Utilizamos URL cuando creamos vínculos a otras páginas web y cuando incluimos imágenes en nuestro sitio. En la siguiente página, veremos una forma abreviada de enlazar archivos de nuestro sitio web.

El directorio raíz contiene:

- Un archivo llamado index.html, que es la página de inicio para todo el sitio web.

- Carpetas individuales para las secciones de cine, música y teatro del sitio.

Cada subcarpeta contiene:

- Un archivo llamado index.html que es la página de inicio de esa sección.

- Una página de reseñas llamada reviews.html.

- Una página con listas llamada listings.html (excepto para la sección de DVD).

La sección de cine contiene:

- Una carpeta llamada cinema.

- Una carpeta llamada DVD.

URL RELATIVAS

Las URL relativas sirven para enlazar páginas dentro de un mismo sitio web. Son una forma abreviada de indicar al navegador dónde encontrar los archivos.

Cuando creamos un enlace a una página en nuestro propio sitio web, no necesitamos especificar el nombre de dominio. Podemos usar **URL relativas**, una forma abreviada de decir al navegador dónde está una página respecto a la actual.

Esto es especialmente útil al crear un sitio nuevo o aprender sobre HTML porque podemos crear enlaces entre páginas cuando están solo en nuestro ordenador, antes de obtener un nombre de dominio y subirlas a la red.

Como no es necesario repetir el nombre de dominio en cada enlace, también son más rápidas de escribir.

Si todos los archivos del sitio están en una carpeta, usaremos el nombre de archivo para esa página.

Si el sitio está organizado en carpetas (o directorios) separadas, tendremos que decir al navegador cómo llegar desde la página donde se encuentre en ese momento hasta la página enlazada.

Si creamos un enlace a la misma página desde dos páginas diferentes, habrá que escribir dos URL relativas diferentes.

Estos enlaces utilizan la misma terminología ya abordada al hablar de la estructura de los directorios.

TIPO DE ENLACE RELATIVO

EJEMPLO (del diagrama anterior)

MISMA CARPETA

Para enlazar a un archivo en la misma carpeta, usamos solo el nombre del archivo. (No hace falta más).

Para enlazar a las reseñas musicales desde la página de inicio de música:

`<a href="reviews.html">Reviews</a>`

SUBCARPETA

Para una subcarpeta, usamos el nombre de esta, seguido de una barra y el nombre del archivo.

Para enlazar a la lista de música desde la página de inicio:

`<a href="music/listings.html">Listings</a>`

SUBCARPETA DE UNA SUBCARPETA

Usamos el nombre de la subcarpeta primaria, seguido de una barra, el nombre de la subcarpeta secundaria, otra barra y el nombre del archivo.

Para enlazar a las reseñas de DVD desde la página de inicio:

`<a href="movies/dvd/reviews.html">`

SUBCARPETA PRIMARIA

Utilizamos ../ para indicar la carpeta que está un nivel por encima de la actual y añadimos el nombre del archivo.

Para enlazar a la página de inicio desde las reseñas musicales:

`<a href="../index.html">Home</a>`

CARPETA PRINCIPAL

Repetimos ../ para indicar que queremos subir dos carpetas (en vez de una sola) y añadimos el nombre de archivo.

Para enlazar a la página principal del sitio desde las reseñas de DVD:

`<a href="../../index.html">Home</a>`

Cuando un sitio web ya está operativo (es decir, subido al servidor web) podemos usar otras técnicas que no funcionan cuando los archivos están en nuestro ordenador.

Por ejemplo, podemos encontrar el nombre de una subcarpeta sin el nombre de un archivo. En este caso, el servidor web tratará de mostrar la página de inicio de esa sección.

Una barra devolverá la página de inicio de todo el sitio y, si lleva detrás un nombre de archivo, devolverá ese archivo, siempre que esté en el directorio raíz.

ENLACES PARA CORREO ELECTRÓNICO

mailto:

Para crear un enlace que abra un gestor de correo electrónico con una dirección específica, utilizamos el elemento `<a>`. Sin embargo, en esta ocasión, el valor del atributo `href` empezará con `mailto:` e irá seguido de la dirección de correo a la que queremos que se envíe el mensaje.

A la derecha vemos que el enlace para un correo parece un enlace cualquiera, pero al hacer clic, se abrirá el gestor de correo del usuario listo para escribir el mensaje, con la dirección de la persona especificada en el enlace.

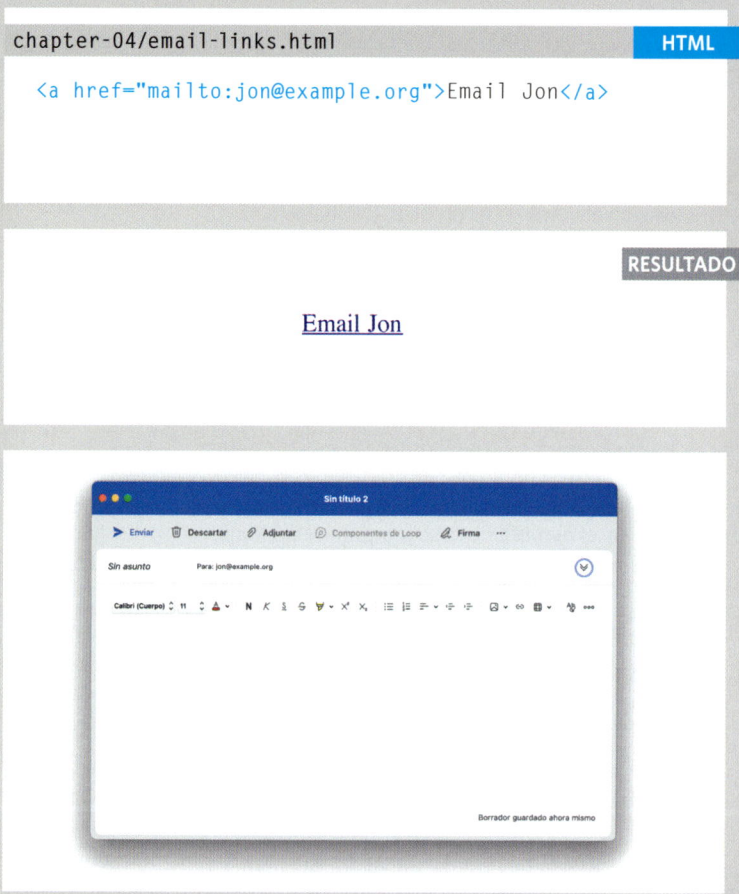

chapter-04/email-links.html   HTML

```
<a href="mailto:jon@example.org">Email Jon</a>
```

RESULTADO

Email Jon

ABRIR ENLACES EN UNA VENTANA NUEVA

HTML   chapter-04/opening-links-in-a-new-window.html

```
<a href="http://www.imdb.com" target="_blank">
Internet Movie Database</a> (opens in new window)
```

RESULTADO

Internet Movie Database (opens in new window)

Si queremos que un enlace se abra en una ventana nueva, podemos emplear el atributo

`target` en la etiqueta de apertura `<a>`. El valor de este atributo debería ser `_blank`.

Una de las razones más habituales por las que un autor de páginas web puede querer que un enlace se abra en una ventana nueva es que el enlace apunte a otro sitio web. En esos casos, esperan que el usuario vuelva a la ventana que muestra su sitio cuando terminen de mirar el otro.

Por lo general, no conviene abrir enlaces en ventanas nuevas, pero si lo haces, es una buena práctica informar a los usuarios de que el enlace se abrirá en otra ventana antes de que hagan clic en él.

ENLAZAR A UNA PARTE ESPECÍFICA DE LA MISMA PÁGINA

En la parte superior de una página muy larga puede ser conveniente añadir una lista de contenidos que enlace con las secciones correspondientes más abajo. O puede ser interesante añadir un enlace en una parte más abajo para volver al principio de la página sin que el usuario tenga que ir subiendo otra vez.

Antes de hacer un enlace a una parte específica de la página, necesitas identificar los puntos a los que irá el enlace. Esto se hace con el atributo id (que se puede usar con cualquier elemento HTML). Vemos que los elementos <h1> y <h2> de este ejemplo tienen atributos id que identifican esas secciones de la página.

El valor del atributo id debería empezar con una letra o un guion bajo (no un número ni cualquier otro carácter) y, en una misma página, no se debería atribuir el mismo valor a dos atributos id.

Para enlazar a un elemento que utiliza un atributo id, usamos el elemento <a> de nuevo, pero el valor del atributo href empieza con el símbolo #, seguido del valor del atributo id del elemento con el que queremos enlazar. En este ejemplo, <a href="#top"> lleva al elemento <h1> del principio de la página cuyo atributo id tiene el valor top.

chapter-05/linking-to-a-specific-part.html `HTML`

```html
<h1 id="top">Film-Making Terms</h1>
<a href="#arc_shot">Arc Shot</a><br />
<a href="#interlude">Interlude</a><br />
<a href="#prologue">Prologue</a><br /><br />
<h2 id="arc_shot">Arc Shot</h2>
<p>A shot in which the subject is photographed by an
    encircling or moving camera</p>
<h2 id="interlude">Interlude</h2>
<p>A brief, intervening film scene or sequence, not
    specifically tied to the plot, that appears
    within a film</p>
<h2 id="prologue">Prologue</h2>
<p>A speech, preface, introduction, or brief scene
    preceding the the main action or plot of a film;
    contrast to epilogue</p>
<p><a href="#top">Top</a></p>
```

ENLAZAR A UNA PARTE ESPECÍFICA DE OTRA PÁGINA

Film-Making Terms

Arc Shot
Interlude
Prologue

Arc Shot

A shot in which the subject is photographed by an encircling or moving camera

Interlude

A brief, intervening film scene or sequence, not specifically tied to the plot, that appears within a film

Prologue

A speech, preface, introduction, or brief scene preceding the the main action or plot of a film; contrast to epilogue

Top

Si queremos crear un enlace a una sección específica de otra página (ya sea en nuestro propio sitio web o en otro), podemos usar una técnica similar.

Siempre y cuando la página a la que queramos enlazar cuente con atributos `id` que identifique partes específicas, podemos sencillamente añadir la misma sintaxis al final del enlace a la página.

Por lo tanto, el atributo `href` contendrá la dirección de la página (bien absoluta, bien relativa), seguida del símbolo `#` y del valor del atributo `id` utilizado en el elemento al que estamos enlazando.

Por ejemplo, para crear un enlace al final de la página del sitio web de este libro, escribiríamos:
`<a href="http:/www.htmlandcssbookcom/#bottom">`

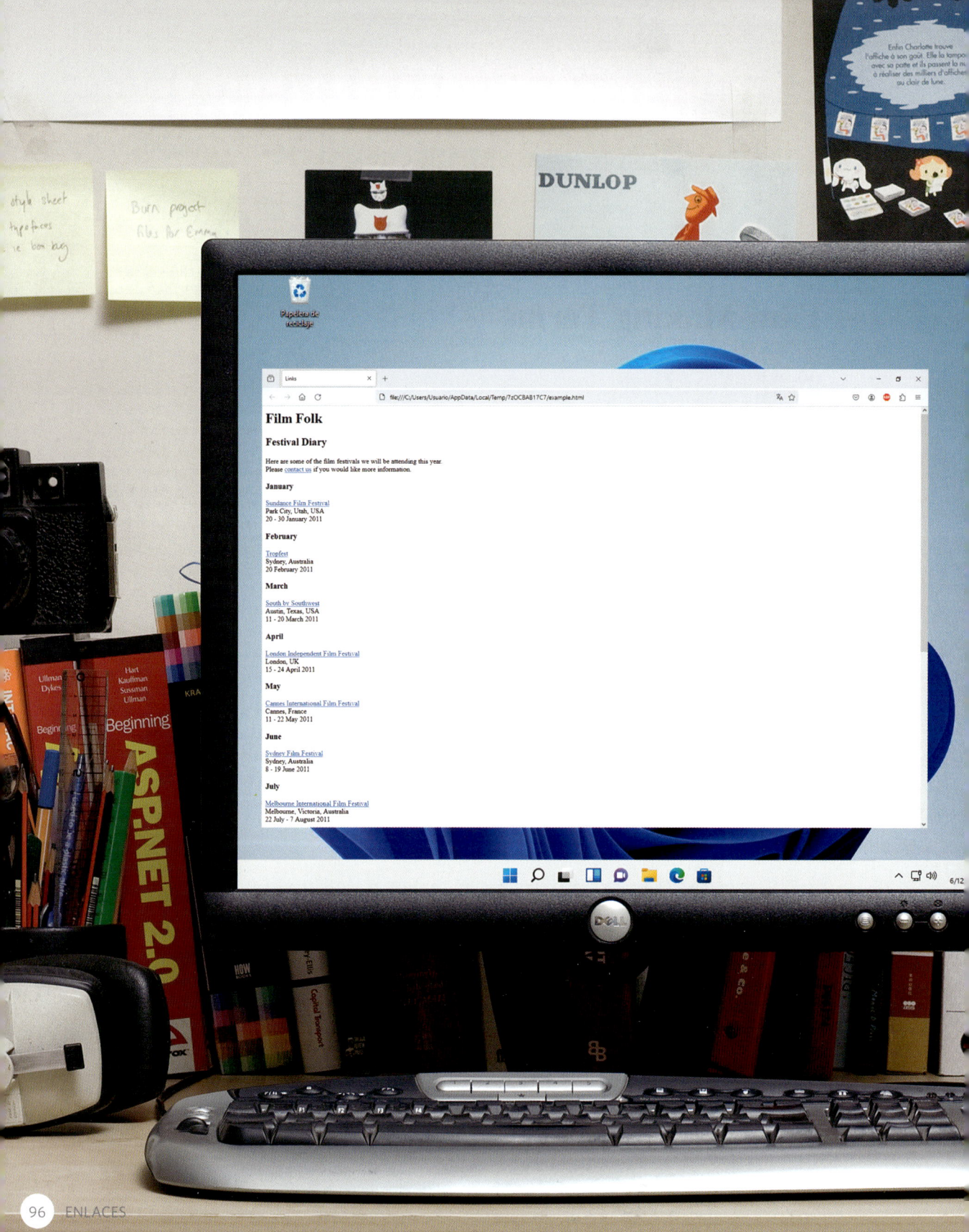

Film Folk

Festival Diary

Here are some of the film festivals we will be attending this year.
Please contact us if you would like more information.

January

Sundance Film Festival
Park City, Utah, USA
20 - 30 January 2011

February

Tropfest
Sydney, Australia
20 February 2011

March

South by Southwest
Austin, Texas, USA
11 - 20 March 2011

April

London Independent Film Festival
London, UK
15 - 24 April 2011

May

Cannes International Film Festival
Cannes, France
11 - 22 May 2011

June

Sydney Film Festival
Sydney, Australia
8 - 19 June 2011

July

Melbourne International Film Festival
Melbourne, Victoria, Australia
22 July - 7 August 2011

EJEMPLO
ENLACES

Este ejemplo es de una página web sobre una película.

El elemento <h1> va con un atributo id en la parte superior de la página, de modo que se pueda añadir un enlace que lleve a los lectores desde el final de la página hasta el principio. Hay un enlace para correo electrónico que permitirá a los lectores contactar con el autor de la página web. También tenemos varios enlaces a URL absolutas. En concreto, son enlaces a festivales de cine. Bajo esta lista hay un vínculo a una URL relativa que es una página informativa del mismo directorio.

```html
<html>
  <head>
    <title>Links</title>
  </head>
  <body>
    <h1 id="top">Film Folk</h1>
    <h2>Festival Diary</h2>
    <p>Here are some of the film festivals we
        will be attending this year.<br />Please
        <a href="mailto:filmfolk@example.org">
        contact us</a> if you would like more
        information.</p>
    <h3>January</h3>
    <p><a href="http://www.sundance.org">
        Sundance Film Festival</a><br />
        Park City, Utah, USA<br />
        20 - 30 January 2011</p>
    <h3>February</h3>
    <p><a href="http://www.tropfest.com">
        Tropfest</a><br />
        Sydney, Australia<br />
        20 February 2011</p>
    <!-- additional content -->
    <p><a href="about.html">About Film Folk</a></p>
    <p><a href="#top">Top of page</a></p>
  </body>
</html>
```

▶ Los enlaces se crean con el elemento `<a>`.

▶ El elemento `<a>` utiliza el atributo `href` para indicar la página a la que conduce el enlace.

▶ Si enlazamos con una página dentro del mismo sitio, es mejor usar enlaces relativos en lugar de URL absolutas.

▶ Podemos crear enlaces para abrir gestores de correo electrónico con una dirección ya en el campo del destinatario.

▶ Podemos utilizar el atributo `id` para apuntar a elementos dentro de una misma página a los que se pueda poner enlace.

5

IMÁGENES

- ▸ Cómo añadir imágenes a una página.
- ▸ Elegir el formato adecuado.
- ▸ Optimizar las imágenes para Internet.

Hay muchas razones por las que deseemos añadir imágenes a una página web: tal vez queramos incluir un logotipo, fotografías, ilustraciones, diagramas o gráficos.

Debemos considerar muchas cosas al seleccionar y preparar imágenes para un sitio web, pero tomarse el tiempo necesario para hacerlo bien dará a nuestro sitio un aspecto más profesional y atractivo.

En este capítulo veremos cómo:

- Incluir una imagen en una página web con HTML.

- Elegir qué formato de archivo usar.

- Mostrar una imagen en el tamaño adecuado.

- Optimizar una imagen que se va a usar en la red para que las páginas se carguen más rápido.

También podemos utilizar CSS para incluir imágenes en páginas web con la propiedad `background-image`, que veremos en las páginas 410-417.

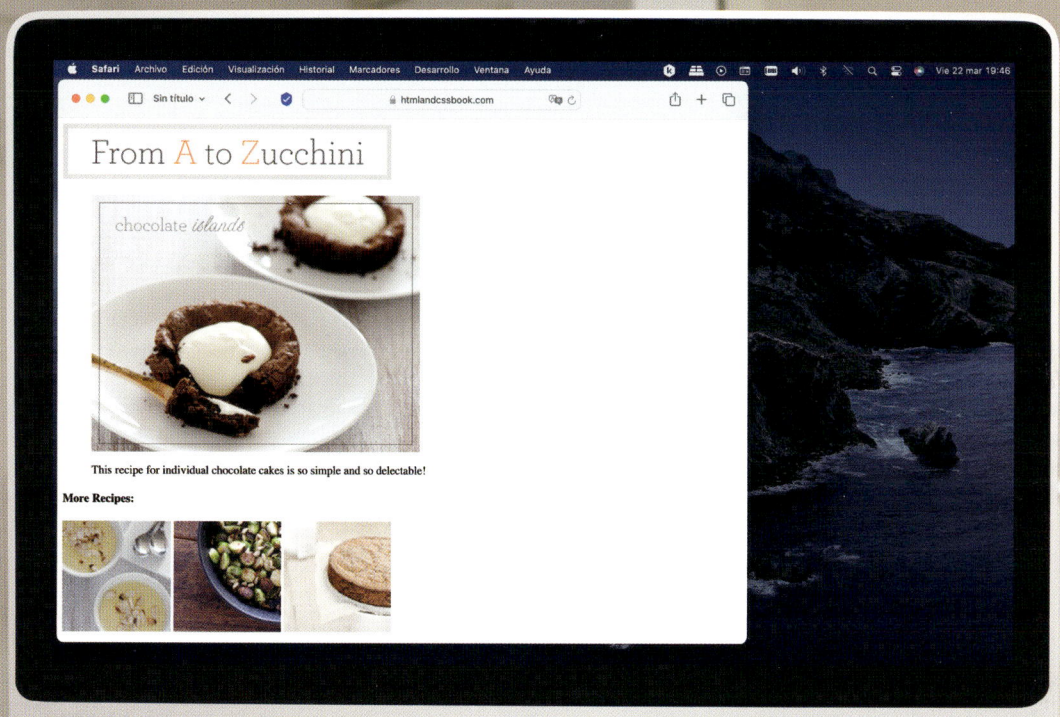

From A to Zucchini

chocolate *islands*

This recipe for individual chocolate cakes is so simple and so delectable!

More Recipes:

ELEGIR IMÁGENES PARA UN SITIO

Una imagen puede valer más que mil palabras y unas imágenes geniales pueden marcar la diferencia entre un sitio web normalito y uno realmente atractivo.

Podemos usar imágenes para marcar el tono de un sitio web en menos tiempo de lo que cuesta leer una descripción. Si no dispones de fotografías para utilizar en tu sitio web, hay **bancos de fotos** donde puedes comprarlas (abajo tienes una lista). Recuerda que todas las imágenes están sujetas a derechos de autor y puedes meterte en un lío si te limitas a coger fotos de otro sitio.

Cuando una página tiene muchas imágenes (como fotos de productos o miembros de un equipo), colocarlas sobre un fondo sencillo y coherente contribuye a que el conjunto quede mejor.

LAS IMÁGENES DEBERÍAN...

- ✔ Ser relevantes.
- ✔ Transmitir información.
- ✔ Transmitir el tono adecuado.
- ✔ Ser reconocibles al instante.
- ✔ Encajar en la paleta de colores.

BANCOS DE IMÁGENES

www.istockphoto.com
www.gettyimages.com
unsplash.com
www.freeimages.com
stock.adobe.com

CONTENIDO ADICIONAL

Visita la página https://www.htmlandcssbook.com/extras/resizing-and-saving-images-for-the-web/ para ver una galería en línea que te ayudará a escoger la imagen adecuada para tu sitio web.

GUARDAR LAS IMÁGENES DE TU SITIO

Cuando creamos un sitio desde cero, conviene crear una carpeta para todas las imágenes que utiliza el sitio.

A medida que crece un sitio web, mantener las imágenes en una carpeta aparte nos ayuda a entender la organización del sitio. Aquí vemos un ejemplo de los archivos para un sitio web; todas las imágenes están en una carpeta llamada images.

En un sitio grande, podría interesarnos añadir subcarpetas dentro de images. Por ejemplo, imágenes como los logotipos y los botones podrían ir en una carpeta llamada interface, las fotografías de productos en una products y las relacionadas con noticias, en una carpeta news.

Si utilizamos un sistema de gestión de contenido o una plataforma de blogs, lo habitual es encontrar herramientas integradas que permitan cargar imágenes y es muy posible que el programa ya cuente con una carpeta separada para las imágenes y otro material que subamos.

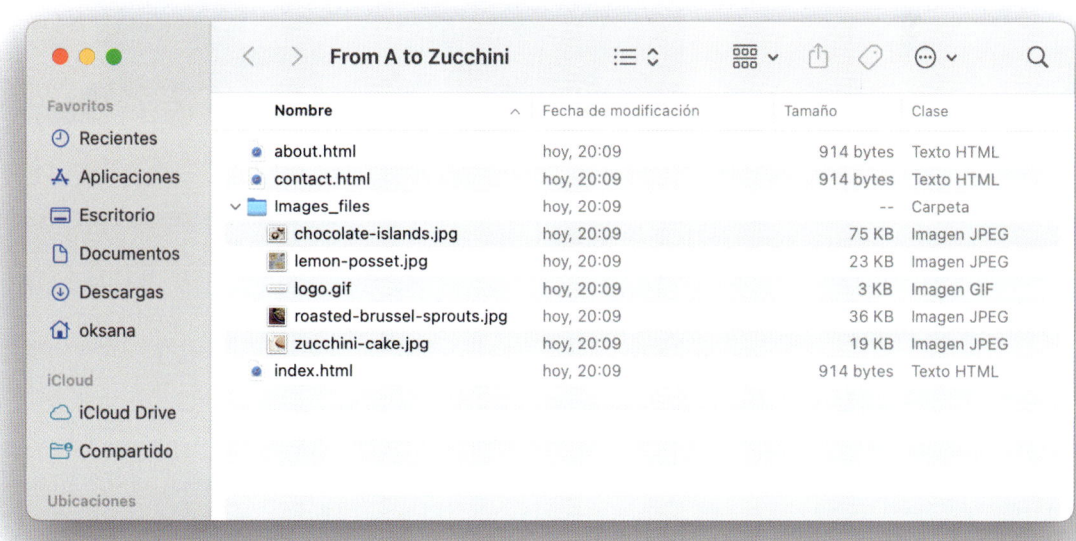

AÑADIR IMÁGENES

`<img>`

Para añadir una imagen a la página, necesitamos un elemento `<img>`. Es un elemento vacío, lo cual significa que no hay etiqueta de cierre. Debe llevar estos atributos:

src

Dice al navegador dónde encontrar el archivo de la imagen. Suele ser una URL relativa que apunta a una imagen del mismo sitio. (Aquí vemos que las imágenes se encuentran en una subcarpeta llamada `images`; hemos hablado de las URL relativas en las páginas 90-91).

alt

Ofrece una descripción textual de la imagen, por si no puede verse.

title

También podemos utilizar el atributo `title` con el elemento `<img>` para dar información adicional sobre la imagen. La mayoría de los navegadores mostrará el contenido de este atributo como información emergente cuando el usuario pase el ratón por encima de la imagen.

`chapter-05/adding-images.html`   HTML

```html
<img src="images/quokka.jpg" alt="A family of
    quokka" title="The quokka is an Australian
    marsupial that is similar in size to the
    domestic cat." />
```

RESULTADO

El texto empleado en el atributo `alt` suele denominarse **texto alternativo**. Debería proporcionar una descripción precisa del contenido de la imagen para que puedan entenderlo el software de lectura de pantalla que utilizan personas con problemas de visión y los motores de búsqueda.

Si la imagen es solo para que la página resulte más atractiva (y no tiene significado, como una línea divisoria gráfica), deberíamos usar el `alt` dejando las comillas vacías.

ALTO Y ANCHO DE LA IMAGEN

```
<img src="images/quokka.jpg" alt="A family of
    quokka" width="600" height="450" />
```

RESULTADO

Es frecuente encontrar un elemento `<img>` con otros dos atributos, que especifican su tamaño:

height

Especifica la altura de la imagen en píxeles.

width

Especifica la anchura de la imagen en píxeles.

Las imágenes suelen tardar más en cargarse que el código HTML que conforma el resto de la página. Por lo tanto, es buena idea especificar el tamaño de la imagen para que el navegador pueda mostrar el texto de la página dejando la cantidad de espacio adecuada para la imagen que sigue cargándose.

Cada vez se utiliza más CSS que HTML para especificar el tamaño de las imágenes. Veremos más información sobre esto en las páginas 406-407.

DÓNDE COLOCAR LAS IMÁGENES EN EL CÓDIGO

Dónde coloquemos una imagen dentro del código influirá en cómo se muestre. Aquí tenemos tres ejemplos de colocación de imágenes que producen distintos resultados:

1: ANTES DE UN PÁRRAFO
El párrafo comienza en una línea nueva después de la imagen.

2: DENTRO DEL INICIO DE UN PÁRRAFO
La primera fila de texto se alinea con el borde inferior de la imagen.

3: EN MEDIO DE UN PÁRRAFO
La imagen se coloca entre las palabras del párrafo en el que aparece.

chapter-05/where-to-place-images.html `HTML`

```html
<img src="images/bird.gif" alt="Bird" width="100"
    height="100" />
<p>There are around 10,000 living species of birds
    that inhabit different ecosystems from the
    Arctic to the Antarctic. Many species undertake
    long distance annual migrations, and many more
    perform shorter irregular journeys.</p>
<hr />
<p><img src="images/bird.gif" alt="Bird" width="100"
    height="100" />There are around 10,000 living
    species of birds that inhabit different
    ecosystems from the Arctic to the Antarctic. Many
    species undertake long distance annual
    migrations, and many more perform shorter
    irregular journeys.</p>
<hr />
<p>There are around 10,000 living species of birds
    that inhabit different ecosystems from the
    Arctic to the Antarctic.<img
    src="images/bird.gif" alt="Bird" width="100"
    height="100" />Many species undertake long
    distance annual migrations, and many more perform
    shorter irregular journeys.</p>
```

There are around 10,000 living species of birds that inhabit different ecosystems from the Arctic to the Antarctic. Many species undertake long distance annual migrations, and many more perform shorter irregular journeys.

There are around 10,000 living species of birds that inhabit different ecosystems from the Arctic to the Antarctic. Many species undertake long distance annual migrations, and many more perform shorter irregular journeys.

There are around 10,000 living species of birds that inhabit different ecosystems from the Arctic to the Antarctic. Many species undertake long distance annual migrations, and many more perform shorter irregular journeys.

Dónde coloquemos la imagen en el código es importante porque los navegadores muestran los elementos HTML de una de estas dos maneras:

Los elementos de bloque aparecen en una línea nueva. Son elementos de bloque `<h1>` y `<p>`, por ejemplo.

Si `<img>` va seguido de un elemento de bloque (como un párrafo), el elemento de bloque irá en una línea nueva después de la imagen, como se ve en el primer ejemplo de esta página.

Los elementos de línea están dentro de un bloque y no empiezan en línea nueva. Por ejemplo, `<b>`, `<em>` e `<img>` son elementos de línea.

Si el elemento `<img>` está dentro de un elemento de bloque, cualquier texto u otro elemento de línea fluirá alrededor de la imagen como en el segundo y el tercer ejemplo de esta página.

Comentaremos los elementos de bloque y línea con mayor profundidad en las páginas 192-193.

CÓDIGO ANTIGUO: ALINEACIÓN HORIZONTAL DE IMÁGENES

align

El atributo `align` solía utilizarse para indicar cómo deberían ir las demás partes de la página en torno a una imagen. Desapareció con HTML5 y los sitios web nuevos utilizan CSS para controlar la alineación de las imágenes (como veremos en las páginas 408-409).

He decidido comentarlo aquí porque es posible que todavía lo encontremos en código antiguo y porque algunos editores visuales aún insertan este atributo cuando indicamos cómo debería alinearse una imagen.

El atributo `align` admite los siguientes valores horizontales:

left

Alinea la imagen a la izquierda (dejando que el texto fluya por la derecha).

right

Alinea la imagen a la derecha (permitiendo que el texto vaya por la izquierda).

chapter-05/aligning-images-horizontally.html `HTML`

```html
<p><img src="images/bird.gif" alt="Bird" width="100"
   height="100" align="left" />There are around
   10,000 living species of birds that inhabit
   different ecosystems from the Arctic to the
   Antarctic. Many species undertake long distance
   annual migrations, and many more perform shorter
   irregular journeys.</p>
<hr />
<p><img src="images/bird.gif" alt="Bird" width="100"
   height="100" align="right" />There are around
   10,000 living species of birds that inhabit
   different ecosystems from the Arctic to the
   Antarctic. Many species undertake long distance
   annual migrations, and many more perform shorter
   irregular journeys.</p>
```

 There are around 10,000 living species of birds that inhabit different ecosystems from the Arctic to the Antarctic. Many species undertake long distance annual migrations, and many more perform shorter irregular journeys.

There are around 10,000 living species of birds that inhabit different ecosystems from the Arctic to the Antarctic. Many species undertake long distance annual migrations, and many more perform shorter irregular journeys.

Esto queda mucho más limpio que tener una línea de texto junto a la imagen (como veíamos en el ejemplo anterior).

Cuando se da al atributo align un valor de left, la imagen queda a la izquierda y el texto a la derecha.

Cuando se da al atributo align un valor de right, la imagen queda a la derecha y el texto a la izquierda.

Cuando el texto llega hasta el borde de la imagen, puede resultar difícil leerlo. Veremos cómo añadir espacio entre texto e imágenes en las páginas 310-311 utilizando las propiedades padding y margin de CSS.

CÓDIGO ANTIGUO: ALINEACIÓN VERTICAL DE IMÁGENES

Como acabo de comentar, el atributo align ya no se usa en HTML5, pero lo recojo aquí porque todavía puede encontrarse en páginas web antiguas y algunos editores visuales siguen utilizándolo en el código que crean.

Veremos cómo utilizar CSS para obtener el mismo resultado en las páginas 282-283.

Hay tres valores que el atributo align admite para controlar cómo se alinea la imagen verticalmente con el texto que la rodea:

top

Esto alinea la primera línea de texto con el borde superior de la imagen.

middle

Esto alinea la primera línea de texto con la parte central de la imagen.

bottom

Esto alinea la primera línea de texto con el borde inferior de la imagen.

chapter-05/aligning-images-vertically.html `HTML`

```
<p><img src="images/bird.gif" alt="Bird" width="100"
    height="100" align="top" />There are around
    10,000 living species of birds that inhabit
    different ecosystems from the Arctic to the
    Antarctic. Many species undertake long distance
    annual migrations, and many more perform shorter
    irregular journeys.</p>
<hr />
<p><img src="images/bird.gif" alt="Bird" width="100"
    height="100" align="middle" />There are around
    10,000 living species of birds that inhabit
    different ecosystems from the Arctic to the
    Antarctic. Many species undertake long distance
    annual migrations, and many more perform shorter
    irregular journeys.</p>
<hr />
<p><img src="images/bird.gif" alt="Bird" width="100"
    height="100" align="bottom" />There are around
    10,000 living species of birds that inhabit
    different ecosystems from the Arctic to the
    Antarctic. Many species undertake long distance
    annual migrations, and many more perform shorter
    irregular journeys.</p>
```

 There are around 10,000 living species of birds that inhabit different ecosystems from the Arctic to the Antarctic. Many species undertake long distance annual migrations, and many more perform shorter irregular journeys.

 There are around 10,000 living species of birds that inhabit different ecosystems from the Arctic to the Antarctic. Many species undertake long distance annual migrations, and many more perform shorter irregular journeys.

There are around 10,000 living species of birds that inhabit different ecosystems from the Arctic to the Antarctic. Many species undertake long distance annual migrations, and many more perform shorter irregular journeys.

El valor de top coloca la primera línea del texto cerca de la parte superior de la imagen y las siguientes líneas aparecen por debajo de la imagen.

El valor de middle coloca la primera línea del texto próxima al centro vertical de la imagen y las siguientes por debajo de la imagen.

El valor de bottom coloca la primera línea junto a la parte inferior de la imagen y el resto del texto por debajo.

Cuando el texto llega hasta el borde de la imagen puede resultar difícil leerlo. Veremos cómo añadir espacio entre texto e imágenes en las páginas 310-311 utilizando las propiedades padding y margin de CSS.

Si queremos que todo el texto envuelva la imagen (en vez de ir una sola línea al lado), tendremos que usar la propiedad float de CSS, que veremos en las páginas 367-369.

En código antiguo, podemos encontrar el atributo align con los valores left o right para lograr el mismo efecto (como se explica en la sección anterior), pero ya no se recomienda su uso.

TRES REGLAS PARA CREAR IMÁGENES

Debemos recordar tres reglas al crear imágenes para nuestros sitios web que están resumidas aquí abajo. Abordaremos cada una de ellas con más detalle en las siguientes páginas.

1

GUARDAR LAS IMÁGENES EN EL FORMATO ADECUADO

Los sitios web utilizan sobre todo imágenes en formato jpeg, gif o png. Si elegimos el formato equivocado, la imagen podría no verse tan nítida como debería y la página podría tardar más en cargarse.

2

GUARDAR LAS IMÁGENES CON EL TAMAÑO ADECUADO

Conviene guardar la imagen con la misma anchura y altura que presentará en el sitio web. Si la imagen es más pequeña que el ancho y el alto especificados, puede distorsionarse. Si la imagen es más grande que las dimensiones especificadas, tardará más en mostrarse en la página.

3

UTILIZAR LA RESOLUCIÓN CORRECTA

Las pantallas de ordenador están formadas por puntos conocidos como píxeles. Las imágenes de Internet también se componen de puntitos. La resolución se define como el número de puntos por pulgada y la mayoría de pantallas solo muestran páginas web a 72 píxeles por pulgada, así que guardar las imágenes con una resolución más alta nos da imágenes más grandes de lo necesario que tardarán más en descargarse.

HERRAMIENTAS PARA EDITAR Y GUARDAR IMÁGENES

Hay varias herramientas que sirven para editar y guardar imágenes con el tamaño, formato y resolución adecuados.

La herramienta más popular entre los profesionales de Internet es **Adobe Photoshop**; de hecho, los diseñadores web profesionales emplean a menudo este software para diseñar el sitio web entero. La versión completa de Photoshop es cara, pero existe una versión más económica, llamada Photoshop Elements, que se ajusta bien a las necesidades de la mayoría de los principiantes.

OTRO SOFTWARE
GIMP
Pixelmator
PaintShop Pro
Paint.net

EDITORES EN LÍNEA
myedit.online
www.pixlr.com
www.picmonkey.com
www.ipiccy.com

MÁS EN LÍNEA
Busca vídeos que muestren cómo redimensionar imágenes y guardarlas con estas aplicaciones.

FORMATOS DE IMAGEN: JPEG

Siempre que haya varios colores diferentes en una imagen deberíamos usar JPEG. Aunque parezca que una fotografía con nieve o un cielo cubierto tiene áreas grandes que son solo blancas o grises, en realidad se compone de muchos colores sutilmente diferentes.

FORMATOS DE IMAGEN: GIF

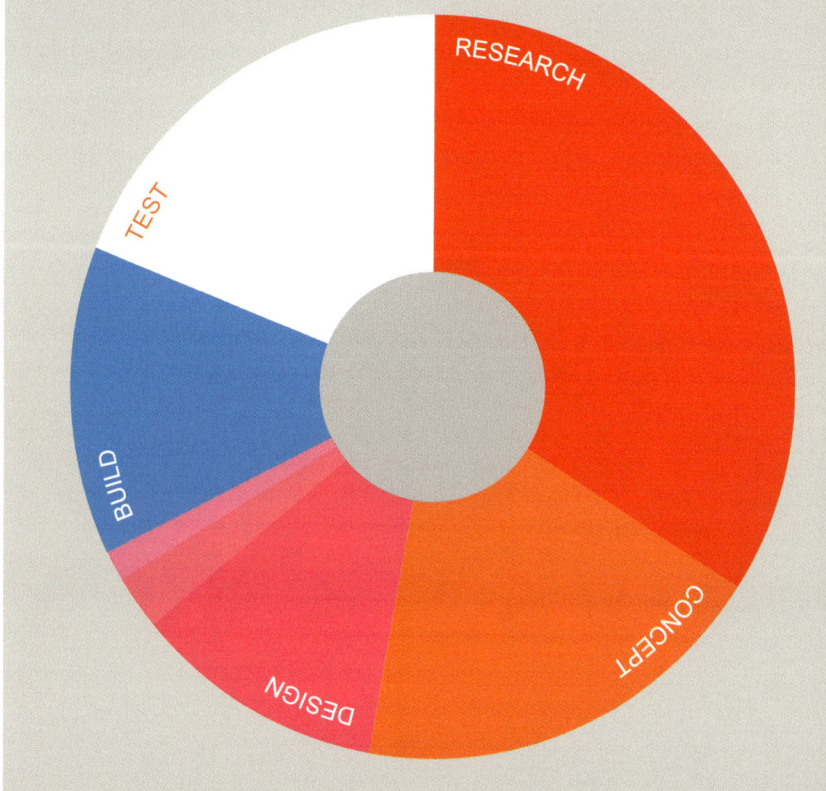

Utilizaremos un formato GIF o PNG cuando guardemos imágenes con pocos colores o con áreas grandes del mismo color.

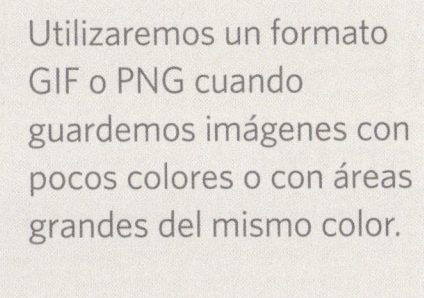

Cuando una imagen tiene un área rellenada con el mismo color exactamente, hablamos de color plano. Los logotipos, las ilustraciones y los diagramas usan con frecuencia colores planos. Ten en cuenta que las fotografías con nieve, cielo o hierba no tienen colores planos, sino que presentan una sutil variedad de tonos de un mismo color y, por lo tanto, no son adecuadas para los formatos GIF y PNG.

DIMENSIONES DE LA IMAGEN

Las imágenes que utilicemos en nuestro sitio web deberían guardarse con la misma anchura y altura con las que queremos que aparezcan en la página.

Por ejemplo, si hemos diseñado una página para que incluya una imagen de 300 píxeles de ancho por 150 píxeles de alto, la imagen que usemos debería ser de 300 x 150 píxeles. Es posible que debamos utilizar herramientas de edición de

imágenes para recortarla. Al buscar imágenes, es importante saber cómo modificar sus dimensiones. Supongamos que hemos diseñado una página web para que incluya una imagen de 300 píxeles de ancho por 150 píxeles de alto:

MÁS EN LÍNEA
Visita la página `https://www.htmlandcssbook.com/extras/image-dimensions/` para ver un tutorial en vídeo (en inglés) sobre cómo redimensionar imágenes Photoshop y GIMP.

REDUCIR EL TAMAÑO DE LA IMAGEN
Podemos reducir el tamaño de una imagen para crear una versión más pequeña.

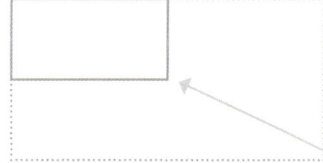

Ejemplo: Si la imagen tiene 600 píxeles de ancho y 300 de alto, podemos reducir su tamaño un 50 %.

Resultado: Esto creará una imagen que se descargará más deprisa.

AUMENTAR EL TAMAÑO DE LA IMAGEN
No se puede aumentar el tamaño de una foto significativamente sin afectar a la calidad de la imagen.

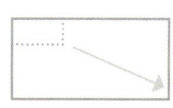

Ejemplo: Si la imagen tiene solo 100 píxeles de ancho por 50 de alto, aumentar su tamaño en un 300 % hará que pierda mucha calidad.

Resultado: La imagen se verá borrosa o pixelada.

CAMBIAR LA FORMA
Solo algunas imágenes pueden recortarse sin perder información valiosa (consulta la siguiente página).

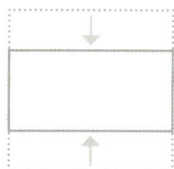

Ejemplo: Si la imagen es un cuadrado de 300 píxeles, podemos quitarle trozos, pero al hacerlo podemos perder información relevante.

Resultado: Solo algunas imágenes pueden recortarse y seguir teniendo sentido.

RECORTAR IMÁGENES

Al recortar imágenes, es importante no perder información valiosa. Siempre que sea posible, es mejor buscar imágenes que tengan ya la forma adecuada.

VERTICAL

Aquí tenemos una ilustración de una jirafa que debería aparecer en **vertical**.

HORIZONTAL

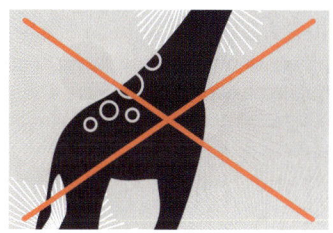

Si **recortamos** esta ilustración para darle una orientación horizontal, perderemos la cabeza y las patas.

Si **añadimos espacio adicional** a la derecha y la izquierda de la ilustración, se pierde la continuidad del fondo.

HORIZONTAL

Esto es una ilustración de un elefante que queda mejor en **horizontal**.

VERTICAL

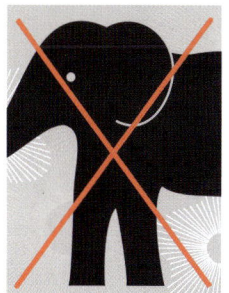

Si **recortamos** esta ilustración para hacerla vertical, perderemos la trompa y los cuartos traseros.

Si **añadimos espacio adicional** encima y debajo de la ilustración, perderemos la continuidad del fondo.

LA RESOLUCIÓN DE LA IMAGEN

Las imágenes creadas para la red deberían guardarse con una resolución de 72 ppi. Cuanto más alta sea la resolución de la imagen, mayor será el tamaño del archivo.

JPG, GIF y PNG son un tipo de formato de imagen conocido como **mapa de bits**. Se componen de muchos cuadros en miniatura. La **resolución** de una imagen es el número de cuadros que caben en una superficie de una pulgada cuadrada.

Las imágenes que aparecen en las **pantallas de los ordenadores** están formadas por cuadraditos llamados **píxeles**. Se ha ampliado un pequeño fragmento de esta imagen para que se vean los píxeles. El navegador web de la mayoría de los ordenadores de sobremesa muestra las imágenes con una resolución de **72** píxeles por pulgada (ppi). Las imágenes para materiales **impresos** (como libros o revistas) se componen de circulitos llamados **puntos**. Estas imágenes suelen imprimirse con una resolución de **300** puntos por pulgada (dpi).

Para esta imagen:

JPEG a 300 dpi = 1.526kb

JPEG a 72 ppi = 368kb

Como las vistas en ordenador se limitan a una resolución de 72 ppi, utilizar imágenes en la web con una resolución más alta no tendrá como resultado una imagen con mejor calidad, sino solo archivos más grandes, lo que aumentará el tiempo necesario para cargarlos y ralentizará el visionado de nuestras páginas web.

IMÁGENES VECTORIALES

Las imágenes vectoriales no son mapas de bits y no dependen de una resolución. Por lo general, se crean en programas como Adobe Illustrator.

Cuando una imagen es un dibujo lineal (como un logotipo, una ilustración o un diagrama), los diseñadores suelen crearla en formato vectorial.

Las imágenes vectoriales son muy diferentes de los mapas de bits.

Una forma de utilizar imágenes vectoriales para sitios web implica guardar una versión en mapa de bits de la imagen original para usar esa versión.

Scalable Vector Graphics (SVG) es un formato que sirve para mostrar imágenes vectoriales directamente en Internet, sin necesidad de crear la versión en mapa de bits.

Las imágenes vectoriales se crean colocando puntos en una cuadrícula y trazando líneas entre esos puntos. Después, se puede añadir un color para «rellenar» las líneas creadas.

La ventaja de crear dibujos lineales en formato vectorial es que podemos aumentar las dimensiones de la imagen sin que eso influya en su calidad.

GIF ANIMADOS

Los GIF animados muestran varios fotogramas de una imagen en secuencia, por lo que se pueden utilizar para crear animaciones sencillas.

Abajo, tenemos los fotogramas individuales que conforman un GIF animado que muestra un punto naranja moviéndose por un círculo, como el tipo de animación que vemos cuando se carga una página web.

Algunas aplicaciones de edición de imágenes, como Adobe Photoshop, permiten crear GIF animados. Hay muchos tutoriales sobre cómo hacerlo en Internet. También hay muchos sitios web que permiten subir los gráficos para cada fotograma y crean por nosotros el GIF animado.

ES IMPORTANTE RECORDAR:
Cada fotograma adicional de la imagen aumenta el tamaño del archivo y, por consiguiente, hace que una imagen tarde más en descargarse (y a los internautas no les gusta esperar mucho a que se descargue una imagen).

Los GIF animados no son un formato ideal para mostrar fotografías, son más adecuados para ilustraciones sencillas.

Algunos diseñadores les tienen manía a los GIF animados porque les recuerdan mucho al abuso que hacían de ellos los diseñadores aficionados en los años noventa.

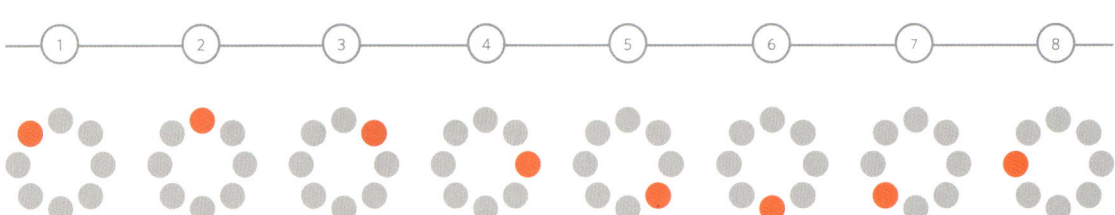

TRANSPARENCIA

Crear una imagen parcialmente transparente para la web supone elegir entre estos dos formatos:

GIF TRANSPARENTE

Si la parte transparente de la imagen tiene bordes rectos y es 100 % transparente (es decir, no es semiopaca), podemos guardar la imagen como GIF sin la opción de transparencia seleccionada.

PNG

Si la parte transparente de la imagen tiene bordes diagonales o redondeados o si queremos una transparencia semiopaca o una sombra, deberemos guardarla como PNG.

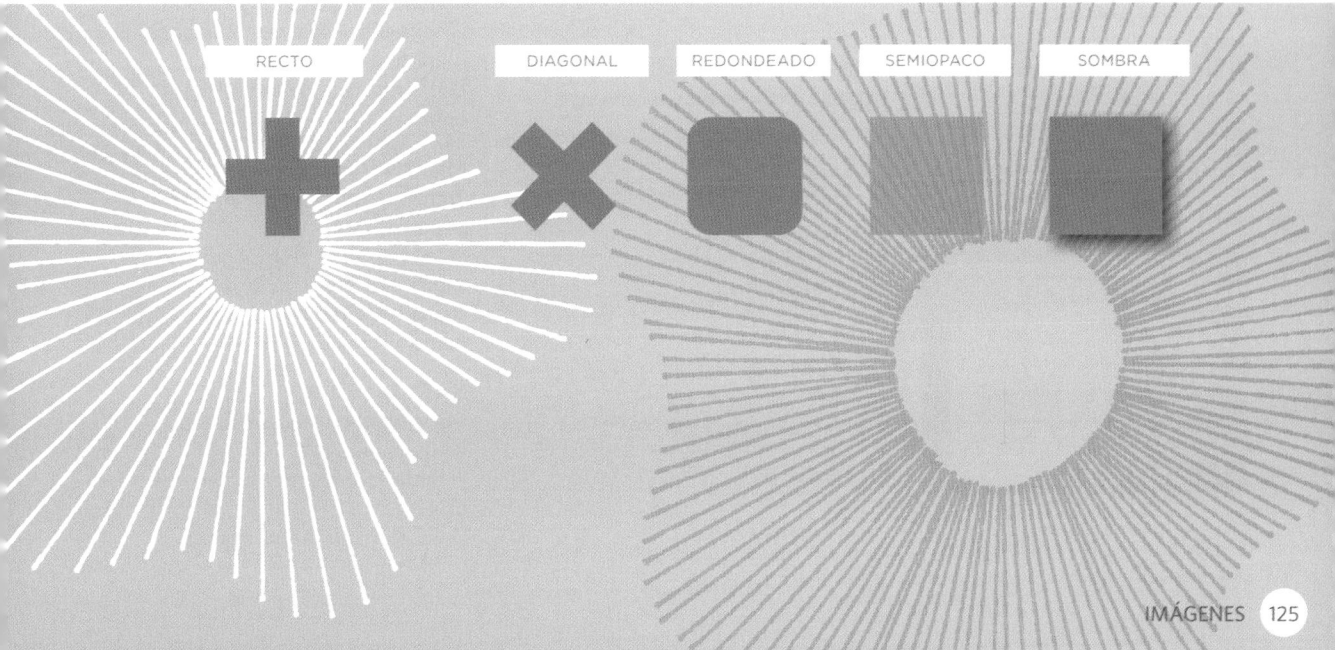

EXAMINAR IMÁGENES EN INTERNET

COMPROBAR EL TAMAÑO DE LAS IMÁGENES

Si estamos actualizando un sitio web, es posible que necesitemos comprobar el tamaño de una imagen existente antes de crear una nueva para sustituirla. Para ello, hacemos clic con el botón derecho del ratón sobre la imagen para abrir un menú emergente. (Los usuarios de Mac tendrán que mantener pulsada la tecla **Control** al hacer clic, en vez de usar el botón derecho).

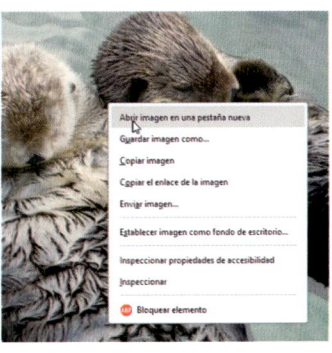

DESCARGAR IMÁGENES

Si queremos descargar imágenes de un sitio web, podemos hacerlo desde el mismo menú emergente. Pero recuerda: todas las imágenes en línea están sujetas a copyright y requieren permiso explícito para reutilizarse.

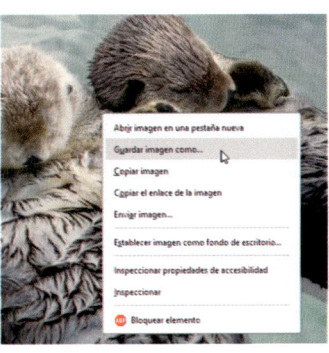
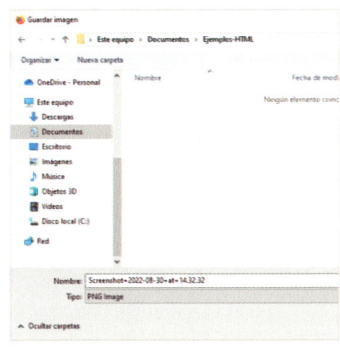

A la izquierda vemos cómo comprobar el tamaño de imágenes y cómo descargarlas utilizando Firefox. Abajo tenemos una visión general de qué seleccionar en el menú emergente para realizar las mismas funciones en varios buscadores.

CHROME
Tamaño: **Abrir imagen en una pestaña nueva**.
El tamaño aparece en el nombre de la pestaña.
Descarga: **Guardar imagen como…**

FIREFOX
Tamaño: **Abrir imagen en una pestaña nueva**.
El tamaño aparece en un cuadro emergente al pasar el ratón por el nombre de la pestaña.
Descarga: **Guardar imagen como…**

MICROSOFT EDGE
Tamaño: **Abrir imagen en nueva pestaña**.
El tamaño se ve en el nombre de la pestaña o la barra de dirección.
Descarga: **Guardar imagen como**.

SAFARI
Tamaño: **Abrir imagen en una ventana nueva**.
El tamaño aparece en la barra de título.
Descarga: **Descargar imagen**.

HTML5: FIGURA Y PIE DE FIGURA

```html
<figure>
  <img src="images/otters.jpg" alt="Photograph of
      two sea otters floating in water">
  <br />
  <figcaption>Sea otters hold hands when they
      sleep so they don't drift away from each
      other.</figcaption>
</figure>
```

RESULTADO

Sea otters hold hands when they sleep so they don't drift away from each other.

`<figure>`

Las imágenes suelen venir con pie, así que HTML5 incluye un elemento `<figure>` que contiene la imagen y su pie para que queden asociados.

Podemos poner más de una imagen dentro del elemento `<figure>` siempre y cuando todas compartan el mismo pie.

`<figcaption>`

El elemento `<figcaption>` de HTML5 permite a los autores de páginas web añadir pies a una imagen.

Antes de que se creasen estos elementos, no había manera de asociar un elemento `<img>` con su pie.

En este ejemplo, el logotipo es un GIF porque emplea colores planos, mientras que las fotografías son JPEG. La foto principal va colocada dentro del elemento `<figure>` de HTML5 y tiene su propio pie.

El atributo `alt` de cada imagen ofrece una descripción para quienes utilicen lectores de pantalla, y el atributo `title` ofrece información adicional, que se mostrará en un cuadro emergente.

Este ejemplo no utiliza los atributos `height`, `width` ni `align`, que ya están desfasados; te animo a que uses las propiedades de CSS en su lugar.

```
<html>
  <head>
    <title>Images</title>
  </head>
  <body>
    <h1>
      <img src="images/logo.gif"
           alt="From A to Zucchini" />
    </h1>
    <figure>
      <img src="images/chocolate-islands.jpg"
           alt="Chocolate Islands"
           title="Chocolate Islands Individual Cakes" />
      <p>
        <figcaption>
          This recipe for individual chocolate
          cakes is so simple and so delectable!
        </figcaption>
      </p>
    </figure>
    <h4>More Recipes:</h4>
    <p>
      <img src="images/lemon-posset.jpg"
           alt="Lemon Posset"
           title="Lemon Posset Dessert" />
      <img src="images/roasted-brussel-sprouts.jpg"
           alt="Roasted Brussel Sprouts"
           title="Roasted Brussel Sprouts Side Dish" />
      <img src="images/zucchini-cake.jpg"
           alt="Zucchini Cake"
           title="Zucchini Cake No Frosting" />
    </p>
  </body>
</html>
```

▸ El elemento `<img>` sirve para añadir imágenes a una página web.

▸ Siempre hay que especificar un atributo `src` para indicar el origen de la imagen y un atributo `alt` para describir su contenido.

▸ Conviene guardar las imágenes en el tamaño en el que se van a usar en la página web y con el formato apropiado.

▸ Las fotografías se guardan mejor como JPEG; las ilustraciones o logotipos que utilizan colores planos, como GIF.

6

TABLAS

- ▶ Cómo crear tablas.
- ▶ Qué información encaja en tablas.
- ▶ Cómo representar datos complejos en tablas.

Hay varios tipos de información que necesitan una cuadrícula o tabla. Por ejemplo, resultados deportivos, información de la bolsa, horarios de trenes, etc.

Cuando presentamos información en una tabla, debemos pensar en términos de una cuadrícula hecha de filas y columnas (un poco como una hoja de cálculo). En este capítulo, veremos cómo:

- Utilizar los cuatro elementos principales para crear tablas.
- Representar datos complejos mediante tablas.
- Añadir títulos a tablas.

¿QUÉ ES UNA TABLA?

Una tabla representa información dentro de una cuadrícula. Los informes financieros, la programación de la televisión o los resultados deportivos son ejemplos habituales de tablas.

Las cuadrículas nos permiten entender datos complejos organizando la información en dos ejes.

Cada bloque de la cuadrícula constituye una **celda de tabla**. En HTML, las tablas se escriben por filas.

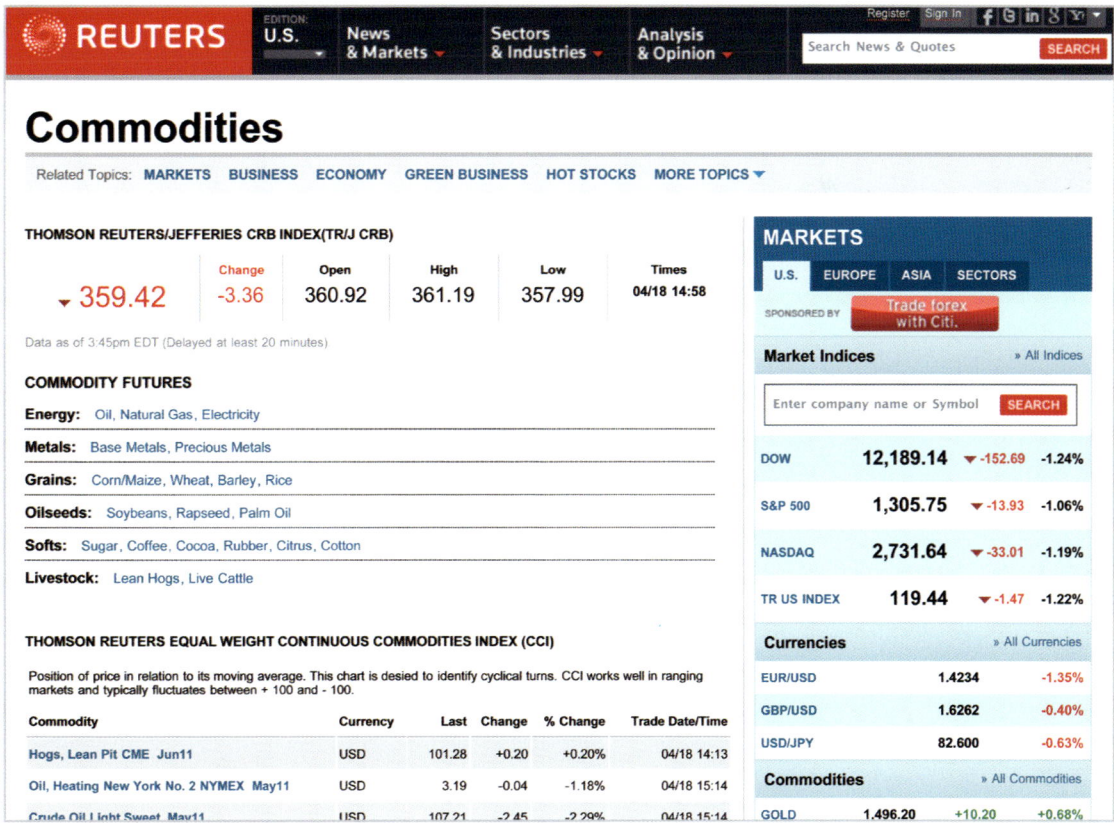

ESTRUCTURA BÁSICA
DE UNA TABLA

`<table>`

El elemento `<table>` sirve para crear una tabla. El contenido se escribe fila por fila.

`<tr>`

Indicamos el principio de cada fila con la etiqueta de apertura `<tr>`. (*tr* viene de *table row*, fila de tabla).

Esta etiqueta va seguida de uno o varios elementos `<td>` (uno por cada celda de la fila).

Al final de la fila, ponemos una etiqueta de cierre `</tr>`.

`<td>`

Cada celda de una tabla se representa con un elemento `<td>` (*table data*, dato de tabla).

Al final de cada celda, utilizamos una etiqueta de cierre `</td>`.

Algunos navegadores dibujan líneas automáticamente alrededor de la tabla y/o de cada celda. Veremos cómo controlar los bordes de las tablas con CSS en las páginas 306-309 y 334-337.

chapter-06/basic-table-structure.html `HTML`

```
<table>
  <tr>
    <td>15</td>
    <td>15</td>
    <td>30</td>
  </tr>
  <tr>
    <td>45</td>
    <td>60</td>
    <td>45</td>
  </tr>
  <tr>
    <td>60</td>
    <td>90</td>
    <td>90</td>
  </tr>
</table>
```

`RESULTADO`

15 15 30
45 60 45
60 90 90

ENCABEZADOS DE TABLAS

```
<table>
  <tr>
    <th></th>
    <th scope="col">Saturday</th>
    <th scope="col">Sunday</th>
  </tr>
  <tr>
    <th scope="row">Tickets sold:</th>
    <td>120</td>
    <td>135</td>
  </tr>
  <tr>
    <th scope="row">Total sales:</th>
    <td>$600</td>
    <td>$675</td>
  </tr>
</table>
```

RESULTADO

	Saturday	Sunday
Tickets sold:	120	135
Total sales:	$600	$675

`<th>`

El elemento `<th>` se utiliza igual que `<td>`, pero tiene la finalidad de representar el encabezado de una columna o una fila. (th viene de *table heading*, encabezado de fila).

Incluso aunque una celda no tenga contenido, deberíamos utilizar un elemento `<td>` o `<th>` para representar la presencia de una celda vacía que, de lo contrario, no se mostraría correctamente. (La primera celda de la primera fila de este ejemplo muestra una celda vacía).

Usar elementos `<th>` para los encabezados ayuda a la gente que necesita lectores de pantalla, mejora la capacidad de los motores de búsqueda para indexar las páginas y nos permitirá controlar mejor el aspecto de las tablas cuando empecemos a usar CSS.

Podemos utilizar el atributo `scope` en el elemento `<th>` para indicar si se trata de un encabezado de fila o de columna. Este atributo admite dos valores: `row`, para indicar que el encabezado corresponde a una fila, o `col`, para decir que se trata de una columna.

Los navegadores suelen mostrar el contenido de un elemento `<th>` en negrita y en el medio de la celda.

UNIR COLUMNAS

A veces, es posible que necesitemos extender el contenido de una tabla por más de una columna.

El atributo `colspan` se puede usar con un elemento `<th>` o `<td>` para indicar cuántas columnas debería ocupar esa celda.

En el ejemplo de la derecha, vemos un horario con cinco columnas. La primera contiene el encabezado de esa fila (el día) y las otras cuatro representan franjas temporales de una hora.

Si nos fijamos en la celda que contiene la palabra *Geography*, veremos que el valor del atributo `colspan` es 2, lo cual significa que la celda debería ocupar dos columnas. En la tercera fila, *Gym* ocupa tres columnas.

Vemos que la segunda y la tercera fila tienen menos elementos `<td>` que columnas. Esto se debe a que, cuando una celda ocupa más de una columna, el código no incluye las celdas `<td>` o `<th>` que habría en lugar de las celdas más anchas.

He añadido estilos CSS a este ejemplo para que veas cómo las celdas ocupan más de una columna. Veremos cómo hacer esto en las páginas 247 y 334-337.

chapter-06/spanning-columns.html `HTML`

```html
<table>
  <tr>
    <th></th>
    <th>9am</th>
    <th>10am</th>
    <th>11am</th>
    <th>12am</th>
  </tr>
  <tr>
    <th>Monday</th>
    <td colspan="2">Geography</td>
    <td>Math</td>
    <td>Art</td>
  </tr>
  <tr>
    <th>Tuesday</th>
    <td colspan="3">Gym</td>
    <td>Home Ec</td>
  </tr>
</table>
```

`RESULTADO`

	9am	10am	11am	12am
Monday	Geography		Math	Art
Tuesday	Gym			Home Ec

UNIR FILAS

```html
<table>
  <tr>
    <th></th>
    <th>ABC</th>
    <th>BBC</th>
    <th>CNN</th>
  </tr>
  <tr>
    <th>6pm - 7pm</th>
    <td rowspan="2">Movie</td>
    <td>Comedy</td>
    <td>News</td>
  </tr>
  <tr>
    <th>7pm - 8pm</th>
    <td>Sport</td>
    <td>Current Affairs</td>
  </tr>
</table>
```

También es posible que necesitemos que las entradas de una tabla se extiendan por más de una fila.

Podemos utilizar el atributo rowspan con un elemento <th> o <td> para indicar cuántas filas debería ocupar una celda de la tabla.

En el ejemplo de la izquierda, vemos que el canal ABC pone una película de seis a ocho, mientras que la BBC y la CNN tienen dos programas (de una hora cada uno) durante el mismo periodo.

Si nos fijamos en el último elemento <tr>, solo contiene tres elementos, aunque hay cuatro columnas en el resultado. Esto se debe a que la película del elemento <tr> utiliza el atributo rowspan para unir esa celda con la de debajo.

He añadido estilos CSS a este ejemplo para que veas cómo las celdas ocupan más de una fila. Veremos cómo hacer esto en las páginas 247 y 334-337.

RESULTADO

	ABC	**BBC**	**CNN**
6pm - 7pm	Movie	Comedy	News
7pm - 8pm		Sport	Current Affairs

TABLAS LARGAS

Hay tres elementos que ayudan a distinguir entre el contenido principal de la tabla y la primera y las últimas filas (que pueden tener contenido diferente).

Estos elementos ayudan a la gente que usa lectores de pantalla y nos permiten dar a estas secciones un estilo diferente al resto de la tabla (como veremos al hablar de CSS).

<thead>

Los encabezados de la tabla deberían ir dentro del elemento <thead>.

<tbody>

El cuerpo debería ir dentro de <tbody>.

<tfoot>

El pie corresponde al elemento <tfoot>.

Por defecto, los navegadores raramente tratan el contenido de estos elementos de manera diferente a otros, por eso los diseñadores se sirven de los estilos CSS para cambiar su aspecto.

chapter-06/long-tables.html · HTML

```html
<table>
  <thead>
    <tr>
      <th>Date</th>
      <th>Income</th>
      <th>Expenditure</th>
    </tr>
  </thead>
  <tbody>
    <tr>
      <th>1st January</th>
      <td>250</td>
      <td>36</td>
    </tr>
    <tr>
      <th>2nd January</th>
      <td>285</td>
      <td>48</td>
    </tr>
    <!-- additional rows as above -->
    <tr>
      <th>31st January</th>
      <td>129</td>
      <td>64</td>
    </tr>
  </tbody>
  <tfoot>
    <tr>
      <td></td>
      <td>7824</td>
      <td>1241</td>
    </tr>
  </tfoot>
</table>
```

Date	Income	Expenditure
1st January	250	36
2nd January	285	48
3rd January	260	42
4th January	290	38
5th January	310	115
6th January	168	14
7th January	226	20
8th January	253	37
9th January	294	33
10th January	216	46
11th January	244	29
12th January	297	32
13th January	328	86
14th January	215	38
15th January	254	30
16th January	256	27
17th January	311	68
18th January	212	39
19th January	234	36
20th January	221	43
21st January	259	38
22nd January	246	31
23rd January	248	17
24th January	229	45
25th January	263	34
26th January	258	41
27th January	283	22
28th January	256	30
29th January	278	47
30th January	251	15
31st January	129	64
	7824	1241

Algunos de los editores de HTML que incluyen los sistemas de gestión de contenido ofrecen herramientas para ayudar a dibujar tablas. Si la primera fila solo contiene elementos `<th>`, es posible que el editor inserte un elemento `<thead>` automáticamente.

Una de las razones para tener elementos `<thead>` y `<tfoot>` por separado es que, si una tabla es más larga que la altura de la pantalla (u ocupa más de una hoja impresa), el navegador puede así mantener el encabezado y el pie visibles mientras bajamos por el contenido de la tabla. De este modo, resulta más fácil a los usuarios ver en qué columna están los datos.

He añadido estilos de CSS a este ejemplo para que veas cómo el contenido de `<thead>` y `<tfoot>` se presenta de manera diferente al resto de la tabla. Aprenderás a aplicar estos estilos de CSS a tablas en las páginas 306-309 y 334-337.

CÓDIGO ANTIGUO:
ANCHURA Y ESPACIADO

Hay una serie de atributos desfasados que no conviene usar en páginas nuevas. Sin embargo, todavía pueden aparecer en código antiguo, así que los mencionaré aquí. Todos estos atributos han sido reemplazados por el uso de CSS.

El atributo width se utilizaba en la etiqueta de apertura <table> para indicar la anchura de la tabla y en algunas etiquetas de apertura <th> y <td> para especificar el ancho de celdas individuales. El valor de este atributo, es la anchura de la tabla o celda en píxeles.

Las columnas de una tabla tienen que formar una línea recta, así que es frecuente ver el atributo width solo en la primera fila, ya que todas las siguientes usarán la misma configuración.

La etiqueta de apertura <table> también podría contener el atributo cellpadding, para añadir espacio dentro de cada celda, y cellspacing, para crear espacio entre celdas. Los valores de estos atributos van en píxeles.

He añadido estilos CSS a este ejemplo para que veas la anchura de las celdas con más claridad. Si queremos controlar la anchura o el espaciado de tablas y celdas, deberíamos utilizar CSS como se explica en las páginas 300, y 334-337.

`chapter-06/width-and-spacing.html` **HTML**

```html
<table width="400" cellpadding="10" cellspacing="5">
  <tr>
    <th width="150"></th>
    <th>Withdrawn</th>
    <th>Credit</th>
    <th width="150">Balance</th>
  </tr>
  <tr>
    <th>January</th>
    <td>250.00</td>
    <td>660.50</td>
    <td>410.50</td>
  </tr>
  <tr>
    <th>February</th>
    <td>135.55</td>
    <td>895.20</td>
    <td>1170.15</td>
  </tr>
</table>
```

RESULTADO

	Withdrawn	Credit	Balance
January	250.00	660.50	410.50
February	135.55	895.20	1170.15

CÓDIGO ANTIGUO:
BORDES Y FONDO

```html
<table border="2" bgcolor="#efefef">
  <tr>
    <th width="150"></th>
    <th>Withdrawn</th>
    <th>Credit</th>
    <th width="150" bgcolor="#cccccc">Balance</th>
  </tr>
  <tr>
    <th>January</th>
    <td>250.00</td>
    <td>660.50</td>
    <td bgcolor="#cccccc">410.50</td>
  </tr>
  <tr>
    <th>February</th>
    <td>135.55</td>
    <td>895.20</td>
    <td bgcolor="#cccccc">1170.15</td>
  </tr>
</table>
```

El atributo border se usaba tanto con el elemento `<table>` como con `<td>` para indicar la anchura del borde en píxeles.

El atributo bgcolor servía para indicar los colores de fondo de toda la tabla o de celdas individuales. Su valor es por lo general un código hexadecimal, del que hablaremos en las páginas 246-249.

Este ejemplo utiliza los atributos de HTML border y bgcolor. No he usado atributos CSS aquí.

Al crear un sitio web nuevo, deberíamos usar CSS para controlar el aspecto de la tabla, en lugar de estos atributos. Solo los he comentado por si alguna vez te encuentras con ellos mirando el código de una página web antigua.

RESULTADO

	Withdrawn	Credit	Balance
January	250.00	660.50	410.50
February	135.55	895.20	1170.15

	Home starter hosting	Premium business hosting
Disk space	250mb	1gb
Bandwidth	5gb per month	50gb per month
Email accounts	3	10
Server	Shared	VPS
Support	Email	Telephone and email
Setup	Free	Free
FTP accounts	1	5
	Sign up now and save 10%!	

Este ejemplo muestra una tabla para que los clientes comparen paquetes de alojamiento web. Hay encabezados en la primera fila y la primera columna de la tabla. La celda vacía de arriba a la izquierda tiene un elemento <th> que la representa. Cada celda de la tabla debe contar con un elemento <th> o <td>. Los elementos <th> utilizan el atributo scope para indicar si son encabezados de una fila o de una columna. La última fila usa el atributo colspan para ocupar las tres columnas.

```html
<html>
  <head>
    <title>Tables</title>
  </head>
  <body>
    <table>
      <thead>
        <tr>
          <th></th>
          <th scope="col">Home starter hosting</th>
          <th scope="col">Premium business hosting</th>
          </tr>
      </thead>
      <tbody>
        <tr>
          <th scope="row">Disk space</th>
          <td>250mb</td>
          <td>1gb</td>
        </tr>
        <tr>
          <th scope="row">Bandwidth</th>
          <td>5gb per month</td>
          <td>50gb per month</td>
        </tr>
        <!-- more rows like the two above here -->
      </tbody>
      <tfoot>
        <tr>
          <td></td>
          <td colspan="2">Sign up now and save 10%!</td>
        </tr>
      </tfoot>
    </table>
  </body>
</html>
```

- El elemento `<table>` sirve para añadir una tabla a una página web.

- Las tablas se dibujan fila por fila. Cada fila se crea con el elemento `<tr>`.

- Dentro de cada fila hay una serie de celdas representada por el elemento `<td>` (o `<th>` si es un encabezado).

- Podemos hacer que una celda ocupe más de una fila o columna de la tabla con los atributos `rowspan` y `colspan`.

- Para tablas largas, podemos dividir la tabla en `<thead>`, `<tbody>` y `<tfoot>`.

FORMULARIOS

7

- ▶ Cómo recoger información de los visitantes.
- ▶ Distintos tipos de controles de formulario.
- ▶ Controles de formulario de HTML5.

Tradicionalmente, el término «formulario» hace referencia a un documento impreso con espacios para rellenar con información.

HTML toma prestado el concepto para referirse a distintos elementos que nos permiten recoger información de los visitantes de nuestro sitio.

Tanto si estamos añadiendo un simple cuadro de búsqueda al sitio web como si necesitamos una solicitud de seguro más complicada, los formularios HTML nos proporcionan elementos para recoger datos de los usuarios. En este capítulo veremos:

- Cómo crear un formulario en nuestro sitio web.
- Distintas herramientas para recoger datos.
- Controles de formulario de HTML5.

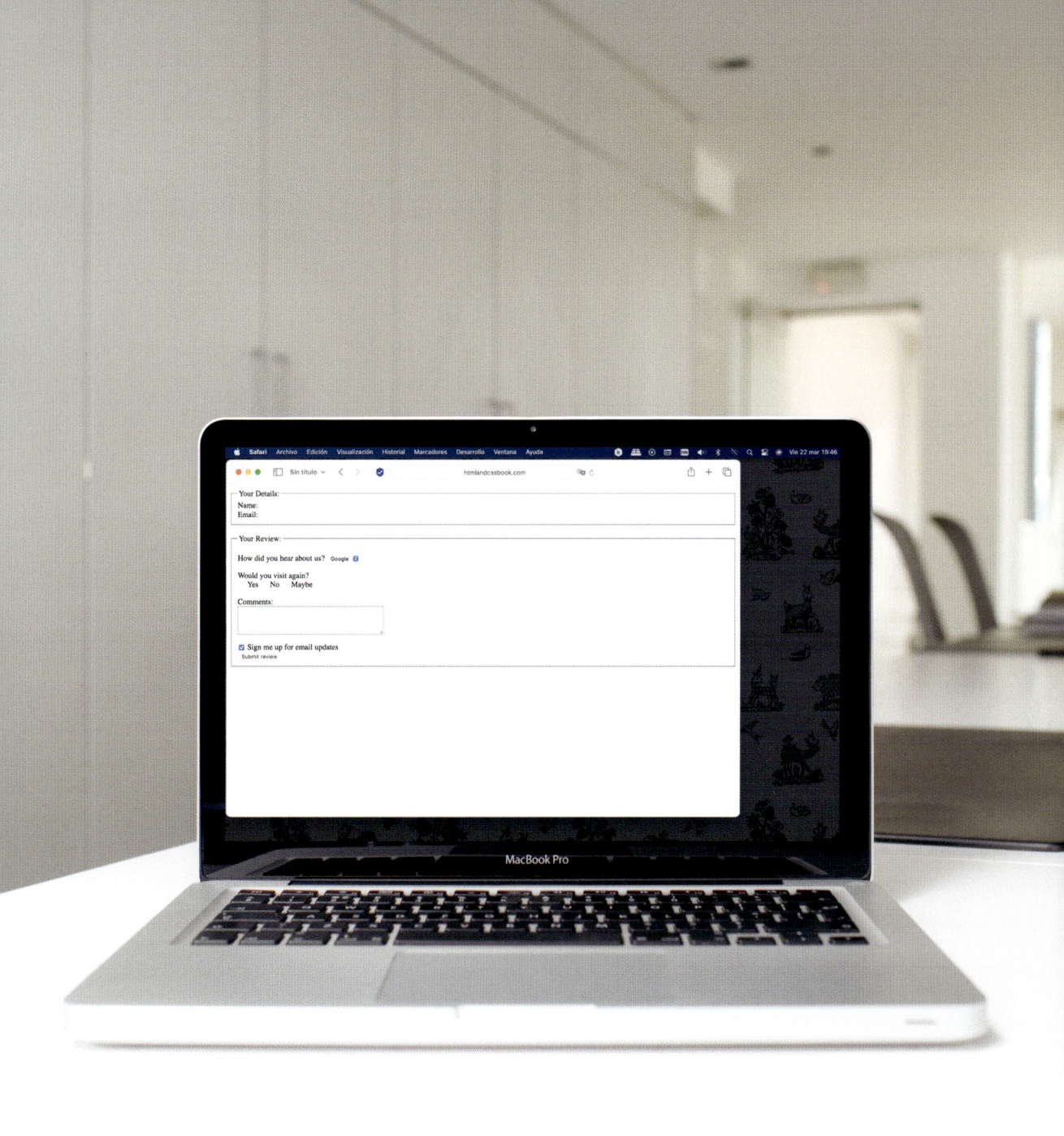

¿POR QUÉ FORMULARIOS?

El formulario más famoso de la web es seguramente el cuadro de búsqueda que aparece en medio de la página de inicio de Google.

Además de permitir a los usuarios buscar, los formularios también les dejan realizar otras funciones en línea. Encontramos formularios al registrarnos en un sitio web, al hacer compras en línea o al apuntarnos a boletines de noticias o listas de correo.

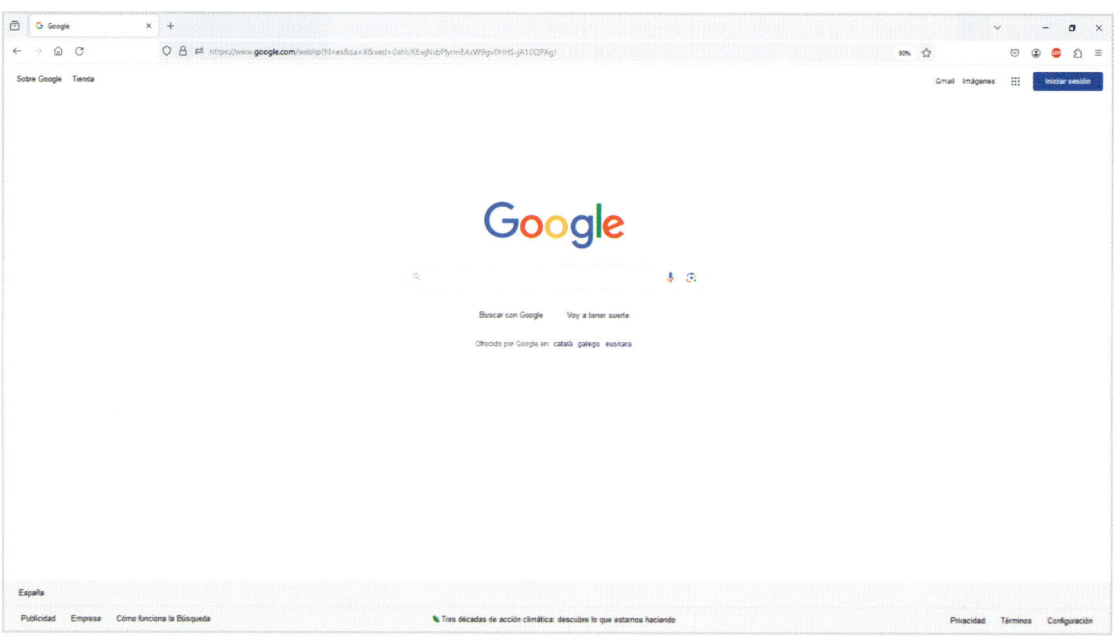

CONTROLES DE FORMULARIO

Hay varios tipos de controles de formulario que podemos utilizar para recoger información de los visitantes de nuestro sitio.

AÑADIR TEXTO:

Entrada de texto
(una sola línea)

Sirve para una sola línea de texto, como una dirección de correo o un nombre.

Ivy

Introducción de contraseña

Es como un cuadro de entrada de texto pero enmascara los caracteres que vamos introduciendo.

•••••••

Cuadro de texto
(varias líneas)

Para áreas de texto más grandes, como mensajes y comentarios.

Enter your comments...

SELECCIONAR:

Botones de opción

Cuando un usuario debe seleccionar una entre varias opciones.

⦿ Rock ◯ Pop ◯ Jazz

Casillas de verificación

Cuando un usuario puede seleccionar y deseleccionar una o varias opciones.

☑ iTunes ☐ Last.fm ☐ Spotify

Menús desplegables

Cuando un usuario debe seleccionar una entre varias opciones de una lista.

iPod ▼

ENVIAR FORMULARIOS:

Botones Enviar

Para enviar datos de nuestro formulario a otro sitio web.

Subscribe

Botones de imagen

Similar a los botones de enviar, pero con una imagen.

SUBSCRIBE

SUBIR ARCHIVOS:

Subida de archivos

Permite a los usuarios subir archivos (por ejemplo, imágenes) a un sitio web.

Browse...

Upload

CÓMO FUNCIONAN LOS FORMULARIOS

Un usuario rellena un formulario y pulsa un botón para enviar la información al servidor.

1

ELIGE EL MEJOR MÚSICO DE JAZZ DE TODOS LOS TIEMPOS

Nombre de usuario: Ivy

Voto por:
- Ella Fitzgerald
- ● Herbie Hancock
- John Coltrane
- Miles Davis
- Thelonius Monk

ENVIAR

El nombre de cada control de formulario se envía al servidor junto con el valor que ha introducido o seleccionado el usuario.

2

3

El servidor procesa la información con un lenguaje de programación como PHP, C#, VB.net o Java. También puede guardar la información en una base de datos.

¡Gracias, Ivy!

Has votado por Herbie Hancock.

4

El servidor crea una página nueva para enviar al navegador, basándose en la información recibida.

Un formulario puede tener varios controles
para recabar distintos tipos de información.
El servidor necesita saber qué dato corresponde
a qué elemento del formulario.

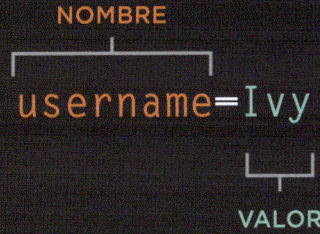

NOMBRE

`username=Ivy`

VALOR

Para diferenciar entre los distintos tipos de datos, la información se envía
del navegador al servidor con pares nombre/valor. En este ejemplo, el
formulario pide el nombre de usuario del visitante y su músico de jazz
favorito. Los pares nombre/valor enviados al servidor son estos:

`username=Ivy`   `vote=Herbie`

Si el control del formulario
permite que el usuario escriba, el
valor de ese control será lo que
haya escrito el usuario.

Si el control del formulario nos
permite seleccionar entre un
conjunto fijo de respuestas (por
ejemplo, botones de opción,
casillas de verificación o menús
desplegables), el autor de la
página web añadirá código que
asigne a cada opción un valor
automático.

No debemos cambiar el nombre de un control de formulario en una
página, a menos que sepamos con certeza que el código del servidor
comprenderá ese nuevo valor.

ESTRUCTURA
DEL FORMULARIO

`<form>`

Los controles del formulario están dentro de un elemento `<form>`, que siempre debería llevar el atributo `action` y, por lo general, tendrá también los atributos `method` e `id`.

action

Cada elemento `<form>` requiere un atributo `action`. Su valor es la URL de la página del servidor que recibirá la información del formulario cuando se envíe.

method

Los formularios pueden enviarse con uno de estos dos métodos: `get` o `post`.

Con el método `get`, los valores del formulario se añaden al final de la URL especificada en el atributo `action`. Este método es ideal para:

- Formularios cortos, como cuadros de búsqueda.

- Cuando solo estamos recuperando datos del servidor web, sin enviar información que debería añadirse a una base de datos o borrarse.

chapter-07/form-structure.html · HTML

```
<form action="http://www.example.com/subscribe.php"
  method="get">
  <p>This is where the form controls will appear.
    </p>
</form>
```

RESULTADO

This is where the form controls will appear.

Con el método `post`, los valores se envían en lo que se denomina cabeceras HTTP. Por norma general, deberíamos usar el método `post` si el formulario:

- Permite a los usuarios subir un archivo.

- Es muy largo.

- Contiene datos sensibles, como contraseñas, por ejemplo.

- Añade información a una base de datos o la elimina.

Si no se utiliza el atributo del método, los datos del formulario se enviarán con `get`.

id

Veremos el atributo `id` en la página 190, pero el valor sirve para identificar el formulario de manera distinta a otros elementos de la página. Suelen utilizarlo *scripts*, como los que verifican que se han rellenado los campos obligatorios.

ENTRADA DE TEXTO

chapter-07/text-input.html

```
<form action="http://www.example.com/login.php">
  <p>Username:
    <input type="text" name="username" size="15"
      maxlength="30" />
  </p>
</form>
```

RESULTADO

Username:

`<input>`

El elemento `<input>` sirve para crear distintos controles de formulario. El valor del atributo `type` determina el tipo de entrada que crearán.

`type="text"`

Cuando el atributo `type` tiene un valor de `text`, crea una entrada de texto de una sola línea.

`name`

Cuando los usuarios introducen información en un formulario, el servidor necesita saber en qué control se introdujo cada dato. Por ejemplo, en un formulario para iniciar sesión, el servidor necesita saber qué se ha introducido como nombre de usuario y como contraseña. Cada control de formulario requiere un atributo `name` que identifica el control del formulario y se envía con la información introducida al servidor.

`maxlength`

Podemos usar el atributo `maxlength` para limitar el número de caracteres que puede introducir un usuario en el campo de texto. Su valor es el número máximo de caracteres. Por ejemplo, si pedimos un año, el atributo `maxlength` podría tener un valor de 4.

`size`

El atributo `size` no debería utilizarse en formularios nuevos. Se utilizaba en los antiguos para indicar la anchura de la entrada de texto (medida por número de caracteres visibles).

Por ejemplo, un valor de 3 crearía un cuadro lo bastante grande como para mostrar tres caracteres, aunque el usuario podría introducir más si quisiera.

En cualquier formulario nuevo, es mejor usar CSS para controlar la anchura de los elementos del formulario. Solo menciono aquí el atributo `size` por si te lo encuentras mirando código antiguo.

INTRODUCCIÓN DE CONTRASEÑA

`<input>`

type="password"

Cuando el atributo type tiene un valor password, crea un cuadro de texto que se comporta como una entrada de texto de una sola línea, pero con los caracteres ocultados. Se hace así para que si alguien está mirando por encima del hombro del usuario, no vea datos sensibles, como una contraseña.

name

El atributo name indica el nombre de la entrada de contraseña, que se envía al servidor con la contraseña que introduzca el usuario.

size, maxlength

También puede llevar los atributos size y maxlength, como la entrada de texto de una línea.

chapter-07/password-input.html   **HTML**

```html
<form action="http://www.example.com/login.php">
  <p>Username:
    <input type="text" name="username" size="15"
      maxlength="30" />
  </p>
  <p>Password:
    <input type="password" name="password" size="15"
      maxlength="30" />
  </p>
</form>
```

RESULTADO

Username: Ivy

Password: •••••••

Aunque la contraseña se oculta en la pantalla, eso no significa que los datos de un control password se envíen de manera segura al servidor. Nunca deberías utilizar esto para datos como el número de la tarjeta de crédito.

Para mayor seguridad, el servidor debe estar configurado para comunicarse con el navegador del usuario con el protocolo de cifrado *Secure Sockets Layer* (SSL). Este protocolo queda fuera del alcance de este libro, pero hay mucha información sobre el tema en Internet.

ÁREA DE TEXTO

```html
<form action="http://www.example.com/comments.php">
  <p>What did you think of this gig?</p>
  <textarea name="comments" cols="20" rows="4">Enter
    your comments...</textarea>
</form>
```

RESULTADO

What did you think of this gig?

Enter your comments...

<textarea>

El elemento `<textarea>` sirve para crear una entrada de texto de varias líneas. A diferencia de otros elementos de entrada, no es un elemento vacío, por lo que debería tener una etiqueta de apertura y otra de cierre.

Cualquier texto que aparezca entre las etiquetas `<textarea>` y `</textarea>` aparecerá en el cuadro de texto cuando se cargue la página.

Si el usuario no borra ningún texto entre estas etiquetas, este mensaje se enviará al servidor junto con lo que haya escrito el usuario. Algunos sitios utilizan JavaScript para limpiar esta información cuando el usuario hace clic en el área de texto.

Al crear un formulario nuevo, conviene emplear CSS para controlar la anchura y altura de `<textarea>`. Sin embargo, si vemos código viejo, es posible toparse con los atributos `cols` y `rows` usados con este elemento.

El atributo `cols` indica la anchura que debería tener el área de texto (medida en número de caracteres). El atributo `rows` indica cuántas filas debería ocupar el área de texto en vertical.

BOTÓN DE OPCIÓN

`<input>`

type="radio"

Los botones de opción permiten al usuario elegir solo una de entre varias opciones.

name

El atributo name se envía al servidor con el valor de la opción seleccionada por el usuario. Cuando una pregunta da al usuario opciones para responder como botones de opción, el valor del atributo name debería ser el mismo para el botón de todas las respuestas.

value

El atributo value indica el valor que se envía al servidor para la opción seleccionada. El valor de cada uno de los botones de un grupo debería ser diferente para que el servidor sepa qué opción ha seleccionado el usuario.

checked

El atributo checked sirve para indicar qué valor (si lo hay) debería seleccionarse al cargar la página. El valor de este atributo es checked y solo debería poder usarlo un botón de opción dentro de un grupo.

chapter-07/radio-button.html HTML

```
<form action="http://www.example.com/profile.php">
  <p>Please select your favorite genre:
    <br />
    <input type="radio" name="genre" value="rock"
      checked="checked" /> Rock
    <input type="radio" name="genre" value="pop" />
      Pop
    <input type="radio" name="genre" value="jazz" />
      Jazz
  </p>
</form>
```

RESULTADO

Please select your favorite genre:
○ Rock ○ Pop ● Jazz

Nota: Una vez seleccionado un botón de opción, no puede deseleccionarse. El usuario solo puede elegir una opción diferente. Si el usuario solo tiene una opción y queremos que pueda deseleccionarla (por ejemplo, para indicar si están de acuerdo con unos términos y condiciones), es mejor usar una casilla de verificación.

CASILLA DE VERIFICACIÓN

```html
<form action="http://www.example.com/profile.php">
  <p>Please select your favorite music service(s):
    <br />
    <input type="checkbox" name="service"
      value="itunes" checked="checked" /> iTunes
    <input type="checkbox" name="service"
      value="lastfm" /> Last.fm
    <input type="checkbox" name="service"
      value="spotify" /> Spotify
  </p>
</form>
```

RESULTADO

Please select your favorite music service(s):
☑ iTunes ☐ Last.fm ☐ Spotify

`<input>`

type="checkbox"

Las casillas de verificación permiten a los usuarios seleccionar (y deseleccionar) una o varias opciones en la respuesta a una pregunta.

name

El atributo name se envía al servidor con el valor de la(s) opción(es) que seleccione el usuario. Cuando una pregunta da a los usuarios opciones para responder como casillas de verificación, el valor del atributo name debería ser el mismo para todas las casillas que respondan a esa pregunta.

value

El atributo value indica el valor enviado al servidor si se selecciona esa casilla de verificación.

checked

El atributo checked indica que esta casilla debería estar seleccionada cuando se cargue la página. Si se usa, su valor debería ser checked.

MENÚ DESPLEGABLE

<select>

Un menú desplegable permite al usuario seleccionar una opción de una lista desplegable.

El elemento <select> sirve para crear un menú desplegable. Contiene dos o más elementos <option>.

name

El atributo name indica el nombre del control de formulario que se envía al servidor, junto con el valor seleccionado por el usuario.

<option>

El elemento <option> sirve para especificar las opciones entre las que puede elegir el usuario. Las palabras entre la etiqueta de apertura <option> y la etiqueta de cierre </option> se mostrarán al usuario en el menú desplegable.

value

El elemento <option> utiliza el atributo value para indicar el valor que se envía al servidor junto con el nombre del control si está seleccionada esta opción.

```
chapter-07/drop-down-list-box.html                    HTML

<form action="http://www.example.com/profile.php">
  <p>What device do you listen to music on?</p>
  <select name="devices">
    <option value="ipod">iPod</option>
    <option value="radio">Radio</option>
    <option value="computer">Computer</option>
  </select>
</form>
```

RESULTADO

What device do you listen to music on?

✓ iPod
Radio
Computer

selected

El atributo selected puede usarse para indicar la opción que debería estar seleccionada cuando se cargue la página. El valor de este atributo debería ser selected.

Si no se utiliza este atributo, se mostrará la primera opción al cargar la página. Si el usuario no selecciona ninguna opción, el primer elemento del menú se enviará al servidor como valor para este control.

La función de un menú desplegable es similar a la de los botones de opción, en tanto que solo se puede seleccionar una opción. Hay dos factores clave a la hora de elegir cuál de ellos utilizar:

1. Si el usuario necesita ver todas las opciones a la vez, van mejor los botones de opción.

2. Si la lista de opciones es muy larga (por ejemplo, un listado de países), funcionará mejor un menú desplegable.

MENÚ DE SELECCIÓN MÚLTIPLE

HTML   chapter-07/multiple-select-box.html

```html
<form action="http://www.example.com/profile.php">
  <p>Do you play any of the following instruments?
    (You can select more than one option by holding
    down control on a PC or command key on a Mac
    while selecting different options.)</p>
  <select name="instruments" size="3"
    multiple="multiple">
    <option value="guitar" selected="selected">
      Guitar</option>
    <option value="drums">Drums</option>
    <option value="keyboard"
      selected="selected">Keyboard</option>
    <option value="bass">Bass</option>
  </select>
</form>
```

RESULTADO

Do you play any of the following instruments? (You can select more than one option by holding down control on a PC or command key on a Mac while selecting different options.)

```
Guitar
Drums
Keyboard
Bass
```

<select>

size

Podemos convertir un menú desplegable en un cuadro que muestre más de una opción añadiendo el atributo size. Su valor debería ser el número de opciones que queremos que se muestren a la vez. En el ejemplo, vemos que aparecen tres de las cuatro opciones.

Por desgracia, no todos los navegadores implementan bien este atributo, así que conviene probarlo mucho antes de usarlo.

multiple

Podemos permitir que los usuarios seleccionen varias opciones de la lista añadiendo el atributo multiple con el valor multiple.

Es buena idea decir a los usuarios si pueden seleccionar más de una opción al mismo tiempo. También ayuda indicar que en un PC deberían mantener pulsada la tecla **Control** mientras seleccionan varias opciones y en un Mac, la tecla **Comando**.

CUADRO DE ENTRADA DE ARCHIVOS

`<input>`

Si queremos permitir que los usuarios suban un archivo (por ejemplo, una imagen, un vídeo, un MP3 o un PDF), deberemos utilizar un cuadro de entrada de archivos.

`type="file"`

Este tipo de entrada crea un cuadro parecido al de entrada de texto, con un **botón para explorar**. Cuando el usuario hace clic en el botón, se abre una ventana que permite seleccionar un archivo de su ordenador para subirlo al sitio web.

Cuando permitimos a los usuarios subir archivos, el atributo `method` del elemento `<form>` debe tener el valor `post`. (No se puede enviar archivos con el método HTTP `get`).

Cuando un usuario hace clic en el **botón para explorar**, la presentación de la ventana que les permite buscar el archivo que quieren subir será como la de otras ventanas de su sistema operativo. No podemos controlar el aspecto de estas ventanas.

chapter-07/file-input-box.html   HTML

```
<form action="http://www.example.com/upload.php"
  method="post">
  <p>Upload your song in MP3 format:</p>
  <input type="file" name="user-song" /><br />
  <input type="submit" value="Upload" />
</form>
```

RESULTADO

Browse...

Upload

BOTÓN PARA ENVIAR

```
<form action="http://www.example.com/subscribe.php">
  <p>Subscribe to our email list:</p>
  <input type="text" name="email" />
  <input type="submit" name="subscribe"
    value="Subscribe" />
</form>
```

RESULTADO

Subscribe to our email list:

Subscribe

`<input>`

`type="submit"`

El botón submit se utiliza para enviar un formulario al servidor.

`name`

Puede llevar un atributo name, pero no es obligatorio.

`value`

El atributo value sirve para controlar el texto que aparece en un botón. Es buena idea especificar las palabras que queremos que aparezcan en un botón porque el valor predeterminado de los botones en algunos navegadores es «Enviar solicitud» y esto podría no ser apropiado para todos los tipos de formulario.

Los distintos navegadores mostrarán los botones para enviar de manera diferente, conforme a la estética del navegador. Si queremos controlar el aspecto de un botón, podemos usar CSS (como veremos en la página 340) o una imagen para el botón.

BOTÓN DE IMAGEN

`<input>`

type="image"

Si queremos emplear una imagen en el botón para enviar, podemos dar al atributo type un valor image. Los atributos src, width, height y alt funcionan igual que cuando se usan con el elemento `<img>` (que vimos en las páginas 106-107).

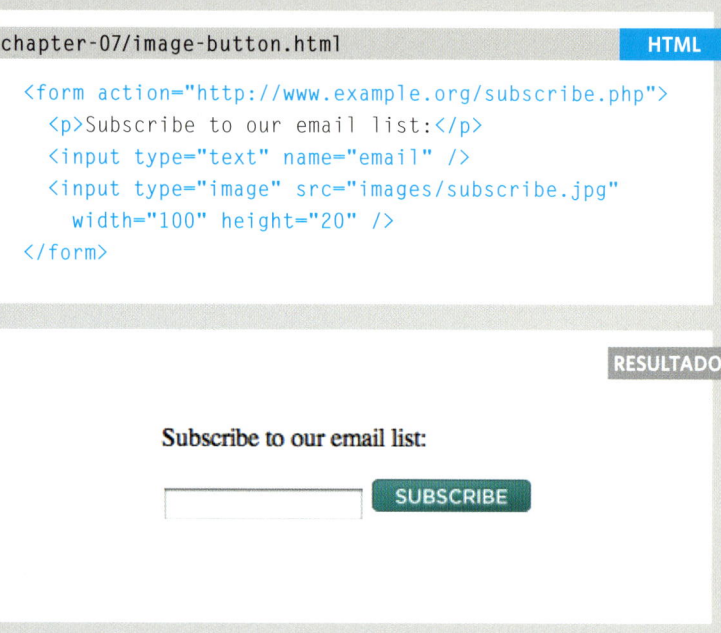

chapter-07/image-button.html   HTML

```html
<form action="http://www.example.org/subscribe.php">
  <p>Subscribe to our email list:</p>
  <input type="text" name="email" />
  <input type="image" src="images/subscribe.jpg"
    width="100" height="20" />
</form>
```

RESULTADO

Subscribe to our email list:

SUBSCRIBE

BOTONES Y CONTROLES OCULTOS

```
<form action="http://www.example.com/add.php">
  <button><img src="images/add.gif" alt="add"
    width="10" height="10" /> Add</button>
  <input type="hidden" name="bookmark"
    value="lyrics" />
</form>
```

RESULTADO

`<button>`

El elemento `<button>` da a los usuarios más control sobre el aspecto de sus botones y permite que aparezcan otros elementos dentro del botón.

Esto significa que podemos combinar texto e imágenes entre las etiquetas de apertura y cierre `<button>` y `</button>`.

`<input>`
`type="hidden"`

Este ejemplo también muestra un control oculto. Estos controles de formulario no se muestran en la página (aunque pueden verse con la opción del navegador **Código fuente de la página**). Permiten a los autores de una página web añadir a los formularios valores que el usuario no puede ver. Por ejemplo, el autor de una página web podría usar un campo oculto para indicar en qué página estaba el usuario cuando envió un formulario.

ETIQUETAR LOS CONTROLES DE UN FORMULARIO

`<label>`

Al presentar los controles de formulario, hemos mantenido el código simplificado indicando la finalidad de cada uno al lado. Sin embargo, cada control de formulario debería contar con su propio elemento `<label>` porque esto hace el formulario accesible para los usuarios invidentes. El elemento `<label>` se puede usar de dos maneras:

1. Envolviendo la descripción textual y la entrada del formulario (como en la primera línea del ejemplo de la derecha).

2. Separándolo del control del formulario y utilizando `for` para indicar para qué control del formulario es la etiqueta (como vemos en los botones de opción).

`for`

El atributo `for` indica a qué control del formulario corresponde una etiqueta. Observa que los botones de opción utilizan el atributo `id`. El valor de este atributo identifica inequívocamente un elemento frente a todos los demás de una página (lo vimos en la página 190).

El valor del atributo `for` coincide con el atributo `id` del control de formulario que está etiquetando. Esta técnica de usar los atributos `for` e `id` solo puede utilizarse con un control de formulario. Cuando

se usa un elemento `<label>` con una casilla de verificación o un botón de opción, los usuarios pueden hacer clic tanto en el control como en la etiqueta para seleccionar. Un área clicable más amplia hace el formulario más fácil de usar. La posición de la etiqueta es muy importante. Si los usuarios no saben dónde introducir la información o qué información hay que introducir, es menos probable que utilicen bien el formulario. Por norma general, estos son los mejores

lugares para colocar etiquetas en los controles de formulario:

ARRIBA O A LA IZQUIERDA:

- Entrada de texto
- Área de texto
- Menú desplegable
- Subida de archivos

A LA DERECHA:

- Casillas de verificación individuales
- Botones de opción individuales

chapter-07/labelling-form-controls.html `HTML`

```html
<label>Age: <input type="text" name="age" /></label>
<br/ >
Gender:
<input id="female" type="radio" name="gender"
  value="f">
<label for="female">Female</label>
<input id="male" type="radio" name="gender"
  value="m">
<label for="male">Male</label>
```

RESULTADO

Age: [   ]
Gender: ◯ Female ◯ Male

AGRUPAR ELEMENTOS DE FORMULARIO

```html
<fieldset>
  <legend>Contact details</legend>
  <label>Email:<br />
  <input type="text" name="email" /></label><br />
  <label>Mobile:<br />
  <input type="text" name="mobile" /></label><br />
  <label>Telephone:<br />
  <input type="text" name="telephone" /></label>
</fieldset>
```

RESULTADO

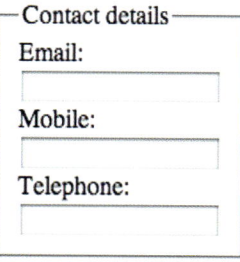

\<fieldset\>

Podemos agrupar controles de formulario relacionados dentro de un elemento `<fieldset>`, lo cual es especialmente útil para los formularios largos.

La mayoría de los navegadores mostrarán el conjunto de controles con una línea alrededor para indicar que están relacionados. El aspecto de esas líneas puede ajustarse con CSS.

\<legend\>

El elemento `<legend>` puede ir directamente después de la etiqueta de apertura `<fieldset>` y contiene un título que ayuda a identificar el propósito de ese grupo de controles.

HTML5: VALIDACIÓN DE FORMULARIOS

Es probable que hayas visto formularios que avisan con un mensaje al usuario si no se ha rellenado bien algún campo; eso es lo que se conoce como **validación de formularios**.

Antes, la validación de formularios se hacía con JavaScript (que queda fuera del ámbito de este libro), pero HTML5 introdujo esta característica para que se ocupe el navegador.

La validación ayuda a asegurarse de que los usuarios introducen información que el servidor podrá entender cuando se envía el formulario. Validar el contenido del formulario antes de enviarlo al servidor ayuda a:

- Reducir la cantidad de trabajo que debe realizar el servidor.

- Permitir que los usuarios vean si hay problemas con el formulario más rápido que si la validación se hiciese en el servidor.

chapter-07/html5-form-validation.html `HTML`

```
<form action="http://www.example.com/login/"
    method="post">
  <label for="username">Username:</label>
  <input type="text" name="username"
    required="required" /></title><br />
  <label for="password">Password:</label>
  <input type="password" name="password"
    required="required" />
  <input type="submit" value="Submit" />
</form>
```

`RESULTADO`

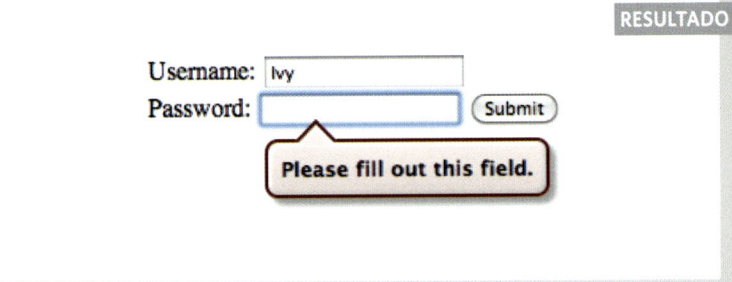

Un ejemplo de validación de formularios en HTML5 es el atributo `required`, que se puede utilizar con cualquier elemento de formulario que se espera rellene el usuario. Este atributo de HTML5 no requiere valor, pero en HTML 4 todos los atributos deben tener uno, por eso hay quien da al atributo `required` el valor `required`.

HTML5: ENTRADA DE FECHA

HTML chapter-07/html5-date-input.html

```
<form action="http://www.example.com/bookings/"
    method="post">
  <label for="username">Departure date:</label>
  <input type="date" name="depart" />
  <input type="submit" value="Submit" />
</form>
```

RESULTADO

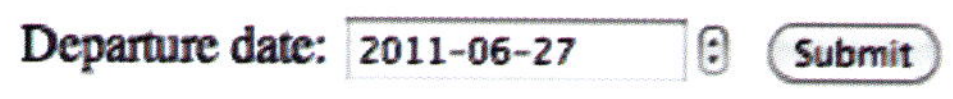
Departure date:
2011-06-27
Submit

<input>

Muchos formularios deben recabar información como fechas, direcciones de correo electrónico y URL. Tradicionalmente esto se hacía con entradas de texto.

Con HTML5 se introdujeron nuevos controles de formulario para normalizar la forma de reunir cierta información.

type="date"

Si pedimos una fecha al usuario, podemos utilizar un elemento `<input>` y asignar al atributo `type` el valor `date`. Así creamos una entrada de fecha en los navegadores.

Este ejemplo muestra el aspecto de un campo de fecha en Opera. La apariencia puede cambiar dependiendo del navegador.

HTML5: ENTRADA DE CORREO ELECTRÓNICO Y URL

`<input>`

HTML5 tiene entradas que permiten a los visitantes introducir direcciones de correo electrónico y URL.

`type="email"`

Si pedimos al usuario una dirección de correo electrónico, podemos utilizar el tipo de entrada email. En la validación con HTML5, el navegador comprobará que el usuario ha escrito la información con el formato propio de una dirección de correo. Los smartphones suelen optimizar el teclado para mostrar las teclas que más probablemente necesitemos para escribir una dirección de correo electrónico, como la arroba (@).

`type="url"`

Podemos usar un tipo de entrada URL para pedir la dirección de una página web. En la validación con HTML5, el navegador comprobará que el usuario ha escrito la información con el formato típico de una URL. Los smartphones suelen optimizar el teclado para mostrar las teclas que más probablemente necesitemos para escribir una dirección web.

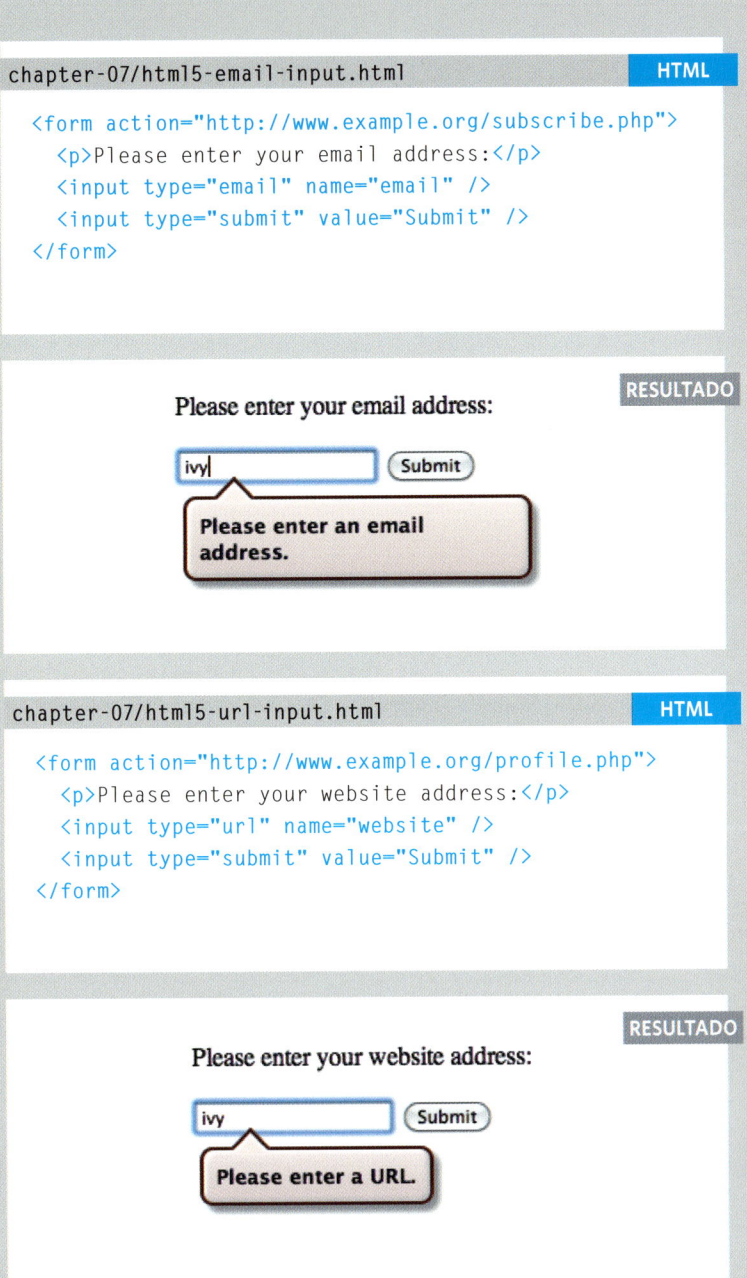

chapter-07/html5-email-input.html `HTML`

```
<form action="http://www.example.org/subscribe.php">
  <p>Please enter your email address:</p>
  <input type="email" name="email" />
  <input type="submit" value="Submit" />
</form>
```

`RESULTADO`

Please enter your email address:

ivy `Submit`

Please enter an email address.

chapter-07/html5-url-input.html `HTML`

```
<form action="http://www.example.org/profile.php">
  <p>Please enter your website address:</p>
  <input type="url" name="website" />
  <input type="submit" value="Submit" />
</form>
```

`RESULTADO`

Please enter your website address:

ivy `Submit`

Please enter a URL.

HTML5: ENTRADA DE BÚSQUEDAS

HTML　　　　chapter-07/html5-search-input.html

```
<form action="http://www.example.org/search.php">
  <p>Search:</p>
  <input type="search" name="search" />
  <input type="submit" value="Search" />
</form>
```

RESULTADO

Search:
Thelonius ⊗ (Search)

HTML　　　　chapter-07/html5-placeholder.html

```
<form action="http://www.example.org/search.php">
  <p>Search:</p>
  <input type="search" name="search"
    placeholder="Enter keyword" />
  <input type="submit" value="Search" />
</form>
```

RESULTADO

Search:
Enter keyword (Search)

<input>

Si queremos crear un cuadro de texto de una sola línea para hacer búsquedas, HTML5 nos ofrece un tipo de entrada especial a tal efecto.

type="search"

HTML5 cuenta con un tipo de entrada especial, search, que permite crear cuadros de texto de una sola línea para buscar.

Para crear el cuadro de búsqueda de HTML5, el elemento <input> debe contar con un atributo type cuyo valor es search.

placeholder

En cualquier entrada de texto se puede usar un atributo placeholder cuyo valor es el texto que se mostrará en el cuadro hasta que el usuario haga clic en esa área.

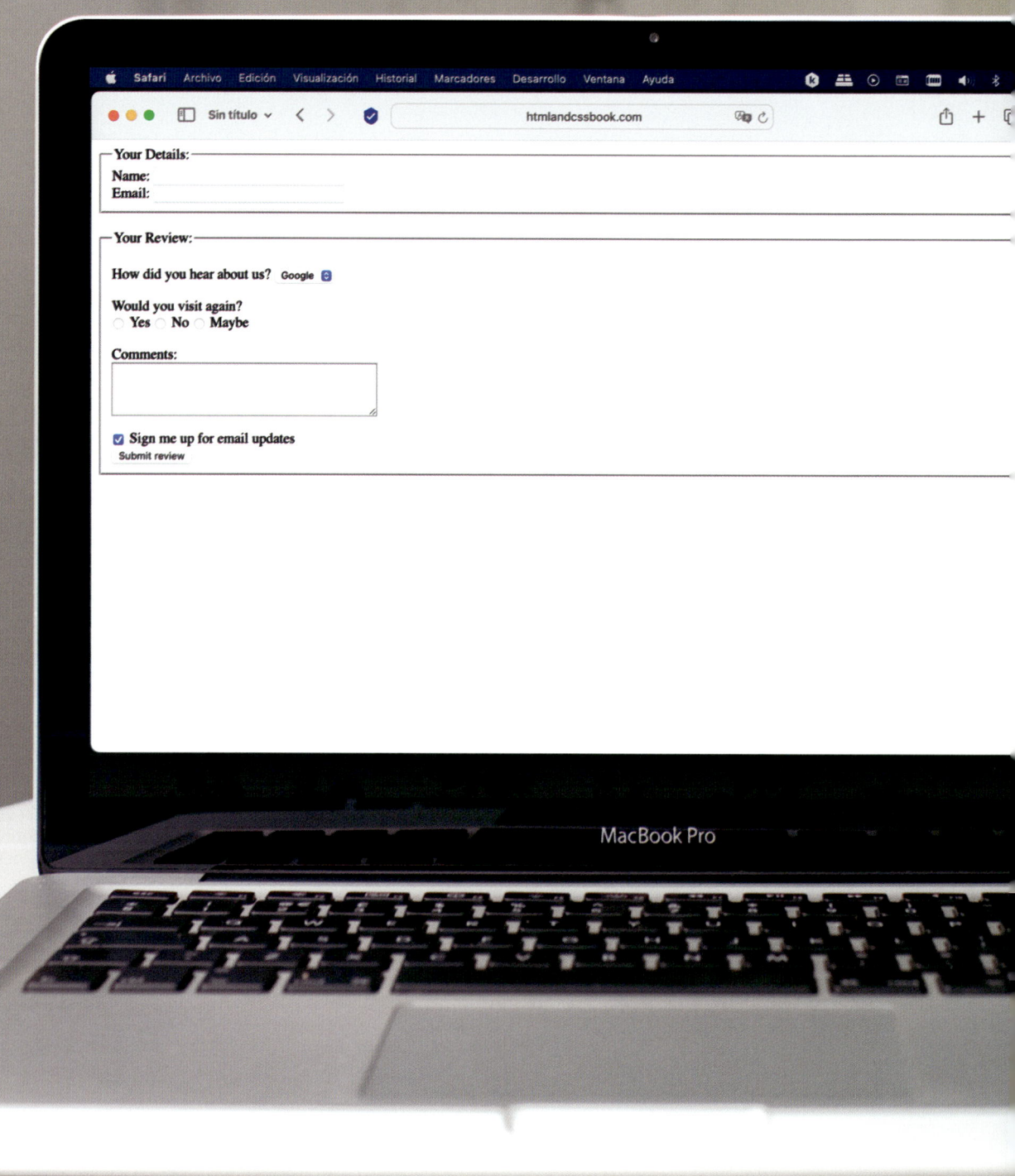

EJEMPLO
FORMULARIOS

Este ejemplo muestra un formulario de comentarios y para apuntarse a un boletín de noticias. Utiliza varios controles de formulario.

El elemento `<form>` usa el atributo `action` para indicar la página a la que se envían los datos. Todos los controles del formulario se encuentran dentro del elemento `<form>`. Hay distintos tipos de controles para recoger tipos de datos diferentes. El elemento `<fieldset>` sirve para agrupar controles relacionados. El elemento `<label>` indica la finalidad de cada control.

EJEMPLO
FORMULARIOS

```html
<html>
  <head>
    <title>Forms</title>
  </head>
  <body>
    <form action="http://www.example.com/review.php" method="get">
      <fieldset>
        <legend>
          Your Details:
        </legend>
        <label>
          Name:
          <input type="text" name="name" size="30" maxlength="100">
        </label>
        <br />
        <label>
          Email:
          <input type="email" name="email" size="30" maxlength="100">
        </label>
        <br />
      </fieldset>
      <br />
      <fieldset>
        <legend>
          Your Review:
        </legend>
        <p>
          <label for="hear-about">
            How did you hear about us?
          </label>
          <select name="referrer" id="hear-about">
            <option value="google">Google</option>
            <option value="friend">Friend</option>
            <option value="advert">Advert</option>
            <option value="other">Other</option>
          </select>
```

```
      </p>
      <p>
        Would you visit again?
        <br />
        <label>
          <input type="radio" name="rating" value="yes" />
          Yes
        </label>
        <label>
          <input type="radio" name="rating" value="no" />
          No
        </label>
        <label>
          <input type="radio" name="rating" value="maybe" />
          Maybe
        </label>
      </p>
      <p>
        <label for="comments">
          Comments:
        </label>
        <br />
        <textarea rows="4" cols="40" id="comments">
        </textarea>
      </p>
      <label>
        <input type="checkbox" name="subscribe" checked="checked" />
        Sign me up for email updates
      </label>
      <br />
      <input type="submit" value="Submit review" />
    </fieldset>
  </form>
  </body>
</html>
```

▶ Siempre que se quiera recoger información de los visitantes, hace falta un formulario, contenido en un elemento `<form>`.

▶ La información de un formulario se envía en pares nombre/valor.

▶ Cada control de formulario tiene un nombre y el texto que el usuario escribe o las opciones que selecciona se envían al servidor.

▶ HTML5 incluye elementos de formulario que facilitan su cumplimentación a los usuarios.

MARCADO ADICIONAL

▸ Especificar distintas versiones de HTML.
▸ Identificar y agrupar elementos.
▸ Comentarios, metadatos e *iframes*.

Hasta ahora hemos cubierto las etiquetas principales que encajan bien en grupos y secciones.

En este capítulo, nos centraremos en algunos temas útiles que no se pueden agrupar fácilmente. Veremos lo siguiente:

- Las distintas versiones de HTML y cómo indicar la que se está usando.

- Cómo añadir comentarios al código.

- Atributos globales, es decir, los que se pueden usar con cualquier elemento, incluidos los atributos `class` e `id`.

- Los elementos que se utilizan para agrupar partes de la página donde no encaja ningún otro elemento.

- Cómo incrustar una página dentro de otra con *iframes*.

- Cómo añadir información sobre la página web con el elemento `<meta>`.

- Añadir caracteres como corchetes y símbolos de copyright.

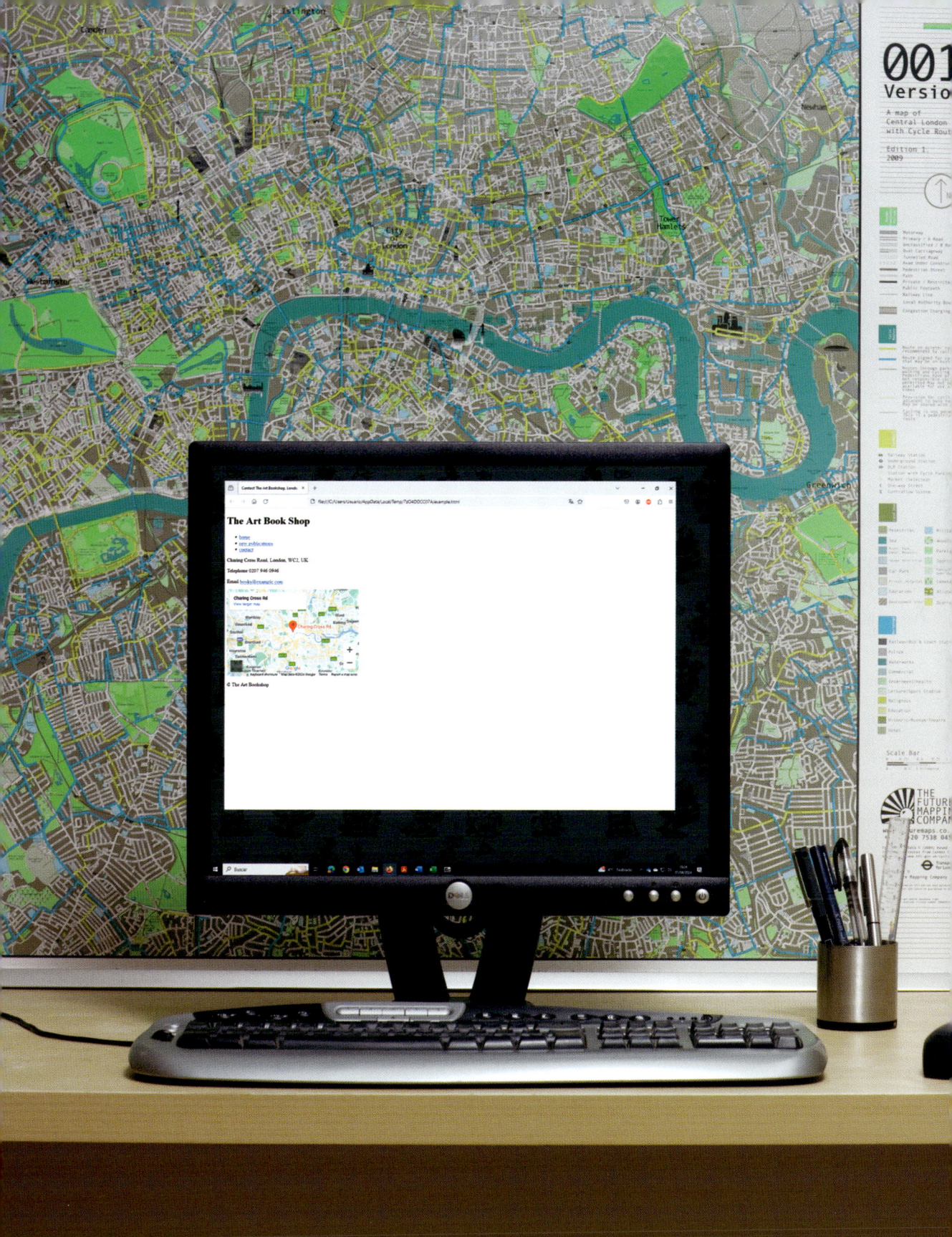

LA EVOLUCIÓN DEL HTML

Desde que se creó la web, ha habido varias
versiones distintas de HTML.

HTML 4
LANZADO EN 1997

XHTML 1.0
LANZADO EN 2000

Cada versión nueva se diseñaba como mejora de la anterior, con nuevos elementos y atributos y código antiguo eliminado.

También ha habido varias versiones de cada navegador utilizado para ver páginas web nuevas, cada una con la implementación de código nuevo. Sin embargo, no todos los ordenadores tienen instalada la versión más reciente de esos navegadores, lo cual implica que alguien podría no ver todas las funcionalidades y marcados más recientes.

Con la excepción de unos cuantos elementos añadidos en HTML5, lo que hemos visto en este libro estaba ya disponible en HTML 4.

Aunque HTMl 4 contaba con algunos elementos de presentación para controlar el aspecto de las páginas, no es recomendable usarlos en la actualidad. Ejemplos de estos elementos son `<center>` para centrar el contenido de una página, `<font>` para controlar el aspecto del texto y `<strike>` para tachar un texto; ahora todo esto se hace con CSS.

En 1998, se publicó un lenguaje llamado XML con la finalidad de permitir a la gente escribir con un nuevo marcado. Como HTML era el lenguaje de marcado más utilizado, se decidió que había que reformular HTML 4 para que siguiera las reglas de XML y se cambió el nombre por XHTML. Esto significaba que los autores tendrían que seguir nuevas reglas, algunas más estrictas, sobre el marcado. Por ejemplo:

- Todos los elementos requieren una etiqueta de cierre (excepto los elementos vacíos como `<img />`).

- Los nombres de los atributos deben ir en minúscula.

- Todos los atributos requieren un valor y todos los valores deben ir entre comillas dobles.

- Los elementos obsoletos deberían dejar de usarse.

- Todo elemento abierto dentro de otro elemento debe cerrarse dentro de ese mismo elemento.

Todos los ejemplos de este libro siguen las estrictas reglas de XML.

Uno de los principales beneficios de este cambio fue que XHTML funciona bien con otros programas escritos para crear y procesar documentos XML.

También se podía usar con otros formatos de datos, como SVG (*Scalable Vector Graphics*, Gráficos vectoriales escalables), un lenguaje gráfico escrito en XML, MathML, que sirve para marcar fórmulas matemáticas, y CML, para marcar fórmulas químicas.

Para ayudar a los autores de páginas web a cambiar a esta nueva sintaxis, se crearon dos versiones de XHTML 1.0:

- **XHTML 1.0 estricto**, donde los autores debían seguir las reglas a rajatabla.

- **XHTML 1.0 transitorio**, donde los autores todavía podían usar elementos de presentación, como `<center>` y `<font>`).

La versión transitoria de XHTML se creó porque permitía a los autores continuar con prácticas más antiguas (con una sintaxis menos estricta) y emplear algunos de los elementos y atributos que iban a desaparecer en futuras versiones de HTML.

Hubo una tercera versión de XHTML 1.0, llamada **XHTML 1.0 Frameset,** que permitía a los autores de páginas web dividir la ventana del navegador en varios *frames*, o marcos, cada uno de los cuales contendría una página HTML diferente. Actualmente, los marcos están desfasados.

HTML5
LANZADO EN 2000

En HTML5, los autores de páginas web no necesitan cerrar todas las etiquetas y hay nuevos elementos y atributos.

TIPOS DE DOCUMENTOS

Como ha habido varias versiones de HTML, cada página web debería empezar con una declaración DOCTYPE que indique al navegador qué versión de HTML se está utilizando (aunque, por lo general, los navegadores mostrarán la página incluso aunque no se incluya la declaración). Así pues, en lo que queda de libro, incluiremos una en todos los ejemplos.

Como veremos al llegar a CSS y su modelo caja, el uso de una DOCTYPE también puede ayudar al navegador a mostrar la página correctamente.

Puesto que XHTML se escribió en XML, a veces veremos páginas que utilizan el inicio DOCTYPE del XHTML estricto con la declaración opcional XML. Cuando se use esto, debería hacerse al principio estricto de un documento, es decir, no debería haber nada antes, ni siquiera un espacio.

HTML5   `HTML`

```
<!DOCTYPE html>
```

HTML 4

```
<!DOCTYPE html PUBLIC
    "-//W3C//DTD HTML 4.01 Transitional//EN"
    "http://www.w3.org/TR/html4/loose.dtd">
```

Transitional XHTML 1.0

```
<!DOCTYPE html PUBLIC
    "-//W3C//DTD XHTML 1.0 Transitional//EN"
    "http://www.w3.org/TR/xhtml1/DTD/
    xhtml1-transitional.dtd">
```

Strict XHTML 1.0

```
<!DOCTYPE html PUBLIC
    "-//W3C//DTD XHTML 1.0 Strict//EN"
    "http://www.w3.org/TR/xhtml1/DTD/
    xhtml1-strict.dtd">
```

XML Declaration

```
<?xml version="1.0" ?>
```

COMENTARIOS EN HTML

```html
<!-- start of introduction -->
<h1>Current Exhibitions</h1>
<h2>Olafur Eliasson</h2>
<!-- end of introduction -->
<!-- start of main text -->
<p>Olafur Eliasson was born in Copenhagen, Denmark
   in 1967 to Icelandic parents.</p>
<p>He is known for sculptures and large-scale
   installation art employing elemental materials
   such as light, water, and air temperature to
   enhance the viewer's experience.</p>
<!-- end of main text -->
<!--
   <a href="mailto:info@example.org">Contact</a>
-->
```

RESULTADO

Current Exhibitions

Olafur Eliasson

Olafur Eliasson was born in Copenhagen, Denmark in 1967 to Icelandic parents.

He is known for sculptures and large-scale installation art employing elemental materials such as light, water, and air temperature to enhance the viewer's experience.

Si queremos añadir un comentario al código que no sea visible en el navegador del usuario, podemos añadir el texto entre estos caracteres:

```
<!-- el comentario aquí -->
```

Es conveniente añadir comentarios al código porque, al margen de lo familiarizados que estemos con una página en el momento de escribirla, cuando hay que volver sobre ella (u otra persona tiene que ver ese código), los comentarios harán que resulte mucho más fácil entenderlo.

Aunque los comentarios no son visibles para los usuarios en la ventana principal del navegador, puede verlos cualquiera que mire el código fuente de la página.

En una página larga, es frecuente ver comentarios que indican dónde empieza o termina una sección de la página o que dejan notas para ayudar a quien vea el código a entenderlo.

Los comentarios también se pueden usar con bloques de código para evitar que se muestren en el navegador. En el ejemplo de la izquierda, el enlace de correo se ha excluido mediante comentarios.

EL ATRIBUTO ID

Cualquier elemento HTML puede llevar el atributo id. Sirve para identificar unívocamente ese elemento sobre todos los demás de esa página. Su valor debería empezar por una letra o un guion bajo (no un número o cualquier otro carácter). Es importante que, en una misma página, no haya dos elementos con el mismo valor en el atributo id (si los hubiera, el valor ya no sería único).

Como veremos al llegar a CSS en la siguiente sección, dar a un elemento una identidad única nos permite darle un estilo diferente al de cualquier otro elemento de la misma clase en la página. Por ejemplo, nos sirve si queremos dar a un párrafo (con una cita destacada, tal vez) un estilo distinto al de los demás párrafos. En el ejemplo de la derecha, el párrafo con el atributo id cuyo valor es pullquote se pone en mayúsculas con CSS.

Si quieres aprender JavaScript (un lenguaje que permite añadir interactividad a las páginas), los atributos id sirven para permitir que el *script* trabaje con ese elemento en particular.

El atributo id se conoce como **atributo global** porque puede emplearse con cualquier elemento.

---

chapter-08/id-attribute.html `HTML`

```
<p>Water and air. So very commonplace are these
   substances, they hardly attract attention - and
   yet they vouchsafe our very existence.</p>
<p id="pullquote">Every time I view the sea I feel
   a calming sense of security, as if visiting my
   ancestral home; I embark on a voyage of seeing.
   </p>
<p>Mystery of mysteries, water and air are right
   there before us in the sea.</p>
```

`RESULTADO`

Water and air. So very commonplace are these substances, they hardly attract attention - and yet they vouchsafe our very existence.

EVERY TIME I VIEW THE SEA I FEEL A CALMING SENSE OF SECURITY, AS IF VISITING MY ANCESTRAL HOME; I EMBARK ON A VOYAGE OF SEEING.

Mystery of mysteries, water and air are right there before us in the sea.

EL ATRIBUTO CLASS

```html
<p class="important">For a one-year period from
   November 2010, the Marugame Genichiro-Inokuma
   Museum of Contemporary Art (MIMOCA) will host a
   cycle of four Hiroshi Sugimoto exhibitions.</p>
<p>Each will showcase works by the artist
   thematically contextualized under the headings
   "Science," "Architecture," "History" and
   "Religion" so as to present a comprehensive
   panorama of the artist's oeuvre.</p>
<p class="important admittance">Hours: 10:00 - 18:00
   (No admittance after 17:30)</p>
```

RESULTADO

FOR A ONE-YEAR PERIOD FROM NOVEMBER 2010, THE MARUGAME GENICHIRO-INOKUMA MUSEUM OF CONTEMPORARY ART (MIMOCA) WILL HOST A CYCLE OF FOUR HIROSHI SUGIMOTO EXHIBITIONS.

Each will showcase works by the artist thematically contextualized under the headings "Science," "Architecture," "History" and "Religion" so as to present a comprehensive panorama of the artist's oeuvre.

HOURS: 10:00 - 18:00 (NO ADMITTANCE AFTER 17:30)

Todo elemento HTML puede llevar también un atributo class. A veces, en lugar de identificar únicamente a un elemento dentro de un documento, es posible que necesitemos identificar varios elementos como distintos del resto de la página. Por ejemplo, quizás tengamos párrafos que contienen información más importante que otros y queramos distinguirlos, o necesitemos diferenciar entre los enlaces que apuntan a otras páginas del mismo sitio y los que conducen a sitios externos.

Para eso sirve el atributo class. Su valor debería describir la clase a la que pertenece. En el ejemplo de la izquierda, los párrafos más importantes tienen un atributo class con un valor important.

El atributo class de cualquier elemento puede compartir el mismo valor. Así pues, en este ejemplo, el valor important también puede ir con encabezados y enlaces.

Por defecto, el uso de estos atributos no afecta a la presentación de un elemento. Solo cambiará de aspecto si hay una regla de CSS que indique que debería mostrarse de distinta manera.

En este ejemplo, se ha aplicado CSS para hacer que los elementos con el atributo class cuyo valor sea important aparezcan en mayúscula, y los elementos con valor admittance en el atributo class salgan en rojo.

Si queremos indicar que un elemento pertenece a varias clases, podemos separar los nombres de las clases con un espacio, como en el tercer párrafo de nuestro ejemplo.

ELEMENTOS DE BLOQUE

Algunos elementos siempre aparecerán al principio de una línea nueva en la ventana del navegador. Se trata de los denominados elementos de **bloque**.

`<h1>`, `<p>`, `<ul>` y `<li>` son ejemplos de elementos de bloque.

---

chapter-08/block-elements.html · **HTML**

```html
<h1>Hiroshi Sugimoto</h1>
<p>The dates for the ORIGIN OF ART exhibition are as
   follows:</p>
<ul>
  <li>Science: 21 Nov - 20 Feb 2010/11</li>
  <li>Architecture: 6 Mar - 15 May 2011</li>
  <li>History: 29 May - 21 Aug 2011</li>
  <li>Religion: 28 Aug - 6 Nov 2011</li>
</ul>
```

RESULTADO

Hiroshi Sugimoto

The dates for the ORIGIN OF ART exhibition are as follows:

- Science: 21 Nov - 20 Feb 2010/11
- Architecture: 6 Mar - 15 May 2011
- History: 29 May - 21 Aug 2011
- Religion: 28 Aug - 6 Nov 2011

ELEMENTOS EN LÍNEA

chapter-08/inline-elements.html

```
Timed to a single revolution of the planet around
the sun at a 23.4 degrees tilt that plays out the
rhythm of the seasons, this <em>Origins of Art</em>
cycle is organized around four themes: <b>science,
architecture, history</b> and <b>religion</b>.
```

RESULTADO

Timed to a single revolution of the planet around the sun at a 23.4 degrees tilt that plays out the rhythm of the seasons, this *Origins of Art* cycle is organized around four themes: **science, architecture, history** and **religion**.

Algunos elementos siempre aparecerán a continuación en la misma línea que sus elementos vecinos. Estos se conocen como elementos en **línea**.

Algunos ejemplos de elementos en línea son <a>, <b>, <em> y <img>.

AGRUPAR TEXTOS Y ELEMENTOS EN UN BLOQUE

<div>

El elemento <div> nos permite agrupar distintos elementos en una caja de bloque.

Por ejemplo, podríamos crear un elemento <div> para contener todos los elementos del encabezado de un sitio (el logotipo y la navegación), o para contener comentarios de los visitantes.

En un navegador, los contenidos del elemento <div> empezarán en línea nueva, pero por lo demás no habrá diferencia en la presentación de la página.

Sin embargo, usar un atributo id o class en el elemento <div> implica poder crear reglas de estilo CSS para indicar cuánto espacio debería ocupar ese elemento en la pantalla y cambiar el aspecto de todos los elementos que contiene.

También es más fácil seguir el código si usamos elementos <div> para alojar cada sección de la página.

chapter-08/grouping-block-elements.html `HTML`

```html
<div id="header">
  <img src="images/logo.gif" alt="Anish Kapoor" />
  <ul>
    <li><a href="index.html">Home</a></li>
    <li><a href="biography.html">Biography</a></li>
    <li><a href="works.html">Works</a></li>
    <li><a href="contact.html">Contact</a></li>
  </ul>
</div><!-- end of header -->
```

`RESULTADO`

Como puede haber varios elementos dentro de un <div>, suele ser útil añadir un comentario después de la etiqueta de cierre </div>.

Esto permite ver claramente con qué etiqueta de apertura se corresponde, como se muestra al final de este ejemplo.

AGRUPAR TEXTOS Y ELEMENTOS EN UNA LÍNEA

```
<p>Anish Kapoor won the Turner Prize in 1991 and
    exhibited at the <span class="gallery">Tate
    Modern</span> gallery in London in 2003.</p>
```

RESULTADO

Anish Kapoor won the Turner Prize in 1991 and exhibited at the TATE MODERN gallery in London in 2003.

`<span>`

El elemento `<span>` actúa como un equivalente en línea del elemento `<div>`. Sirve para:

1. Contener una sección de texto donde no hay otro elemento adecuado para diferenciarlo del texto de alrededor.

2. Contener una serie de elementos en línea.

El motivo más habitual para utilizar elementos `<span>` es que se puede controlar su contenido con CSS.

Por lo general, se utilizan atributos `class` o `id` con elementos `<span>`:

- Para explicar la finalidad del elemento `<span>`.

- Para poder aplicar estilos CSS a los elementos que tienen valores específicos en estos atributos.

IFRAMES

`<iframe>`

Un *iframe* es como una ventanita que parece recortada en la página, por la que se puede ver otra página. El término *iframe* es una abreviatura de *inline frame* (marco en línea).

Un uso habitual de los *iframes* (que seguramente has visto en muchos sitios web) es incrustar un mapa de Google en una página. El contenido del *iframe* puede ser cualquier página en html (ubicada en el mismo servidor o en cualquier otro lugar de la red).

Los *iframes* se crean con el elemento `<iframe>`. Debes conocer unos pocos atributos que usar con él:

src

El atributo `src` especifica la URL de la página que se mostrará en el marco.

height

El atributo `height` especifica la altura del *iframe* en píxeles.

width

El atributo `width` especifica la anchura del *iframe* en píxeles.

```
chapter-08/iframes.html                    HTML

<iframe
  width="450"
  height="350"
  src="http://maps.google.co.uk/maps?q=moma+new+york
  &amp;output=embed">
</iframe>
```

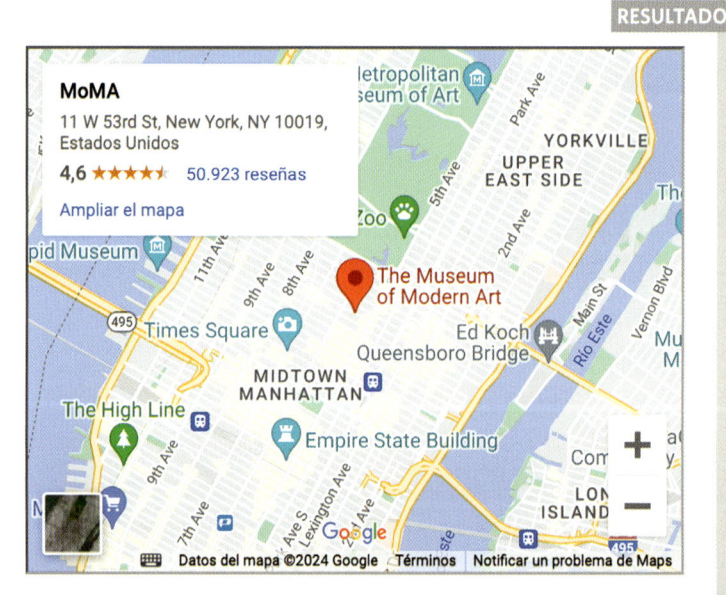

RESULTADO

```
<iframe
  src="http://maps.google.co.uk/maps?q=moma+new+york
  &amp;output=embed"
  width="450"
  height="350"
  frameborder="0"
  scrolling="no">
</iframe>
```

RESULTADO

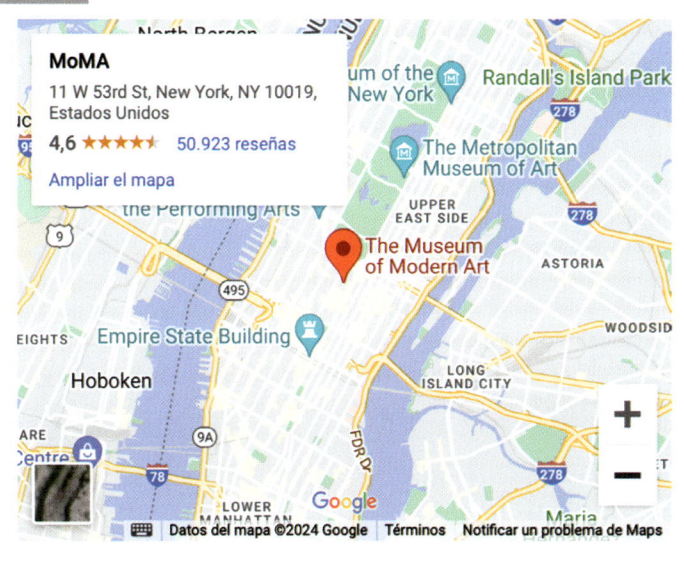

scrolling

El atributo scrolling no es compatible con HTML5. En HTML 4 y XHTML, indica si el *iframe* debería tener barras de desplazamiento o no. Esto es importante cuando la página del *iframe* es más grande que el espacio del que se dispone (con los atributos height y width). Las barras de desplazamiento permiten al usuario moverse por el marco para ver más contenido. El atributo puede tener uno de estos tres valores: yes (para mostrar barras de desplazamiento), no (para ocultar las barras de desplazamiento) y auto (para mostrarlas solo si es necesario).

frameborder

El atributo frameborder tampoco es compatible con HTML5. En HTML 4 y XHTML, indica si el marco debiera tener borde o no. Un valor de 0 señala que no debería mostrarse ningún borde. Un valor de 1, que sí debería mostrarse.

seamless

En HTML5, se puede aplicar el atributo seamless a un *iframe* donde no queremos que haya barras de desplazamiento. Este atributo no requiere valor, pero muchas veces los autores le atribuyen un valor seamless.

INFORMACIÓN SOBRE NUESTRAS PÁGINAS

<meta>

El elemento <meta> vive dentro del elemento <head> y contiene información sobre esa página web.

No es visible para los usuarios pero cumple varios propósitos, como hablar a los motores de búsqueda sobre nuestra página, quién la ha creado y si es sensible al tiempo (si lo es, se puede configurar para que expire).

El elemento <meta> es un elemento vacío, así que no tiene etiqueta de cierre. Utiliza atributos para contener la información.

Los atributos más habituales son name y content, que tienden a usarse juntos. Estos atributos especifican propiedades para toda la página. El valor de name es la propiedad que estamos configurando y el valor de content es el que queramos dar a esta propiedad.

En la primera línea del ejemplo de la siguiente página, vemos un elemento <meta> en el que el atributo name indica una intención de especificar una descripción de la página. El atributo content es donde se especifica en realidad la descripción.

El valor del atributo name puede ser lo que queramos. Algunos valores definidos habitualmente para este atributo son los siguientes:

description

Contiene una descripción de la página que debería tener un máximo de 155 caracteres. Es la descripción que emplean los motores de búsqueda para entender de qué va la página. A veces se muestra en los resultados de las búsquedas.

keywords

Contiene una lista de palabras separadas por comas que un usuario buscaría para encontrar la página. En la práctica no tiene un efecto significativo en cómo indexan el sitio los motores de búsqueda.

robots

Indica si los motores de búsqueda deberían añadir esta página a sus resultados. Se puede usar un valor noindex si la página no debe incluirse. El valor nofollow permite que los motores incluyan la página en sus resultados, pero sin enlaces a ella.

```html
<!DOCTYPE html>
<html>
  <head>
    <title>Information About Your Pages</title>
    <meta name="description"
      content="An Essay on Installation Art" />
    <meta name="keywords"
      content="installation, art, opinion" />
    <meta name="robots"
      content="nofollow" />
    <meta http-equiv="author"
      content="Jon Duckett" />
    <meta http-equiv="pragma"
      content="no-cache" />
    <meta http-equiv="expires"
      content="Fri, 04 Apr 2014 23:59:59 GMT" />
  </head>
  <body>
  </body>
</html>
```

El elemento <meta> también utiliza los atributos http-equiv y content en pareja. En nuestro ejemplo, vemos tres casos de atributo http-equiv, cada uno con una finalidad diferente

author

Define el autor de la página web.

pragma

Evita que el navegador guarde la página en caché, es decir, que la almacene en local para ahorrar tiempo de descarga en las siguientes visitas.

expires

Como los navegadores guardan a menudo en caché el contenido de una página, podemos usar la opción expires para indicar cuándo debería expirar la página (y no guardarse más). Ten en cuenta que la fecha debe especificarse en el formato del ejemplo.

CARACTERES DE ESCAPE

Hay algunos caracteres que se usan en el código HTML y están reservados para él, como por ejemplo, los corchetes angulares.

Así pues, si queremos que estos caracteres aparezcan en la página, tendremos que utilizar los denominados caracteres de escape (también conocidos como códigos de escape o referencias de entidad). Por ejemplo, para escribir un corchete angular hacia la izquierda, podemos usar < o <. Para un signo «et», podemos usar & o &.

También hay códigos especiales que podemos usar para mostrar símbolos como el de copyright y marca comercial, divisas, caracteres matemáticos y algunos signos de puntuación. Por ejemplo, si queremos incluir un símbolo de copyright en una página web, podemos usar © o ©.

Al utilizar caracteres de escape, es importante comprobar la página en un navegador para asegurarse de que se muestra el símbolo correcto. Esto se debe a que algunas fuentes no soportan todos estos caracteres y podríamos tener que cambiar la fuente para estos caracteres en el código CSS.

MÁS EN LÍNEA
Tienes una lista más completa de códigos de escape en https://www.htmlandcssbook.com/extras/html-escape-codes/.

< Signo menor que
`&lt;`
`&#60;`

> Signo mayor que
`&gt;`
`&amp;`

& Signo et
`&amp;`
`&#38;`

" Comillas rectas
`&quot;`
`&#34;`

¢ Signo de céntimo
`&cent;`
`&#162;`

£ Signo de libra
`&pound;`
`&#163;`

¥ Signo de yen
`&yen;`
`&#165;`

€ Signo de euro
`&euro;`
`&#8364;`

© Símbolo de copyright
`&copy;`
`&#169;`

® Marca comercial registrada
`&reg;`
`&#174;`

™ Marca comercial
`&trade;`
`&#8482;`

' Comilla simple izquierda
`&lsquo;`
`&#8216;`

' Comilla simple derecha
`&rsquo;`
`&#8217;`

" Comillas dobles izquierdas
`&ldquo;`
`&#8220;`

" Comillas dobles derechas
`&rdquo;`
`&#8221;`

× Signo de multiplicación
`&times;`
`&#215;`

÷ Signo de división
`&divide;`
`&#247;`

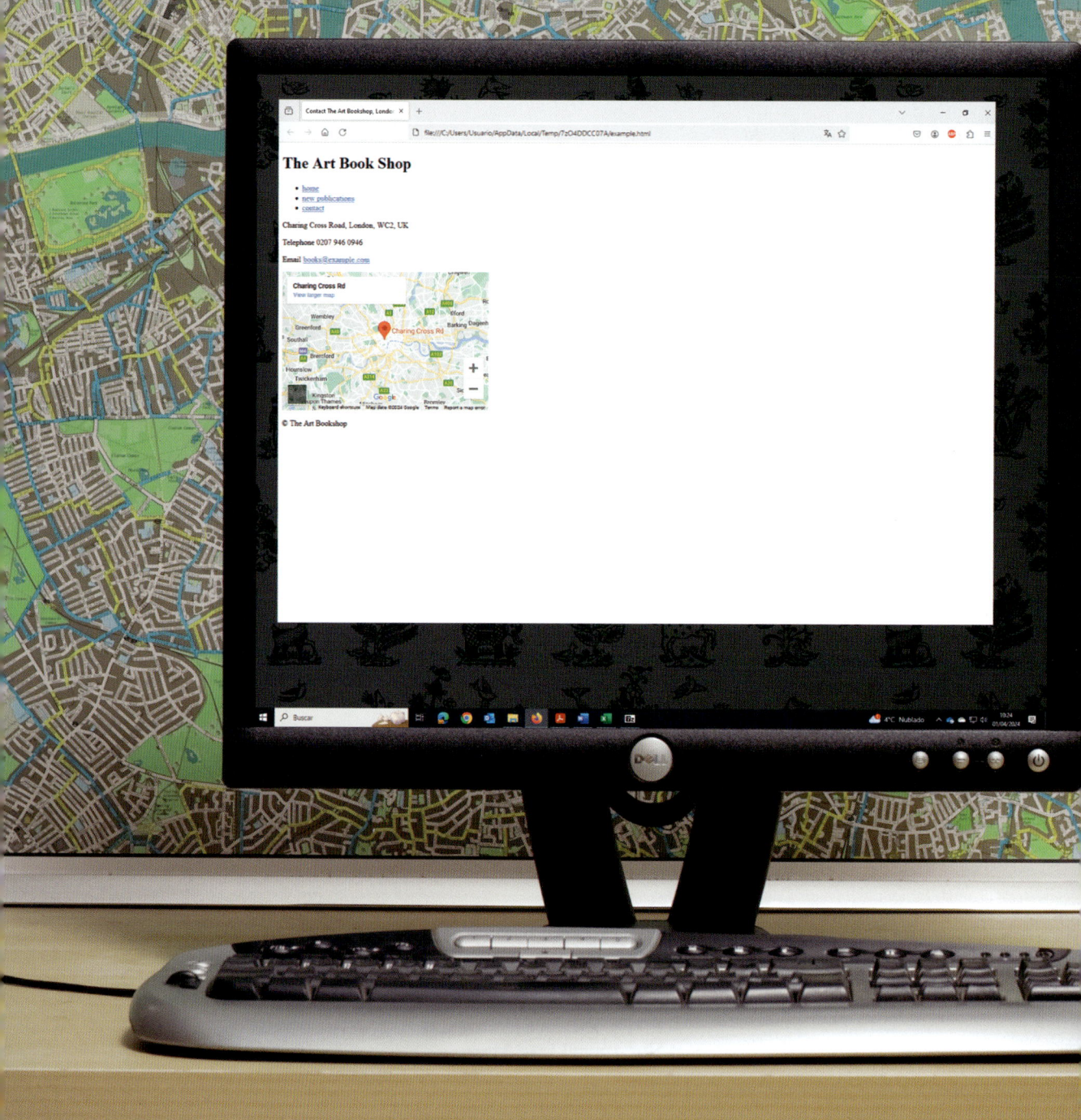

Este ejemplo empieza con un `DOCTYPE` para indicar que se trata de una página web en HTML 4. En la cabecera también vemos una etiqueta `<meta>` que describe el contenido de la página. Hay varios elementos que usan los atributos `id` y `class` para identificar su propósito. Se ha añadido un símbolo de copyright con código de escape. Se han agrupado partes de la página con elementos `<div>`, y se han añadido comentarios para indicar lo que encierran los elementos `</div>`.

EJEMPLO
MARCADO ADICIONAL

```html
<!DOCTYPE html PUBLIC
  "-//W3C//DTD HTML 4.01 Transitional//EN"
  "http://www.w3.org/TR/html4/loose.dtd">
<html>
  <head>
    <meta name="description" content="Telephone, email
      and directions for The Art Bookshop, London, UK" />
    <title>Contact The Art Bookshop, London UK</title>
  </head>
  <body>
    <div id="header">
      <h1>The Art Book Shop</h1>
      <ul>
        <li><a href="index.html">home</a></li>
        <li><a href="index.html">new publications</a>
          </li>
        <li class="current-page">
          <a href="index.html">contact</a></li>
      </ul>
    </div><!-- end header -->
    <div id="content">
      <p>Charing Cross Road, London, WC2, UK</p>
      <p><span class="contact">Telephone</span>
        0207 946 0946</p>
      <p><span class="contact">Email</span>
        <a href="mailto:books@example.com">
        books@example.com</a></p>
      <iframe width="425" height="275" frameborder="0"
        scrolling="no" marginheight="0" marginwidth="0"
        src="http://maps.google.co.uk/maps?f=q&amp;
        source=s_q&amp;hl=en&amp;geocode=&amp;
        q=charing+cross+road+london&amp;output=embed">
        </iframe>
    </div><!-- end content -->
    <p>&copy; The Art Bookshop</p>
  </body>
</html>
```

▶ Los `DOCTYPE` indican al navegador qué versión de HTML estamos usando.

▶ Podemos añadir comentarios al código entre las marcas `<!--` y `-->`.

▶ Los atributos `id` y `class` nos permiten identificar elementos particulares.

▶ Los elementos `<div>` y `<span>` permiten agrupar elementos en bloque y en línea.

▶ `<iframes>` recorta ventanas en las páginas web a través de las cuales se puede ver otra página web.

▶ La etiqueta `<meta>` permite dar todo tipo de información sobre una página web.

▶ Los caracteres de escape sirven para incluir caracteres especiales en nuestras páginas, como <, >, y ©.

9

VÍDEO Y SONIDO

▶ Cómo añadir vídeo y sonido a un sitio web.
▶ Los elementos `<video>` y `<audio>` de HTML5.

A la hora de añadir vídeo o sonido a un sitio web, podemos usar los elementos `<video>` y `<audio>` de HTML5 o un servicio de alojamiento (como YouTube o SoundCloud). En este capítulo veremos:

- Cómo utilizar los elementos `<video>` y `<audio>` de HTML5.
- Cuándo alojar nuestro propio vídeo o audio y cuándo emplear un servicio como YouTube.

ENTENDER LOS FORMATOS Y REPRODUCTORES DE VÍDEO

Para añadir vídeos a un sitio web, hay que entender dos cuestiones fundamentales: los formatos de archivo y los reproductores/ complementos de vídeo.

FORMATOS

Las películas están disponibles en muchos formatos, como BluRay, DVD o VHS, por mencionar algunos. En línea, hay más formatos de vídeo todavía (incluidos AVI, H264, MPEG, Ogg Theora, QuickTime, WebM y Windows Media).

Del mismo modo en que un reproductor de DVD no permite reproducir una cinta VHS, no todos los navegadores soportan los mismos formatos de vídeo.

Para que los usuarios vean nuestros vídeos en línea, posiblemente debamos convertirlos a otro formato.

El proceso de convertir un vídeo a otro formato se denomina a menudo «codificar» el vídeo.

Hay muchas aplicaciones en Internet que permiten codificar vídeos, como `www. mirovideoconverter.com`.

REPRODUCTORES/ COMPLEMENTOS

Los navegadores se diseñaron inicialmente para mostrar solo textos e imágenes, por eso, los creados antes de 2010 solían requerir la instalación de otro programa denominado reproductor o complemento para poder reproducir contenido en vídeo.

Estos reproductores y complementos solo eran compatibles con determinados formatos de vídeo.

Con la evolución a HTML5 y su etiqueta `<video>`, estos reproductores y complementos quedaron obsoletos.

ENFOQUE

La forma más sencilla de añadir vídeo a un sitio web es utilizar un servicio de alojamiento como YouTube o Vimeo.

Sin embargo, hay otros casos en los que no es adecuado emplear estos servicios (como veremos en la siguiente página) y conviene más alojar el vídeo en nuestro propio sitio web.

UTILIZAR SERVICIOS DE ALOJAMIENTO DE VÍDEO

La manera más fácil de añadir un vídeo a un sitio web es subirlo a una plataforma como YouTube o Vimeo y utilizar sus prestaciones para incrustar el vídeo en nuestra página.

VENTAJAS

Los servicios de alojamiento de vídeo (como YouTube) proporcionan reproductores que funcionan con la mayoría de los navegadores.

No hay que preocuparse por codificar los vídeos, porque estos sitios permiten subir contenido en distintos formatos. Una vez subido el vídeo, lo convierten automáticamente en los distintos formatos requeridos por los diferentes navegadores.

Las empresas de alojamiento web suelen cobrar más si utilizas mucho ancho de banda y los archivos de vídeo pueden ser muy grandes. Así pues, es posible que te cueste más alojar los vídeos en tu propio sitio web. En cambio, si el vídeo está en un sitio como YouTube o Vimeo, no hay que pagar por el ancho de banda.

DESVENTAJAS

El vídeo estará disponible en el servicio de alojamiento, así que si queremos que esté exclusivamente en nuestro sitio (y no visible en otros), tendremos que alojarlo en nuestro propio servidor y añadir un reproductor a la página.

Algunos servicios limitan el contenido del vídeo. Por ejemplo, la mayoría prohíben la publicidad dentro del vídeo, lo cual nos impide monetizar ese contenido.

Algunos servicios de alojamiento ponen sus propios anuncios antes de que comience nuestro vídeo o incluso los superponen en la pantalla mientras se reproduce. La calidad del vídeo en algunos servicios de alojamiento también puede ser limitada.

LA ALTERNATIVA

Si quieres alojar vídeo en tu propio sitio, en vez de en un servicio de alojamiento, debes dedicar tiempo a configurar el sitio para que reproduzca el vídeo.

Veremos cómo hacerlo con el elemento `<video>` de HTML5.

HTML5: PREPARA LOS VÍDEOS PARA TU SITIO

El elemento `<video>` de HTML5 se utiliza mucho, pero deberemos tener en cuenta algunas cuestiones:

COMPATIBILIDAD

La mayoría de los navegadores de ordenador y dispositivo móvil son actualmente compatibles con el elemento `<video>` de HTML5.

DERECHOS DIGITALES

Desde la aprobación del estándar EME del consorcio W3C, los vídeos en HTML5 son compatibles con la gestión de derechos digitales (DRM, *Digital Rights Management*), también conocida como protección anticopia.

FORMATOS

No todos los navegadores soportan los mismos formatos de vídeo, por lo que conviene tenerlo en más de un formato.

Para llegar al mayor público posible, deberíamos contar con los siguientes formatos de vídeo:

H264: Edge y Safari
WebM: Android, Chrome, Firefox y Opera.

Chrome, Firefox, y Opera dicen ser compatibles con un formato llamado WebM.

CONTROLES

El navegador cuenta con sus propios controles para el reproductor y estos pueden variar entre navegadores. Podemos controlar el aspecto de estos controles con JavaScript, pero eso queda más allá del alcance de este libro.

EN EL NAVEGADOR

Uno de los problemas con los reproductores es que pueden comportarse de manera inconsistente cuando se despliega sobre ellos un menú o se redimensiona la ventana. HTML5 resuelve ese problema.

He incluido con las descargas de código un vídeo de muestra en formato H264 y WebM.

Si abres el ejemplo en Firefox y Opera verás distintos controles al pasar el ratón por encima del vídeo.

HTML5: AÑADIR VÍDEO A UNA PÁGINA

HTML

```html
<!DOCTYPE html>
<html>
  <head>
    <title>Adding HTML5 Video</title>
  </head>
  <body>
    <video src="video/puppy.mp4"
      poster="images/puppy.jpg"
      width="400" height="300"
      preload
      controls
      loop>
      <p>A video of a puppy playing in the snow</p>
    </video>
  </body>
</html>
```

`<video>`

El elemento `<video>` tiene una serie de atributos que permiten controlar la reproducción del vídeo:

src

Este atributo especifica la ruta hasta el vídeo. (El vídeo de ejemplo está en formato H264, así que funcionará en prácticamente todos los navegadores).

poster

Este atributo permite especificar que se muestre una imagen mientras se está descargando el vídeo o hasta que el usuario inicia la reproducción.

width, height

Especifican el tamaño del reproductor en píxeles.

controls

Cuando se usa, este atributo indica que el navegador debería proporcionar sus propios controles para la reproducción.

autoplay

Cuando se utiliza, este atributo especifica que el archivo debería reproducirse automáticamente.

loop

Cuando se usa, este atributo indica que el vídeo debería empezar a reproducirse de nuevo cuando termine.

En HTML5 no hace falta dar valores a todos los atributos empleados con el elemento `<video>`. Atributos como `controls`, `autoplay` o `loop` son como interruptores de activación/desactivación. Si el atributo está presente, la opción está activada. Si se omite, la opción está desactivada.

Si el navegador no es compatible con el elemento `<video>` o el formato de vídeo utilizado, mostrará lo que haya entre las etiquetas de apertura (`<video>`) y cierre (`</video>`).

preload

Este atributo dice al navegador qué hacer cuando se carga la página. Puede tener uno de estos tres valores:

none

El navegador no debería cargar el vídeo hasta que el usuario haga clic en **Reproducir**.

auto

El navegador debería descargar el vídeo cuando se cargue la página.

metadata

El navegador debería recoger información como el tamaño, el primer fotograma, la lista de pistas y la duración.

HTML5: MÚLTIPLES FUENTES DE VÍDEO

`<source>`

Para especificar la ubicación del archivo que hay que reproducir, podemos usar el elemento `<source>` dentro del elemento `<video>` (en sustitución del atributo `src` en la etiqueta de apertura `<video>`.)

También podemos utilizar varios elementos `<source>` para especificar que el vídeo está disponible en varios formatos.

src

Este atributo especifica la ruta hasta el vídeo.

type

Deberías emplear este atributo para indicar el formato del vídeo. Si no lo haces, descargará parte del vídeo para ver si puede reproducir el archivo, lo que puede llevar tiempo y ancho de banda.

codecs

El códec utilizado para codificar el vídeo se proporciona con el atributo `codecs`. Observa el uso de comillas simples y dobles en este atributo cuando aparece.

chapter-09/multiple-video-sources.html · HTML

```html
<!DOCTYPE html>
<html>
  <head>
    <title>Multiple Video Sources</title>
  </head>
  <body>
    <video poster="images/puppy.jpg" width="400"
      height="320" preload controls loop>
      <source src="video/puppy.mp4" type='video/
        mp4;codecs="avc1.42E01E, mp4a.40.2"' />
      <source src="video/puppy.webm" type='video/
        webm;codecs="vp8, vorbis"' />
      <p>A video of a puppy playing in the snow</p>
    </video>
  </body>
</html>
```

RESULTADO

Si el navegador no es compatible con el elemento `<video>` o el formato de vídeo utilizado, mostrará lo que haya entre las etiquetas de apertura (`<video>`) y cierre (`</video>`).

MÁS EN LÍNEA
Encontrarás enlaces a herramientas para codificar archivos de vídeo y sonido aquí: https://www.htmlandcssbook. com/extras/encoding- videos-for-the-web/.

AÑADIR SONIDO A UNA PÁGINA WEB

Con diferencia, el formato más popular para añadir sonido a las páginas web es el MP3. Igual que con el vídeo, hay dos opciones:

1

USAR UN SERVICIO DE ALOJAMIENTO

Hay varios sitios a los que podemos subir nuestros archivos de audio y ofrecen un reproductor que se puede incrustar en nuestra página, como `SoundCloud.com` y `MySpace.com`.

2

USAR HTML5

HTML5 incluye un elemento `<audio>` compatible con navegadores que usan sus propios controles, igual que hemos visto con el vídeo.

Hay quien se pregunta cómo hacer que la música siga sonando incluso aunque el visitante cambie de una página web a otra.

Es un poco complicado y por lo general requiere técnicas como el uso de AJAX.

Por este motivo, algunos sitios web abren los reproductores de sonido en ventanas nuevas, de manera que no se interrumpa la reproducción cuando el usuario se mueva entre páginas.

HTML5: AÑADIR SONIDO EN HTML5 A UNA PÁGINA WEB

\<audio\>

HTML5 introdujo el elemento
\<audio\> para incluir archivos
de sonido en las páginas web.
Al igual que con el vídeo en
HTML5, los navegadores esperan
distintos formatos de audio.

El elemento \<audio\> cuenta con
varios atributos que permiten
controlar la reproducción del
sonido:

src

Este atributo especifica la ruta
hasta el archivo de audio.

controls

Este atributo indica si el
reproductor debería mostrar
los controles. Si no se usa, no se
mostrarán por defecto. También
se pueden especificar controles
propios con JavaScript.

autoplay

La presencia de este atributo
indica que el sonido debería
empezar a reproducirse
automáticamente. (Se considera
mejor práctica dejar que sean
los usuarios quienes decidan si
reproducirlo o no).

loop

Este atributo especifica que
la pista de audio debería
reproducirse de nuevo cuando
termine.

chapter-09/adding-html5-audio.html   HTML

```html
<!DOCTYPE html>
<html>
  <head>
    <title>Adding HTML5 Audio</title>
  </head>
  <body>
    <audio src="audio/test-audio.ogg"
      controls autoplay>
      <p>This browser does not support our audio
      format.</p>
    </audio>
  </body>
</html>
```

RESULTADO

preload

Este atributo señala lo que
debería hacer el navegador si el
reproductor no está configurado
en reproducción automática.
Puede tener los mismos valores
que hemos visto para el elemento
\<video\>.

Este ejemplo funciona en
navegadores compatibles
con el formato de sonido Ogg
Vorbis. Para navegadores no
compatibles, deberíamos usar
el formato MP3 (o el elemento
\<source\> que veremos en la
siguiente página para ofrecer
varios formatos).

HTML5: VARIAS FUENTES DE SONIDO

HTML   chapter-09/multiple-audio-sources.html

```html
<!DOCTYPE html>
<html>
  <head>
    <title>Multiple Audio Sources</title>
  </head>
  <body>
    <audio controls autoplay>
      <source src="audio/test-audio.ogg" />
      <source src="audio/test-audio.mp3" />
      <p>This browser does not support our audio
      format.</p>
    </audio>
  </body>
</html>
```

RESULTADO

`<source>`

Se puede especificar más de un archivo de sonido utilizando el elemento `<source>` entre las etiquetas `<audio>` y `</audio>` (en lugar del atributo `src` en la etiqueta de apertura `<audio>`).

Esto es importante porque algunos navegadores pueden ser compatibles con distintos formatos de sonido.

Por si acaso, lo mejor es proporcionar dos formatos de sonido para cubrir todos los navegadores compatibles con el elemento `<audio>`.

`src`

El elemento `<source>` utiliza el atributo `src` para indicar dónde se encuentra el archivo de sonido.

`type`

El atributo `type` no se usa tanto con el elemento `<source>` como con el elemento `<video>`.

EJEMPLO
VÍDEO Y SONIDO

Este ejemplo utiliza HTML5 para mostrar un vídeo.

El vídeo se ha codificado en los formatos H264 y WebM para funcionar en la mayoría de los navegadores.

```html
<!DOCTYPE html>
<html>
  <head>
    <title>Flash, Video and Audio</title>
    <script type="text/javascript"
      src="http://ajax.googleapis.com/ajax/libs/
      swfobject/2.2/swfobject.js"></script>
    <script type="text/javascript">
      var flashvars = {};
      var params = {movie: "../video/puppy.flv"};
      swfobject.embedSWF("flash/osplayer.swf", "snow",
      "400", "320", "8.0.0", flashvars, params);</script>
  </head>
  <body>
    <video poster="images/puppy.jpg" width="400"
      height="320" controls="controls">
      <source src="video/puppy.mp4" type='video/mp4;
        codecs="avc1.42E01E, mp4a.40.2"' />
      <source src="video/puppy.webm" type='video/webm;
        codecs="vp8, vorbis"' />
      <div id="snow">
        <p>You cannot see this video of a puppy playing
          in the snow because this browser does not
          support our video formats.</p>
      </div>
    </video>
  </body>
</html>
```

RESUMEN
VÍDEO Y SONIDO

▶ HTML5 cuenta con elementos `<video>` y `<audio>` para añadir vídeo y sonido a páginas web.

▶ Los navegadores compatibles con los elementos de HTML5 no tienen por qué soportar los mismos formatos de vídeo y audio, por lo que conviene usar varios formatos para asegurarse de que todo el mundo pueda verlos/escucharlos.

10

PRESENTACIÓN DE CSS

- ▸ Qué hace CSS.
- ▸ Cómo funciona CSS.
- ▸ Reglas, propiedades y valores.

En esta sección veremos cómo hacer que nuestras páginas resulten más atractivas, controlando su diseño con CSS.

CSS permite crear reglas que especifiquen cómo debería aparecer el contenido de un elemento. Por ejemplo, podemos especificar que el fondo de una página sea de color crema y todo el texto aparezca en gris con fuente Arial, o que los encabezados de nivel uno vayan en Times cursiva de color azul.

Una vez aprendes a escribir una regla CSS, lo más importante que debes saber sobre CSS son las distintas propiedades que puedes utilizar. Así pues, en este capítulo:

- Te presentaré el funcionamiento de CSS.

- Aprenderás a escribir reglas CSS.

- Veremos cómo aplicar reglas CSS a páginas en HTML.

El resto de los capítulos de esta sección te mostrarán todas las propiedades de CSS que puedes utilizar.

From Garden to Plate

A *potager* is a French term for an ornamental vegetable or kitchen garden. Often flowers (edible and non-edible) and herbs are planted with the vegetables to enhance the garden's beauty. The goal is to make the function of providing food aesthetically pleasing.

What to Plant

Plants are chosen as much for their functionality as for their color and form. Many are trained to grow upward. A well-designed potager can provide food, cut flowers and herbs for the home with very little maintenance. Potagers can disguise their function of providing for a home in a wide array of forms - from the carefree style of the cottage garden to the formality of a knot garden.

ENTENDER CSS: PENSAR DENTRO DE LA CAJA

La clave para entender cómo funciona CSS es imaginarse que hay una caja invisible enmarcando cada elemento HTML.

Aquí vemos una página HTML básica.

En la siguiente página, vemos la misma página HTML, pero con contornos en cada elemento para que veas cómo lo tratará CSS como si estuviese dentro de su propia caja.

The Cottage Garden

The *cottage garden* is a distinct style of garden that uses an informal design, dense plantings, and a mixture of ornamental and edible plants.

The Cottage Garden originated in <u>England</u> and its history can be traced back for centuries, although they were re-invented in 1870's England, when stylized versions were formed as a reaction to the more structured and rigorously maintained <u>English estate gardens</u>.

The earliest cottage gardens were more practical than their modern descendants, with an emphasis on vegetables and herbs, along with some fruit trees.

ELEMENTOS DE BLOQUE Y DE LÍNEA

Es posible que recuerdes de las páginas 192-193 que existe una diferencia entre los elementos a nivel de bloque y los elementos a nivel de línea y cómo los muestran los navegadores.

Los elementos de bloque parecen empezar en una nueva línea. Por ejemplo, los elementos <h1>-<h6>, <p> y <div> son de bloque.

Los elementos de línea fluyen dentro del texto y no empiezan en línea nueva. Son ejemplos de esto <b>, <i>, <img>, <em> y <span>.

CSS permite crear reglas que controlan la manera en que se presenta cada caja individual (y el contenido de esa caja).

The Cottage Garden

The *cottage garden* is a distinct style of garden that uses an informal design, dense plantings, and a mixture of ornamental and edible plants.

The Cottage Garden originated in England and its history can be traced back for centuries, although they were re-invented in 1870's England, when stylized versions were formed as a reaction to the more structured and rigorously maintained English estate gardens .

The earliest cottage gardens were more practical than their modern descendants, with an emphasis on vegetables and herbs, along with some fruit trees.

En este ejemplo, los elementos de bloque se muestran con bordes rojos y los de línea, con bordes verdes.

El elemento <body> crea la primera caja, después los elementos <h1>, <h2>, <p>, <i> y <a> crean sus propias cajas dentro.

Con CSS, podríamos añadir un borde alrededor de cualquiera de las cajas, especificar su anchura y altura y añadir un color de fondo. También podríamos controlar el texto de dentro de una caja, por ejemplo, el color, el tamaño y la fuente.

EJEMPLOS DE ESTILOS

CAJAS

Anchura y altura.
Bordes (color, grosor y estilo).
Color e imágenes de fondo.
Posición en la ventana del navegador.

TEXTO

Fuente.
Tamaño.
Color.
Cursiva, negrita, mayúsculas, minúsculas, versalitas.

ESPECIFICIDADES

También hay otras formas específicas de aplicar formato a determinados elementos, como listas, tablas o formularios.

CSS ASOCIA REGLAS DE ESTILO A ELEMENTOS HTML

CSS funciona asociando reglas a elementos HTML. Estas reglas marcan cómo se muestra el contenido de los elementos especificados. Una regla CSS consta de dos partes: un selector y una declaración.

SELECTOR

```
p {
        font-family: Arial;}
```

DECLARACIÓN

Esta regla indica que todos los elementos <p> deberían mostrarse en Arial.

Los selectores indican a qué elemento se aplica la regla. Una misma regla puede aplicarse a más de un elemento si separamos los nombres de esos elementos con comas.

Las declaraciones indican el estilo que debe darse a los elementos a los que hace referencia el selector. Las declaraciones se dividen en dos partes (propiedad y valor), separadas por dos puntos.

LAS PROPIEDADES DE CSS AFECTAN AL ASPECTO DE LOS ELEMENTOS

Las declaraciones CSS van entre llaves y se componen de dos partes: una propiedad y un valor, separadas por dos puntos. Podemos especificar varias propiedades en una misma declaración, separándolas con un punto y coma.

```
h1, h2, h3 {
        font-family: Arial;
        color: yellow;}
```

PROPIEDAD   VALOR

Esta regla indica que todos los elementos <h1>, <h2> y <h3> deberían mostrarse en fuente Arial amarilla.

Las propiedades indican los aspectos del elemento que queremos cambiar. Por ejemplo, el color, la fuente, la altura, la anchura o el borde.

Los valores especifican la configuración que queremos para las propiedades seleccionadas. Por ejemplo, para especificar una propiedad color el valor será el color del que queremos que sea el texto de estos elementos.

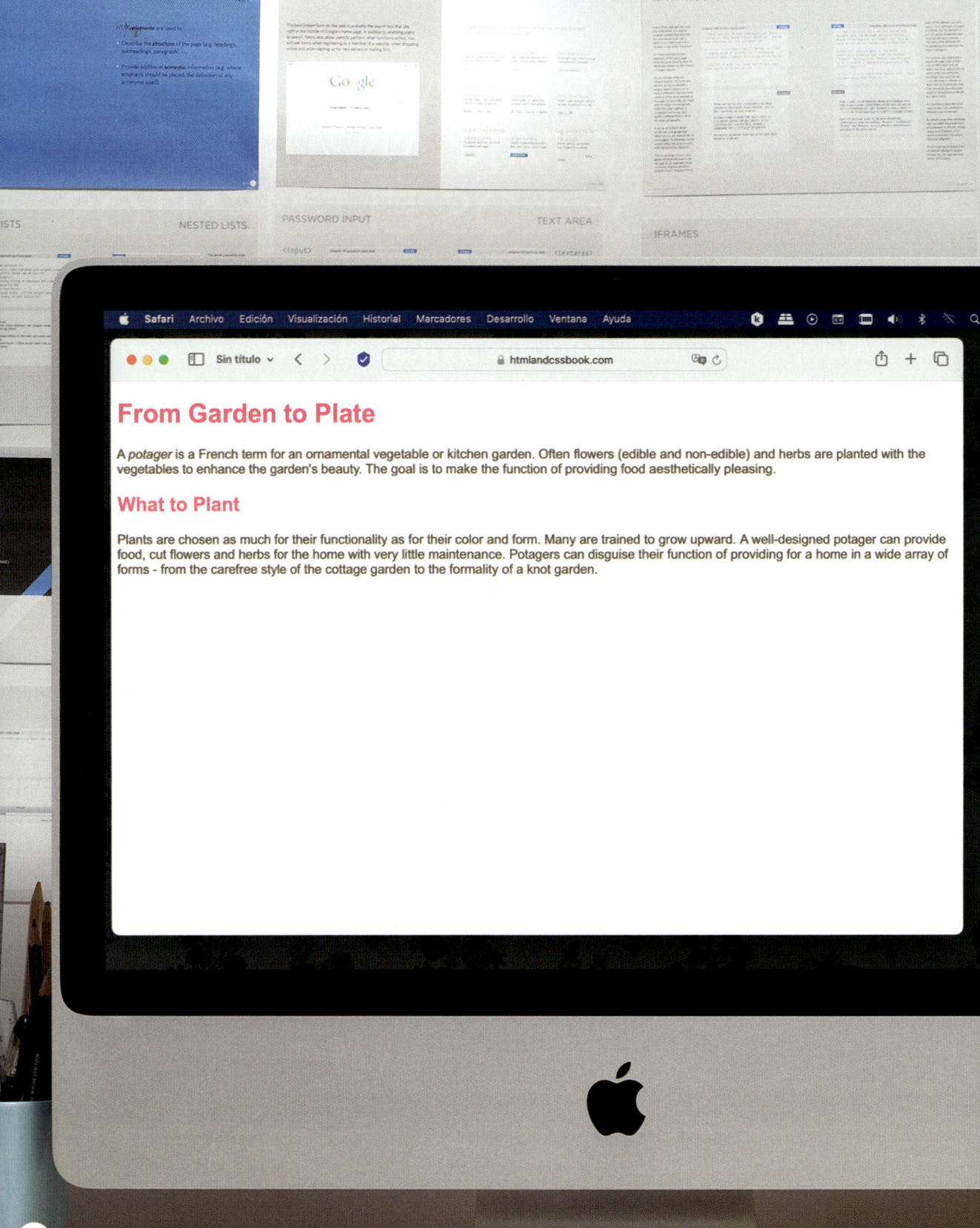

EJEMPLO
PRESENTACIÓN DE CSS

Aquí tenemos una sencilla página web a la que se ha aplicado estilo con CSS.

Este ejemplo emplea dos documentos: el archivo HTML (example.html) y un archivo CSS separado (example.css). La quinta línea del HTML usa el elemento <link> para indicar dónde se encuentra el archivo CSS.

En la siguiente página, veremos cómo también se pueden colocar reglas CSS en las páginas HTML y comentaremos cuándo conviene hacerlo.

```html
<!DOCTYPE html>
<html>
  <head>
    <title>Introducing CSS</title>
    <link href="css/example.css" type="text/css"
        rel="stylesheet" />
  </head>
  <body>
    <h1>From Garden to Plate</h1>
    <p>A <i>potager</i> is a French term for an
        ornamental vegetable or kitchen garden ... </p>
    <h2>What to Plant</h2>
    <p>Plants are chosen as much for their functionality
        as for their color and form ... </p>
  </body>
</html>
```

```css
body {
  font-family: Arial, Verdana, sans-serif;}
h1, h2 {
  color: #ee3e80;}
p {
  color: #665544;}
```

UTILIZAR CSS EXTERNAS

`<link>`

El elemento `<link>` puede emplearse en un documento HTML para indicar al navegador dónde encontrar el archivo CSS que sirve para dar estilo a la página. Es un elemento vacío (lo cual significa que no necesita etiqueta de cierre) y va dentro del elemento `<head>`. Debería usar tres atributos:

href

Esto especifica la ruta hasta el archivo CSS (usualmente ubicado en una carpeta llamada `css` o `styles`).

type

Este atributo especifica el tipo de documento que se está enlazando. El valor debería ser `text/css`.

rel

Esto especifica la relación entre la página HTML y el archivo con el que está vinculada. El valor debería ser `stylesheet` cuando se vincula a un archivo CSS.

Una página HTML puede usar más de una hoja de estilo CSS. Para ello, podría tener un elemento `<link>` para cada archivo CSS. Por ejemplo, algunos autores usan un archivo CSS para controlar la presentación (por ejemplo, fuentes y colores) y de un segundo para controlar la disposición.

chapter-10/using-external-css.html — HTML

```html
<!DOCTYPE html>
<html>
  <head>
    <title>Using External CSS</title>
    <link href="css/styles.css" type="text/css"
      rel="stylesheet" />
  </head>
  <body>
    <h1>Potatoes</h1>
    <p>There are dozens of different potato
      varieties. They are usually described as
      early, second early and maincrop.</p>
  </body>
</html>
```

chapter-10/styles.css — CSS

```css
body {
    font-family: arial;
    background-color: rgb(185,179,175);}
h1 {
    color: rgb(255,255,255);}
```

RESULTADO

Potatoes

There are dozens of different potato varieties. They are usually described as early, second early and maincrop potatoes.

UTILIZAR CSS INTERNAS

```
<!DOCTYPE html>
<html>
  <head>
    <title>Using Internal CSS</title>
    <style type="text/css">
      body {
          font-family: arial;
          background-color: rgb(185,179,175);}
      h1 {
          color: rgb(255,255,255);}
    </style>
  </head>
  <body>
    <h1>Potatoes</h1>
    <p>There are dozens of different potato
       varieties. They are usually described as
       early, second early and maincrop.</p>
  </body>
</html>
```

RESULTADO

Potatoes

There are dozens of different potato varieties. They are usually described as early, second early and maincrop potatoes.

En HTML 4 y XHTML transitorio, también se podía usar un atributo style en la mayoría de los elementos del cuerpo de una página. Las reglas CSS que aparecían dentro del valor del atributo solo se aplicaban a ese elemento. Ahora ya no se hace eso, lo menciono aquí por si lo encuentras en algún código viejo.

\<style\>

También podemos incluir reglas CSS dentro de una página HTML colocándolas dentro de un elemento \<style\>, que suele ir dentro del elemento \<head\> de la página.

El elemento \<style\> debería utilizar el atributo type para indicar que los estilos se especifican en CSS. El valor debería ser text/css.

Cuando se construye un sitio web con más de una página, conviene usar una hoja de estilo CSS externa, porque esto:

- Permite que todas las páginas usen las mismas reglas de estilo (en lugar de repetirlas en cada página).

- Mantiene el contenido separado del aspecto de la página.

- Significa que podemos cambiar los estilos empleados en todas las páginas modificando un solo archivo, en vez de cada página individual.

Este ejemplo cambia el color de un solo párrafo a rojo:

```
<p style="color:red;">
```

SELECTORES CSS

Hay muchos tipos distintos de selector CSS que permiten dirigir reglas a elementos concretos de un documento HTML.

La tabla de la siguiente página presenta los selectores CSS utilizados con más frecuencia.

En esta página, vemos un archivo HTML que muestra a qué elementos se aplicarían esos selectores CSS.

Los selectores CSS distinguen mayúsculas y minúsculas, así que deben coincidir exactamente con los nombres de elementos y los valores de atributos.

Hay selectores más avanzados que permiten seleccionar elementos basándose en atributos y sus valores. Los veremos en la página 289.

```
chapter-10/css-selectors.html                    HTML

<!DOCTYPE html>
<html>
  <head>
    <title>CSS Selectors</title>
  </head>
  <body>
    <h1 id="top">Kitchen Garden Calendar</h1>
    <p id="introduction">Here you can read our
      handy guide about what to do when.</p>
    <h2>Spring</h2>
    <ul>
      <li><a href="mulch.html">
            Spring mulch vegetable beds</a></li>
      <li><a href="potato.html">
            Plant out early potatoes</a></li>
      <li><a href="tomato.html">
            Sow tomato seeds</a></li>
      <li><a href="beet.html">
            Sow beet seeds</a></li>
      <li><a href="zucchini.html">
            Sow zucchini seeds</a></li>
      <li><a href="rhubarb.html">
            Deadhead rhubarb flowers</a></li>
    </ul>
    <p class="note">
      This page was written by
      <a href="mailto:ivy@example.org">
        ivy@example.org</a> for
      <a href="http://www.example.org">Example</a>.
    </p>
    <p>
      <a href="#top">Top of page</a>
    </p>
  </body>
</html>
```

SELECTOR	SIGNIFICADO	EJEMPLO
SELECTOR UNIVERSAL	Se aplica a todos los elementos del documento	`* {}` Se dirige a todos los elementos de la página
SELECTOR DE TIPO	Selecciona nombres de elementos	`h1, h2, h3 {}` Se dirige a los elementos `<h1>`, `<h2>` y `<h3>`

SELECTOR DE CLASE	Selecciona un elemento cuyo atributo `class` tiene un valor que coincide con el especificado después del símbolo del punto	`.note {}`
		Se dirige a cualquier elemento cuyo atributo `class` tenga un valor `note`
		`p.note {}`
		Se dirige solo a los elementos `<p>` cuyo atributo `class` tenga un valor `note`

SELECTOR DE ID	Selecciona un elemento cuyo atributo `id` tiene un valor que coincide con el especificado después de la almohadilla	`#introduction {}` Se dirige al elemento cuyo atributo `id` tenga un valor `introduction`
SELECTOR DE HIJOS	Selecciona un elemento que es descendiente directo de otro	`li>a {}` Se dirige a cualquier elemento `<a>` que sea hijo de un elemento `<li>` (pero no a otros elementos `<a>` de la página)
SELECTOR DE DESCENDIENTES	Selecciona un elemento que es descendiente de otro elemento especificado (no solo un descendiente directo)	`p a {}` Se dirige a cualquier elemento `<a>` que esté dentro de un elemento `<p>`, incluso aunque haya otros elementos anidados entre ellos
SELECTOR DE HERMANOS ADYACENTES	Selecciona un elemento que esté junto a su hermano	`h1+p {}` Se dirige al primer elemento `<p>` después de un elemento `<h1>` (pero no a otros elementos `<p>`)
SELECTOR GENERAL DE HERMANOS	Selecciona un elemento que es hermano de otro, aunque no sea el elemento que va junto a él	`h1~p {}` Si tuviésemos dos elementos `<p>` hermanos de un elemento `<h1>`, esta regla se aplicaría a ambos

CÓMO SE EJECUTAN EN CASCADA LAS REGLAS CSS

Si hay dos o más reglas que se apliquen a un mismo elemento, es importante entender cuál tendrá preferencia.

LA ÚLTIMA REGLA
Si los dos selectores son idénticos, el último tendrá preferencia. Aquí vemos que el segundo selector i tiene preferencia sobre el primero.

ESPECIFICIDAD
Si un selector es más específico que los demás, la regla más específica tiene preferencia sobre las más generales. En este ejemplo:

h1 es más específico que *
p b es más específico que p
p#intro es más específico que p

IMPORTANTE
Podemos añadir !important después de cualquier valor de una propiedad para indicar que debería considerarse más importante que otras reglas que se aplican al mismo elemento.

Entender cómo se ejecutan en cascada las reglas CSS implica poder escribir hojas de estilo más sencillas porque podemos crear reglas genéricas aplicables a la mayoría de los elementos y sustituir las propiedades de elementos individuales que requieren un aspecto diferente.

chapter-10/cascade.html

`HTML`

```html
<h1>Potatoes</h1>
<p id="intro">There are <i>dozens</i> of different
   <b>potato</b> varieties.</p>
<p>They are usually described as early, second early
   and maincrop potatoes.</p>
```

`CSS`

```css
* {
  font-family: Arial, Verdana, sans-serif;}
h1 {
  font-family: "Courier New", monospace;}
i {
  color: green;}
i {
  color: red;}
b {
  color: pink;}
p b {
  color: blue !important;}
p b {
  color: violet;}
p#intro {
  font-size: 100%;}
p {
  font-size: 75%;}
```

`RESULTADO`

Potatoes

There are *dozens* of different **potato** varieties.

They are usually described as early, second early and maincrop potatoes.

HERENCIA

chapter-10/inheritance.html

```
<div class="page">
  <h1>Potatoes</h1>
  <p>There are dozens of different potato
     varieties.</p>
  <p>They are usually described as early, second
     early and maincrop potatoes.</p>
</div>
```

CSS

```
body {
  font-family: Arial, Verdana, sans-serif;
  color: #665544;
  padding: 10px;}
.page {
  border: 1px solid #665544;
  background-color: #efefef;
  padding: inherit;}
```

RESULTADO

Potatoes

There are dozens of different potato varieties.

They are usually described as early, second early and maincrop potatoes.

Si especificamos las propiedades font-family o color en el elemento <body>, se aplicarán a todos los elementos hijos, ya que los hijos **heredan** el valor de la propiedad font-family. Esto nos evita tener que aplicar esas propiedades tantas veces como elementos haya, lo que da como resultado hojas de estilo más sencillas.

Podemos comparar esto con las propiedades background-color o border; estas **no las heredan** los elementos hijos. Si los heredasen todos, la página quedaría bastante desordenada.

Podemos hacer que muchas propiedades hereden valores de sus elementos primarios utilizando inherit para el valor de las propiedades. En este ejemplo, el elemento <div> con una clase llamada page hereda el tamaño de tamaño de relleno de la regla CSS que se aplica al elemento <body>.

¿POR QUÉ UTILIZAR HOJAS DE ESTILO EXTERNAS?

Al crear un sitio web, colocar las reglas CSS en una hoja de estilo aparte tiene muchas ventajas.

Todas las páginas de un sitio pueden compartir la misma hoja de estilo si utilizamos el elemento <link> de cada página HTML para vincularla al mismo documento CSS. Esto significa que no hay que repetir el mismo código en cada página, lo que nos da menos código y páginas HTML más pequeñas).

Así pues, una vez que el usuario ha descargado la hoja de estilo CSS, el resto del sitio web se cargará más deprisa. Además, si queremos hacer un cambio en el aspecto del sitio, solo precisaremos editar el archivo CSS y todas las páginas se actualizarán. Por ejemplo, podemos cambiar el estilo de todos los elementos <h1>

alterando la única hoja de estilo CSS en vez de cambiando las reglas CSS de cada página. El código HTML será más fácil de leer y editar porque no tiene muchas reglas CSS en el mismo documento. Por lo general, se considera una buena práctica tener el contenido del sitio separado de las reglas que determinan su aspecto.

A veces conviene colocar reglas CSS en la misma página que el código HTML.

Si vamos a crear una sola página, podemos poner las reglas en el mismo archivo para tener todo en un solo lugar. No obstante, muchos autores consideran mejor poner las CSS en un archivo aparte también en este caso.

Si tenemos una página que requiere unas cuantas reglas adicionales (que no se aplican al resto del sitio), puede ser interesante usar CSS en la misma página. Aunque, de nuevo, muchos autores consideran mejor práctica ponerlo en un archivo separado.

La mayoría de los ejemplos de este libro tienen las reglas CSS en el elemento <head> del documento (utilizando el elemento <style>) en lugar de en un documento aparte. Lo he hecho así sencillamente para que no tengas que abrir dos archivos para ver cómo funcionan los ejemplos de CSS.

DISTINTAS VERSIONES DE CSS Y PECULIARIDADES DE LOS NAVEGADORES

CSS1 salió en 1996 y CSS2 le siguió dos años después. La última versión, CSS3, salió en 1999 y, aunque está en constante evolución, no se espera un CSS4.

Igual que ha habido varias versiones de HTML, también ha habido versiones diferentes de CSS.

Aunque muchos consideran que CSS3 ya es la versión definitiva, sus características siguen evolucionando y no todos los navegadores implementan las novedades de inmediato, por lo que a veces podemos encontrarnos con que nuestro sitio web no se visualiza del mismo modo en todos los navegadores.

Cualquier usuario de CSS experimentado dirá que algunos navegadores muestran ciertas propiedades de CSS de forma inesperada. Pero descubrir y eliminar esos errores es fácil si sabes cómo hacerlo...

Antes de publicar un sitio nuevo, es importante probarlo en más de un navegador, pues puede haber pequeñas diferencias en cómo muestra cada uno las páginas.

No hacen falta un montón de ordenadores para probar un sitio, hay herramientas en línea, como https://www.browserstack.com/live, que nos muestran cómo quedará nuestra página en varios navegadores.

Es buena idea usarlas para probar el sitio en distintos sistemas operativos (PC, Mac y Linux) y en distintas versiones, nuevas y más antiguas, de los principales navegadores.

Al ver nuestro sitio en más de un navegador, podemos darnos cuenta de que algunos elementos no quedan como esperábamos.

Cuando una propiedad CSS no se muestra como debería, hablamos de **peculiaridad del navegador** o **error de CSS**.

En este libro comentamos algunos errores de navegador, pero hay muchos más pequeños que se producen en muy contadas ocasiones o en navegadores antiguos que ya no usa prácticamente nadie.

Si te topas con un error de CSS, usa tu motor de búsqueda preferido para encontrar una solución. También puedes echar un vistazo a estos sitios:

PositionIsEverything.net
QuirksMode.org

▶ CSS trata cada elemento HTML como si fuese en su propia caja y utiliza reglas para indicar qué aspecto debería tener ese elemento.

▶ Las reglas se componen de selectores (especifican los elementos a los que se aplica la regla) y declaraciones (indican el aspecto que deberían tener esos elementos).

▶ Hay distintos tipos de selectores que nos permiten dirigir las reglas a diferentes elementos.

▶ Las declaraciones tienen dos partes: las propiedades del elemento que queremos cambiar y los valores de esas propiedades. Por ejemplo, la propiedad `font-family` establece la elección de una fuente y el valor `arial` especifica Arial como la elegida.

▶ Las reglas de CSS suelen ir en un documento aparte, aunque pueden aparecer dentro de una página HTML.

11
COLOR

- ▸ Cómo especificar los colores.
- ▸ Terminología del color y contraste.
- ▸ Color de fondo.

El color puede dar vida a tus páginas.

En este capítulo, veremos:

- Cómo especificar colores, pues hay tres maneras habituales de indicar nuestra paleta de colores (además de las disponibles con CSS3).

- La terminología del color, porque conviene conocer algunos términos a la hora de elegir colores.

- El contraste, para asegurarnos de que el texto sea legible.

- Los colores de fondo para toda la página o para partes de esta.

Lo que veamos en este capítulo sobre los colores nos servirá también más adelante, cuando hablemos de los colores de texto y cajas en CSS.

COLOR DE PRIMER PLANO
color

La propiedad `color` permite especificar el color del texto de un elemento. Podemos hacer esto en CSS de tres maneras:

CON VALORES RGB

Expresan los colores en función de la cantidad de rojo, verde y azul utilizada para formarlos. Por ejemplo: `rgb(100,100,90)`.

CON CÓDIGOS HEX

Son códigos de seis dígitos que representan la cantidad de rojo, verde y azul de un color, precedidos por una almohadilla (#). Por ejemplo: `#ee3e80`.

NOMBRES DE LOS COLORES

Hay 147 nombres de colores predefinidos que reconocen los navegadores. Por ejemplo: `DarkCyan`.

Enseguida veremos estas tres formas de especificar colores con más detalle.

CSS3 también introdujo otra manera de especificar colores, llamada HSLA, que veremos al final de este capítulo.

chapter-11/foreground-color.html `CSS`

```css
/* color name */
h1 {
  color: DarkCyan;}
/* hex code */
h2 {
  color: #ee3e80;}
/* rgb value */
p {
  color: rgb(100,100,90);}
```

RESULTADO

Marine Biology

The Composition of Seawater

Almost anything can be found in seawater. This includes dissolved materials from Earth's crust as well as materials released from organisms. The most important components of seawater that influence life forms are salinity, temperature, dissolved gases (mostly oxygen and carbon dioxide), nutrients, and pH. These elements vary in their composition as well as in their influence on marine life.

Encima de cada regla CSS de este ejemplo, podemos ver cómo CSS permite añadir comentarios a los archivos. El navegador no interpretará nada que vaya entre los símbolos /* y */. En el ejemplo aparecen en gris.

El uso de comentarios puede ayudarnos a entender un archivo CSS (y organizarlo, dividiendo un documento largo en secciones). Aquí hemos usado comentarios para indicar el método utilizado para especificar cada uno de los tres tipos de colores.

background-color

COLOR DE FONDO

chapter-11/background-color.html

```
body {
  background-color: rgb(200,200,200);}
h1 {
  background-color: DarkCyan;}
h2 {
  background-color: #ee3e80;}
p {
  background-color: white;}
```

RESULTADO

Marine Biology

The Composition of Seawater

Almost anything can be found in seawater. This includes dissolved materials from Earth's crust as well as materials released from organisms. The most important components of seawater that influence life forms are salinity, temperature, dissolved gases (mostly oxygen and carbon dioxide), nutrients, and pH. These elements vary in their composition as well as in their influence on marine life.

CSS trata cada elemento HTML como si apareciese en una caja y la propiedad `background-color` establece el color de fondo para esa caja.

Podemos especificar nuestra elección del color de fondo igual que la del color de primer plano: con valores RGB, con códigos hex y con nombres de colores.

Si no especificamos un color de fondo, el fondo será transparente.

Por defecto, la mayoría de las ventanas del navegador tienen un fondo blanco, pero los usuarios pueden configurarlo con color, así que para asegurarnos de que el color de fondo sea blanco, podemos utilizar la propiedad `background-color` en el elemento `<body>`.

También hemos usado la propiedad `padding` para separar el texto de los bordes de las cajas. Así favorecemos la legibilidad. Veremos más sobre esta propiedad en la página 310.

ENTENDER EL COLOR

Cada color en una pantalla de ordenador se crea mezclando cantidades de rojo, verde y azul. Para encontrar el color que queremos, podemos usar un selector de color.

Los monitores de ordenador se componen de miles de cuadraditos llamados píxeles (si miras muy de cerca el monitor deberías poder verlos).

Cuando la pantalla no está encendida, es negra porque no emite ninguna luz. Cuando está encendida, cada píxel puede tener un color diferente, creando una imagen.

El color de cada píxel de la pantalla se expresa en términos de una mezcla de rojo, verde y azul, como cualquier pantalla de televisión.

Los programas de edición de imágenes, como Photoshop o GIMP, cuentan con herramientas de selección de color. Podemos ver los valores RGB especificados junto a los botones de opción que indican **R**, **G**, **B**.

El valor hex aparece junto a la almohadilla. También hay una herramienta de selección de color en colorschemedesigner.

VALORES RGB

Los valores para el rojo, el verde y el azul se expresan como números entre 0 y 255.

`rgb(102,205,170)`

Este color se compone de los siguientes valores:

102 rojo

205 verde

170 azul

CÓDIGOS HEX

Los valores hex representan el rojo, el verde y el azul en un código hexadecimal.

`#66cdaa`

El valor del rojo, 102, se expresa como 66 en código hexadecimal. El 205 del verde como `cd` y el 170 del azul equivale a `aa`.

NOMBRES DE LOS COLORES

Los colores se representan con nombres predefinidos, pero están muy limitados.

`MediumAquaMarine`

Hay 147 nombres de colores compatibles con los navegadores (este color es `MediumAquaMarine`). La mayoría de la gente considera esta paleta de colores muy limitada y es difícil recordar el nombre exacto de cada color, así que se usa mucho este sistema.

TONO

El tono se parece a la idea coloquial del color, pero técnicamente, un color puede tener saturación y brillo además de tono.

SATURACIÓN

La saturación hace referencia a la cantidad de gris en un color. En una saturación máxima, no habría gris en el color, mientras que en una saturación mínima el color sería prácticamente gris.

BRILLO

El brillo (o "valor") se refiere a cuánto negro hay en un color. En brillo máximo, no habría negro en el color. En brillo mínimo, el color sería muy oscuro.

CONTRASTE

Al elegir colores de fondo y primer plano, es importante asegurarse de que haya suficiente contraste para que el texto sea legible.

BAJO CONTRASTE	**ALTO CONTRASTE**	**CONTRASTE MEDIO**

El texto es más difícil de leer cuando hay poco contraste entre los colores de fondo y primer plano.

La falta de contraste supone un gran obstáculo para las personas daltónicas o con problemas de visión.

También afecta a los monitores de baja calidad o cuando da el sol a la pantalla (algo muy habitual al usar dispositivos móviles en exteriores).

Es más fácil leer el texto cuanto mayor sea el contraste entre los colores de fondo y de primer plano.

No obstante, si queremos que la gente lea mucho texto en una página, demasiado contraste también puede dificultar la lectura.

Para fragmentos de texto grandes, reducir un poco el contraste favorece la legibilidad.

Podemos reducir el contraste empleando un texto gris oscuro sobre un fondo blanco o un texto blanco crudo sobre un fondo oscuro.

Si invertimos los colores (un texto claro sobre un fondo oscuro), podemos aumentar el espacio entre líneas y el peso de la fuente para facilitar la lectura.

Para comprobar el contraste, hay una herramienta muy útil en línea: www.snook.ca/technical/colour_contrast/colour.html.

CSS3: OPACIDAD
opacity, rgba

```
p.one {
  background-color: rgb(0,0,0);
  opacity: 0.5;}
p.two {
  background-color: rgb(0,0,0);
  background-color: rgba(0,0,0,0.5);}
```

RESULTADO

RESULTADO EN NAVEGADOR ANTIGUO

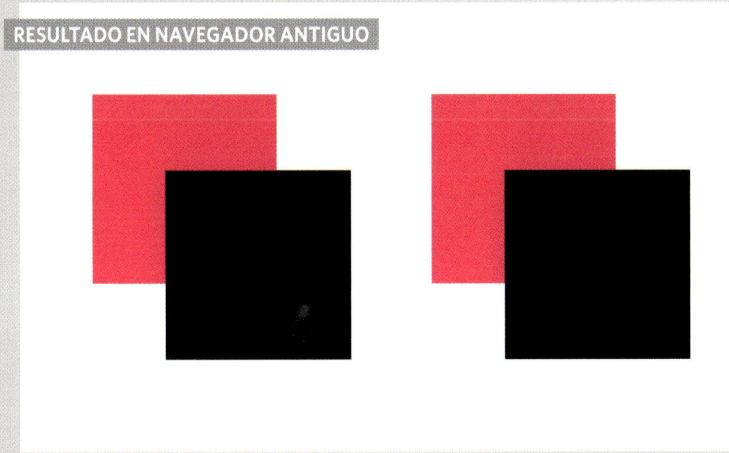

CSS3 introdujo la propiedad `opacity`, que permite especificar la opacidad de un elemento y cualquiera de sus hijos. El valor es un número entre 0.0 y 1.0 (así que un valor de 0.5 supone una opacidad del 50 % y 0.15 sería un 15 %).

La propiedad `rgba` de CSS3 permite especificar un color como haríamos con un valor RGB, pero añade un cuarto valor para indicar la opacidad. Este valor se denomina valor alfa y es un número entre 0.0 y 1.0 (de modo que 0.5 es un 50 % de opacidad y 0.15, un 15 %). El valor de `rgba` solo afectará al elemento al que se aplica (no a sus hijos).

Como algunos navegadores podrían no reconocer los colores RGBA, conviene tener un plan B para mostrar un color sólido. Si hay dos reglas que se aplican al mismo elemento, la última es la que tiene prioridad. Podemos especificar un color como código hex, nombre o valor RGB seguido por la regla que especifica un valor RGBA. Si el navegador entiende los colores RGBA, usará esa regla. De lo contrario, usará el valor RGB.

CSS3: COLORES HSL

CSS3 introdujo una manera intuitiva de especificar colores sirviéndose de valores de tono, saturación y brillo.

TONO

El tono es lo que coloquialmente llamamos color. En los colores HSL, el tono se representa a menudo como un círculo de colores donde el ángulo representa el color, aunque también puede presentarse como un deslizador con valores de 0 a 360.

SATURACIÓN

La saturación es la cantidad de gris en un color. Se representa como un porcentaje. El 100 % es la saturación completa y el 0 % un tono de gris.

LUMINOSIDAD

La luminosidad es la cantidad de blanco (luminosidad) o negro (oscuridad) en un color. Se representa como un porcentaje. Un 0 % de luminosidad es negro, un 100 % es blanco y un 50 % es normal.

Ten en cuenta que luminosidad y brillo son conceptos diferentes. El software de diseño gráfico (como Photoshop o GIMP) tiene selectores de color que usan tono, saturación y brillo, pero el brillo solo añade negro, mientras que la luminosidad ofrece blanco y negro.

CSS3: HSL & HSLA
hsl, hsla

```css
body {
  background-color: #C8C8C8;
  background-color: hsl(0,0%,78%);}
p {
  background-color: #ffffff;
  background-color: hsla(0,100%,100%,0.5);}
```

RESULTADO

Marine Biology

The Composition of Seawater

Almost anything can be found in seawater. This includes dissolved materials from Earth's crust as well as materials released from organisms. The most important components of seawater that influence life forms are salinity, temperature, dissolved gases (mostly oxygen and carbon dioxide), nutrients, and pH. These elements vary in their composition as well as in their influence on marine life.

La propiedad de color hsl se introdujo en CSS3 como manera alternativa de especificar colores. El valor de la propiedad empieza con las letras hsl, seguidas de valores individuales entre paréntesis para:

TONO
Se expresa como un ángulo (entre 0 y 360 grados).

SATURACIÓN
Se expresa como un porcentaje.

LUMINOSIDAD
Se expresa como porcentaje, siendo el 0 % blanco, el 50 % normal y el 100 % negro.

La propiedad de color hsla permite especificar las propiedades del color usando tono, saturación y luminosidad, como antes, y añade un cuarto valor que representa la transparencia (como la propiedad rgba). La a es de alfa.

ALFA
Se expresa como un número entre 0 y 1. Por ejemplo, 0.5 representa un 50 % de transparencia y 0.75, un 75 %.

Por si algún navegador antiguo no reconoce los valores HSL y HSLA, conviene añadir una regla adicional que especifique el color con un código hex, un valor RGB o un nombre. Debería ir antes de la regla que usa el valor HSL o HSLA.

Esto nos sirve de plan B porque si hay dos reglas que se aplican al mismo elemento en CSS, tiene prioridad la última, lo que significa que si el navegador entiende los colores HSL y HSLA utilizará esa regla; si no, usará la primera.

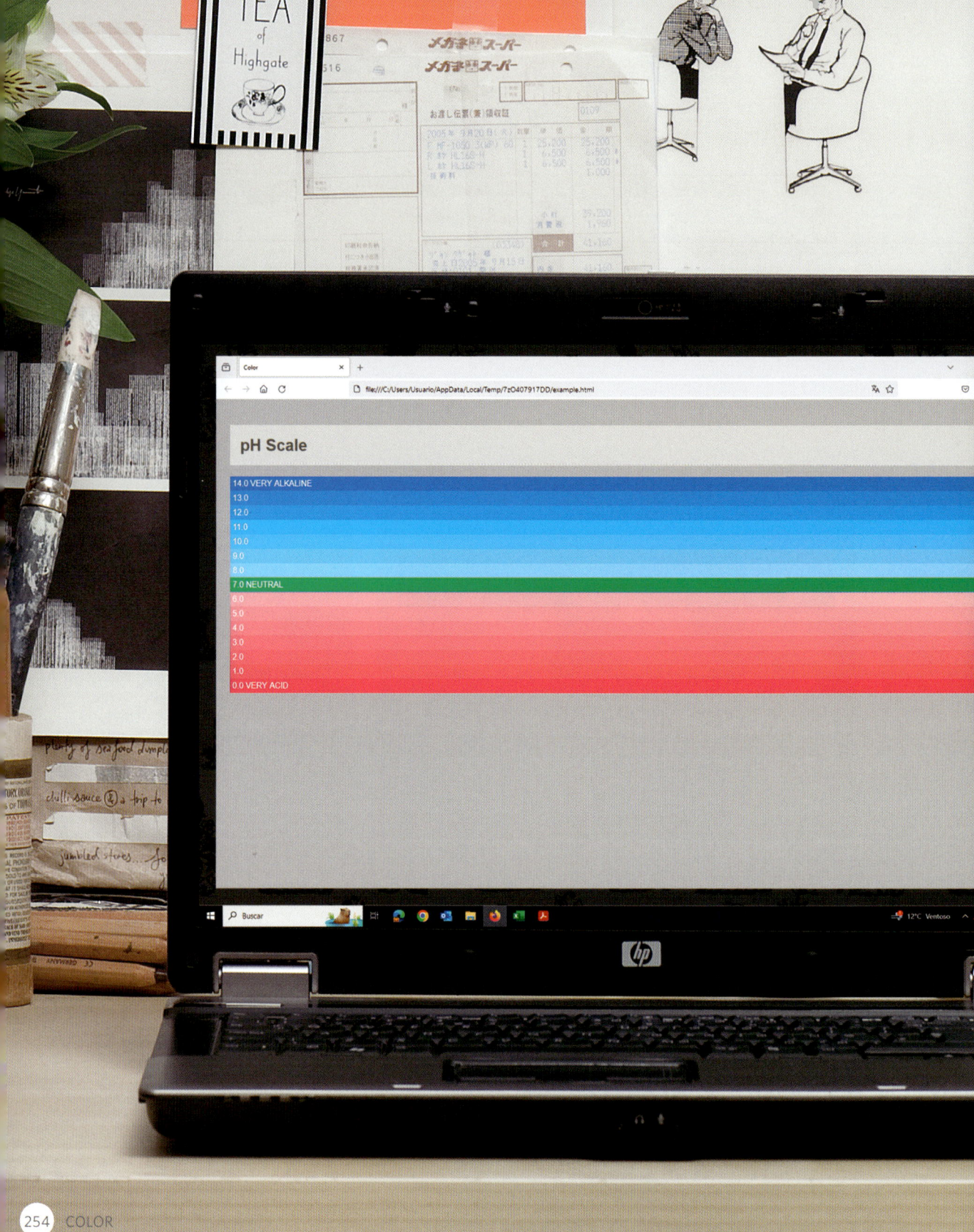

EJEMPLO
COLOR

Este ejemplo muestra una escala de pH para ilustrar las distintas maneras en las que podemos especificar colores en CSS (con nombres de colores, códigos hex y valores RGB o HSL).

La regla para el elemento `<body>` establece un color predeterminado para todo el texto y un color de fondo predeterminado para toda la página. En ambos casos se han utilizado nombres de colores.

La regla para el elemento `<h1>` configura el color del encabezado con un código hex. Hay dos valores para la propiedad `background-color` del elemento `<h1>`. El primero es un color de apoyo que usa el código hex y el segundo es un valor HSLA para navegadores compatibles.

Cada párrafo se muestra en un color diferente para representar la variedad de niveles de acidez o alcalinidad y esto se ha especificado con valores RGB.

El ejemplo también utiliza una propiedad llamada `margin` para reducir el espacio entre las cajas de párrafos y una propiedad `padding` para crear espacio entre el borde de las cajas y el texto de dentro. (Hablaremos de estas propiedades en las páginas 310-311).

EJEMPLO
COLOR

```
<!DOCTYPE html>
<html>
  <head>
    <title>Color</title>
    <style type="text/css">
      body {
        background-color: silver;
        color: white;
        padding: 20px;
        font-family: Arial, Verdana, sans-serif;}
      h1 {
        background-color: #ffffff;
        background-color: hsla(0,100%,100%,0.5);
        color: #64645A;
        padding: inherit;}
      p {
        padding: 5px;
        margin: 0px;}
      p.zero {
        background-color: rgb(238,62,128);}
      p.one {
        background-color: rgb(244,90,139);}
      p.two {
        background-color: rgb(243,106,152);}
      p.three {
        background-color: rgb(244,123,166);}
      p.four {
        background-color: rgb(245,140,178);}
      p.five {
        background-color: rgb(246,159,192);}
      p.six {
        background-color: rgb(245,176,204);}
      p.seven {
        background-color: rgb(0,187,136);}
      p.eight {
        background-color: rgb(140,202,242);}
      p.nine {
```

```
        background-color: rgb(114,193,240);}
      p.ten {
        background-color: rgb(84,182,237);}
      p.eleven {
        background-color: rgb(48,170,233);}
      p.twelve {
        background-color: rgb(0,160,230);}
      p.thirteen {
        background-color: rgb(0,149,226);}
      p.fourteen {
        background-color: rgb(0,136,221);}
    </style>
  </head>
  <body>
    <h1>pH Scale</h1>
    <p class="fourteen">14.0 VERY ALKALINE</p>
    <p class="thirteen">13.0</p>
    <p class="twelve">12.0</p>
    <p class="eleven">11.0</p>
    <p class="ten">10.0</p>
    <p class="nine">9.0</p>
    <p class="eight">8.0</p>
    <p class="seven">7.0 NEUTRAL</p>
    <p class="six">6.0</p>
    <p class="five">5.0</p>
    <p class="four">4.0</p>
    <p class="three">3.0</p>
    <p class="two">2.0</p>
    <p class="one">1.0</p>
    <p class="zero">0.0 VERY ACID</p>
  </body>
</html>
```

- El color no solo da vida a nuestro sitio, sino que transmite un estado de ánimo y provoca reacciones.

- Hay tres maneras de especificar colores en CSS: valores RGB, códigos hex y nombres de colores.

- Los selectores de color pueden ayudarnos a encontrar el color que queremos.

- Es importante asegurarse de que hay suficiente contraste entre los colores del texto y el fondo (de lo contrario no se leerá bien el contenido).

- CSS3 introdujo un valor extra para los colores RGB que indica la opacidad. Esto se conoce como RGBA.

- CSS3 también permite especificar colores como valores HSL, con un valor de opacidad opcional (HSLA).

12
TEXTO

▶ Tamaño y fuente del texto.
▶ Negrita, cursiva, mayúscula y subrayado.
▶ Espacio entre líneas, palabras y letras.

Las propiedades que permiten controlar el aspecto del texto pueden agruparse en dos categorías:

- Las que afectan directamente a la fuente y su aspecto (incluido el tipo de fuente, si es redonda, negrita o cursiva y el tamaño del texto).

- Las que tendrían el mismo efecto en el texto al margen de la fuente que estemos usando (incluido el color del texto y el espacio entre palabras y letras).

El formato del texto puede tener un efecto significativo en la legibilidad de nuestras páginas. Cuando abordemos estas propiedades, te daré algunos trucos de diseño sobre la apariencia del texto.

Briards

A HEART WRAPPED IN FUR

The briard, or berger de brie, is a large breed of dog traditionally used as a herder and guardian of sheep.

Breed History

The briard, which is believed to have originated in France, has been bred for centuries to herd and to protect sheep. The breed was used by the French Army as sentries, messengers and to search for wounded soldiers because of its fine sense of hearing. Briards were used in the First World War almost to the point of extinction. Currently the population of briards is slowly recovering. Charlemagne, Napoleon, Thomas Jefferson and Lafayette all owned briards.

by Ivy Duckett

TERMINOLOGÍA TIPOGRÁFICA

SERIF

Las fuentes serif tienen detalles adicionales en los extremos de los trazos principales de las letras. Estos detalles reciben el nombre de serifas.

SANS SERIF

Las fuentes sans-serif (o palo seco) tienen extremos rectos y, por tanto, un diseño mucho más limpio.

MONOESPACIADA

Cada letra de una fuente monoespaciada tiene la misma anchura (las no monoespaciadas tienen distintas anchuras).

En las impresiones se han utilizado tradicionalmente estas fuentes para pasajes de texto largos porque se consideraban más fáciles de leer.

Las pantallas tienen menos resolución que la impresión, por ello, si el texto es pequeño, será más fácil leer una fuente sin serifas.

Las fuentes monoespaciadas suelen usarse para código porque se alinean bien, haciendo que resulte más fácil seguir el texto.

The xyz

ASCENDENTE por encima
de la altura de mayúsculas

ALTURA DE MAYÚSCULAS parte
superior de letras planas en caja alta

DESCENDENTE por
debajo de la línea base

LÍNEA BASE línea sobre la
que se asientan las letras

ALTURA DE LA X altura de la letra x

PESO

Ligera (Light)

Media (Medium)

Negrita (Bold)

Negra (Black)

El peso de la fuente no solo
añade énfasis, sino que también
puede afectar a la cantidad
de espacio y contraste en una
página.

ESTILO

Normal

Itálica (Italic)

Oblicua (Oblique)

Las fuentes en itálica tienen un
aspecto de cursiva. Los estilos
oblicuos inclinan el estilo normal.

ANCHO

**Condensada
(Condensed)**

Regular

**Extendida
(Extended)**

En las versiones condensadas (o
estrechas) de la fuente, las letras
son más finas y van más juntas.
En las versiones expandidas,
son más gruesas y van más
separadas.

ELEGIR UNA TIPOGRAFÍA PARA UN SITIO WEB

Al elegir una tipografía, es importante entender que un navegador solo las mostrará si está instalada en el equipo del usuario.

SERIF

Las fuentes serif tienen detalles adicionales en los extremos de los trazos principales de las letras.

EJEMPLOS:

Georgia
Times
Times New Roman

SANS SERIF

Las fuentes sans-serif tienen extremos rectos y, por tanto, un diseño mucho más limpio.

EJEMPLOS:

Arial
Verdana
Helvetica

Como resultado, los sitios suelen usar un conjunto de fuentes instaladas en la mayoría de los ordenadores (las que aparecen arriba), aunque hay técnicas para superar esta limitación (las veremos en las páginas 268-269).

Se puede especificar más de una tipografía y crear un orden de preferencia (por si los usuarios no tienen la primera opción instalada). Esto suele denominarse **pila de fuentes**.

MONOESPACIADA

Cada letra de una fuente monoespaciada tiene la misma anchura. (Las no monoespaciadas tienen distintas anchuras).

EJEMPLOS:

Courier
Courier New

CURSIVA

Las fuentes en cursiva tienen trazos unidos u otras características de cursiva, como estilos caligráficos.

EJEMPLOS:

Comic Sans MS
Monotype Corsiva

FANTASÍA

Las fuentes de fantasía suelen ser decorativas y se usan a menudo para los títulos. No están diseñadas para cuerpos de texto grandes.

EJEMPLOS:

Impact
Haettenschweiler

Se supone que los navegadores son compatibles con al menos una de las tipografías de estos grupos. Por eso, es habitual añadir el nombre genérico de la fuente después de la tipografía elegida.

Por ejemplo, si queremos un tipo serif, podemos escribir esto:

```
font-family: Georgia, Times, serif;
```

TÉCNICAS QUE PERMITEN MÁS VARIEDAD DE TIPOGRAFÍAS

Hay varias formas de utilizar las fuentes, además de las recogidas en la página anterior. Sin embargo, las tipografías están sujetas a derechos de autor, por tanto, las técnicas entre las que elegir están limitadas por sus respectivas licencias.

FONT-FAMILY	FONT-FACE	FONT-FACE BASADA EN SERVICIOS
El equipo del usuario debe tener la fuente instalada. Se usa CSS para especificar el tipo de letra.	CSS especifica de dónde se puede descargar la fuente si no está instalada en el equipo.	Hay servicios comerciales que dan a los usuarios acceso a una gama más amplia de fuentes con `@font-face`.
SE COMENTA EN		
Páginas 270-271	Páginas 274-275	Páginas 274-275
PROBLEMAS		
Las opciones de tipos de letra que tienen la mayoría de usuarios instalados son limitadas.	El usuario tiene que descargar el archivo de la fuente, lo cual puede ralentizar la carga de la página web.	Hay una tasa que pagar por las licencias a los creadores de las fuentes.
LICENCIA		
No distribuimos el tipo de letra, así que no hay problemas de licencia.	La licencia para usar la fuente deber permitir su distribución con `@font-face`.	El servicio se ocupa de gestionar las licencias con los creadores de las fuentes.
ELECCIÓN DE TIPOS DE LETRA		
Las opciones son limitadas porque la fuente debe estar instalada en el dispositivo del usuario.	La elección es limitada porque hay pocas fuentes que se puedan distribuir así de manera gratuita.	Cada servicio ofrece una gama distinta de fuentes, en función de sus acuerdos con los creadores.

APTAS PARA CUALQUIER LONGITUD DE TEXTO

Si diseñas en Mac, es importante comprobar cómo quedan las fuentes en un PC porque estos pueden mostrar las fuentes con menos suavizado. Pero si diseñas en PC, el resultado debería quedar bien en Mac.

IMÁGENES	SIFR	CUFON
Podemos crear un gráfico que contenga el texto tal y como queramos que aparezca con un tipo de fuente diferente.	La fuente estaba incrustada en un vídeo Flash y JavaScript sustituía texto HTML específico por una versión flash del mismo.	Cufon ofrece una funcionalidad similar a la de sIFR. Usa JavaScript para crear una versión SVG o VML del texto.
SE COMENTA EN		
Páginas 106-107 y 116-120		
PROBLEMAS		
La gente que usa lectores de pantalla dependerá del texto alternativo para saber lo que se dice.	Desde la desaparición de Flash, este método ya no funciona.	Requiere JavaScript habilitado. Además, los usuarios no pueden seleccionar texto y el texto no puede cambiar cuando se pasa el ratón por encima.
LICENCIA		
Podemos usar cualquier tipo de letra para el que tengamos licencia en nuestro ordenador (porque no vamos a distribuirlo).	Muchos creadores comerciales de tipografías permitían esa técnica, aunque había que pagar más.	Algunos creadores permiten usar sus fuentes con CUFON, pero hay que comprobar la licencia.
ELECCIÓN DE TIPOS DE LETRA		
Muy amplia, porque podemos usar cualquier tipografía para la que tengamos licencia.	Este método ofrecía una amplia variedad porque la mayoría de los creadores de tipografías permitían ese uso.	Un poco menos variada que con sIFR, pues muchos creadores no se prestan a esta técnica.

NO APTAS PARA PASAJES DE TEXTO LARGOS

ESPECIFICAR UNA FUENTE
font-family

La propiedad `font-family` permite especificar la fuente que debería utilizarse para cualquier texto que se encuentra en los elementos a los que se aplica una regla CSS.

El valor de esta propiedad es el nombre de la fuente que queremos usar.

La gente que visite nuestro sitio necesitará tener la fuente especificada instalada en su equipo para poder verla.

Podemos especificar una lista de fuentes separadas por comas para que, si el usuario no dispone de la primera opción, el navegador pueda intentar usar una alternativa de la lista.

También es habitual terminar con un nombre genérico para ese tipo de fuente (como hemos visto en las páginas 266-267).

Si el nombre de la fuente tiene más de una palabra, habría que ponerla entre comillas dobles.

Los diseñadores dicen que las páginas quedan mejor si no utilizan más de tres fuentes diferentes.

Utilizaremos una versión ampliada del HTML de esta página para todos los ejemplos de este capítulo.

`chapter-12/font-family.html`   HTML + CSS

```html
<!DOCTYPE html>
<html>
  <head>
    <title>Font Family</title>
    <style type="text/css">
      body {
        font-family: Georgia, Times, serif;}
      h1, h2 {
        font-family: Arial, Verdana, sans-serif;}
      .credits {
        font-family: "Courier New", Courier,
          monospace;}
    </style>
  </head>
  <body>
    <h1>Briards</h1>
    <p class="credits">by Ivy Duckett</p>
    <p class="intro">The <a class="breed"
      href="http://en.wikipedia.org/wiki/
      Briard">briard</a>, or berger de brie, is
      a large breed of dog traditionally used as
      a herder and guardian of sheep...</p>
  </body>
</html>
```

RESULTADO

Briards

by Ivy Duckett

The briard, or berger de brie, is a large breed of dog traditionally used as a herder and guardian of sheep.

Breed History

The briard, which is believed to have originated in France, has been bred for centuries to herd and to protect sheep. The breed was used by the French Army as sentries, messengers and to search for wounded soldiers because of its fine sense of hearing. Briards were used in the First World War almost to the point of extinction. Currently the population of briards is slowly recovering. Charlemagne, Napoleon, Thomas Jefferson and Lafayette all owned briards.

TAMAÑO DE LA FUENTE
font-size

chapter-12/font-size.html

```css
body {
    font-family: Arial, Verdana, sans-serif;
    font-size: 12px;}
h1 {
    font-size: 200%;}
h2 {
    font-size: 1.3em;}
```

RESULTADO

Briards

by Ivy Duckett

The briard, or berger de brie, is a large breed of dog traditionally used as a herder and guardian of sheep.

Breed History

The briard, which is believed to have originated in France, has been bred for centuries to herd and to protect sheep. The breed was used by the French Army as sentries, messengers and to search for wounded soldiers because of its fine sense of hearing. Briards were used in the First World War almost to the point of extinction. Currently the population of briards is slowly recovering. Charlemagne, Napoleon, Thomas Jefferson and Lafayette all owned briards.

La propiedad font-size permite especificar un tamaño para la fuente. Hay varias maneras de hacerlo. Las más habituales son en píxeles, porcentajes o emes.

PÍXELES

Los píxeles se utilizan mucho porque permiten a los diseñadores web controlar el espacio exacto que ocupa su texto. El número de píxeles va seguido de las letras px.

PORCENTAJES

El tamaño predeterminado de un texto en los navegadores es de 16px. Así pues, un tamaño del 75 % sería el equivalente a 12px, y 200 % sería 32px.

Si creamos una regla para que todo el texto dentro del elemento <body> esté al 75 % del tamaño predeterminado (para ponerlo a 12px) y luego especificamos otra que indique que el contenido del elemento <body> debería ir al 75 %, el tamaño será 9px (el 75 % del tamaño de 12px).

EMES

Un espacio eme es el equivalente a la anchura de una letra m.

Veremos estas medidas con más detalle en la siguiente página.

ESCALAS TIPOGRÁFICAS

Es posible que te hayas dado cuenta de que programas como Word, Photoshop e InDesign ofrecen los mismos tamaños de texto.

Esto se debe a que están configurados en base a una escala o relación desarrollada por los tipógrafos europeos en el siglo XVI.

Se considera que esta escala tipográfica es agradable a la vista y por eso ha cambiado muy poco en más de 400 años.

Por este motivo, al diseñar páginas, usar tamaños de esta escala las hará más atractivas.

En la siguiente página, vemos cómo conseguir esta escala con píxeles, porcentajes y emes.

Los diseñadores de impresión suelen hablar del tamaño del texto en puntos en vez de en píxeles (de ahí el uso de la abreviatura pt en la escala de la derecha). Un píxel equivale, más o menos, a un punto, que corresponde a 1/72 de una pulgada (2,54 cm), y la mayoría de las pantallas de ordenador tienen una resolución de 72 puntos por pulgada.

El tamaño predeterminado del texto en un navegador es de 16 píxeles, así que si usamos porcentajes o emes, tenemos que calcular el tamaño deseado en base al predeterminado. Por ejemplo, podríamos reducir a 12 píxeles para el cuerpo de texto y ampliar a 24 para los títulos.

Algunos diseñadores web dejan el cuerpo de texto al tamaño predeterminado de 16 píxeles y ajustan los demás tamaños de fuente con una escala que mantenga las proporciones en relación con esta.

Cuando vemos el texto a 16 píxeles puede parecernos bastante grande. Sin embargo, una vez que te acostumbras a la tipografía más grande, a la mayoría de la gente le resulta más fácil leerla y al volver a una página cuya tipografía principal está a 12 píxeles se ve a menudo bastante pequeña.

8pt
9pt
10pt
11pt
12pt
14pt
18pt
24pt
36pt
48pt
60pt
72pt

UNIDADES DE TAMAÑO DE FUENTE

PÍXELES

ESCALA DE DOCE PÍXELES

h1	24px
h2	18px
h3	14px
body	12px

ESCALA DE DIECISÉIS PÍXELES

h1	32px
h2	24px
h3	18px
body	16px

PORCENTAJES

h1	200%
h2	150%
h3	117%
body	75%

h1	200%
h2	150%
h3	133%
body	100%

EMES

h1	1.5em
h2	1.3em
h3	1.17em
body	100%
p	0.75em

h1	2em
h2	1.5em
h3	1.125em
body	100%
p	1em

Configurar el tamaño de fuente en píxeles es la mejor manera de asegurarse de que la tipografía aparezca como queríamos (es más probable que los porcentajes y emes varíen si un usuario cambia el tamaño predeterminado del texto en su navegador).

Los píxeles son relativos a la resolución de la pantalla, así que el mismo tamaño de fuente parecerá más grande si la pantalla tiene una resolución de 800x600 que si es de 1280x800.

También podemos usar puntos (pt) en vez de píxeles (px), pero solo si estamos creando hojas de estilo para versiones imprimibles de las páginas.

El tamaño predeterminado del texto en un navegador web es 16 píxeles. Utilizando porcentajes de esta cantidad podemos crear una escala en la que el tamaño predeterminado del texto sea 12 píxeles y los encabezados sean más grandes en comparación.

Los usuarios pueden cambiar el tamaño predeterminado del texto en su navegador web. Si lo han hecho, las fuentes se mostrarán en la misma escala que quería el diseñador, pero en un tamaño mayor.

Los espacios eme permiten cambiar el tamaño del texto en relación con el tamaño del texto del elemento primario. Como el tamaño predeterminado de los navegadores es 16 píxeles, podemos usar reglas similares a las de los porcentajes.

Al cambiar el usuario el tamaño predeterminado del texto en su navegador, todas las fuentes podrían aparecer más grandes (o más pequeñas) de lo que pretendía el diseñador.

MÁS OPCIONES
DE FUENTES
@font-face

@font-face permite usar una fuente incluso aunque no esté instalada en el ordenador del usuario si especificamos una ruta a una copia de la fuente, que se descargará si no está ya en el dispositivo.

Como esta técnica permite que se descargue una versión de la fuente en el ordenador del usuario, es importante que su licencia permita utilizarla de este modo.

Añadimos la fuente a nuestra hoja de estilo con la regla @font-face, como se muestra a la derecha.

font-family

Esto especifica el nombre de la fuente, que podemos usar después como valor de la propiedad font-family en el resto de la hoja de estilo (como se muestra en la regla para los elementos <h1> y <h2>).

src

Esto especifica la ruta a la fuente. Para que esta técnica funcione en todos los navegadores, tendremos que especificar rutas a distintas versiones de la fuente, como se ve en la siguiente página.

format

Esto especifica el formato en el que se suministra la fuente. (Lo veremos con más detalle en la siguiente página).

```
chapter-12/font-face.html                          CSS

@font-face {
  font-family: 'ChunkFiveRegular';
  src: url('fonts/chunkfive.eot');}
h1, h2 {
  font-family: ChunkFiveRegular, Georgia, serif;}
```

RESULTADO

Briards

by Ivy Duckett

The briard, or berger de brie, is a large breed of dog traditionally used as a herder and guardian of sheep.

Breed History

The briard, which is believed to have originated in France, has been bred for centuries to herd and to protect sheep. The breed was used by the French Army as sentries, messengers and to search for wounded soldiers because of its fine sense of hearing. Briards were used in the First World War almost to the point of extinction. Currently the population of briards is slowly recovering. Charlemagne, Napoleon, Thomas Jefferson and Lafayette all owned briards.

Muchos creadores de fuentes no permiten usar así sus creaciones, pero se pueden utilizar libremente las fuentes de código abierto.

Puedes ver cuáles en sitios como www.fontsquirrel.com.

Al buscar fuentes, es importante comprobar el acuerdo de licencia de la fuente porque algunas son gratuitas solo para uso personal (es decir, no para usar en sitios web comerciales).

Hay sitios que dan acceso a fuentes comerciales porque negocian los permisos para permitir que sus clientes las empleen por una tarifa:

www.typekit.com

www.fontspring.com

Google también ofrece fuentes en abierto. En lugar de añadir la regla @font-face a nuestra hoja de estilo, enlazaremos un archivo CSS y a los archivos de las fuentes en sus servidores: www.google.com/webfonts.

ENTENDER LOS FORMATOS DE FUENTE

```css
@font-face {
  font-family: 'ChunkFiveRegular';
  src: url('fonts/chunkfive.eot');
  src: url('fonts/chunkfive.eot?#iefix')
       format('embedded-opentype'),
     url('fonts/chunkfive.woff') format('woff'),
     url('fonts/chunkfive.ttf')
      format('truetype'),
     url('fonts/chunkfive.svg#ChunkFiveRegular')
     format('svg');}
```

Los distintos navegadores soportan distintos formatos para fuentes (igual que soportan distintos formatos de vídeo y sonido), así que tendremos que proporcionar distintas variaciones de la fuente para llegar a todos los navegadores.

Si no tenemos todos estos formatos, podemos cargar la fuente a un sitio web llamado FontSquirrel donde la convertirán por nosotros: www.fontsquirrel.com/fontface/generator.

Font Squirrel también ofrece el código CSS para la regla @font-face, algo muy útil porque, cuando tratamos con varios formatos de fuente, las propiedades src y format de la regla @font-face pueden ser muy complicadas.

Puedes ver un ejemplo de una regla @font-face más compleja a la izquierda.

Los distintos formatos de fuente deberían aparecer en el código en este orden:

1 eot

2 woff

3 ttf/otf

4 svg

NAVEGADOR   FORMATO

NAVEGADOR	eot	woff	ttf / otf	svg
Chrome (todos)				●
Chrome 6+		●	●	●
Firefox 3.5			●	
Firefox 3.6+		●	●	
IE 5 - 8	●			
IE 9+	●	●	◖	
Opera 10+			●	●
Safari 3.1+			●	●
iOS <4.2				●
iOS 4.2+			●	●

Puesto que el navegador necesita descargar el archivo de la fuente para poder mostrarla, los usuarios podrían ver un fenómeno conocido como FOUC (*Flash of Unstyled Content*, Flash de contenido sin estilo) o FOUT (*Flash of Unstyled Tex*, Flash de texto sin estilo). Podemos intentar dos cosas para minimizar este comportamiento: borrar cualquier glifo innecesario de la fuente y/o alojar la fuente en una red de distribución de contenido (un tipo especial de alojamiento web que ofrece una distribución de archivos más rápida).

NEGRITA
font-weight

La propiedad `font-weight` permite crear texto en negrita. Hay dos valores que toma habitualmente:

normal

Hace que el texto aparezca con un peso normal.

bold

Hace que el texto aparezca con más peso. En este ejemplo, vemos que el elemento cuyo atributo `class` tiene el valor `credits` se ha puesto en negrita.

Es posible que te estés preguntando por qué hay un peso normal. Es porque si, por ejemplo, creamos una regla para el elemento `<body>` que indique que todo el texto debería aparecer en negrita, podríamos necesitar una opción que permita que determinados casos aparezcan con peso normal, así que se usa básicamente como un «interruptor de apagado».

`chapter-12/font-weight.html` `CSS`

```
.credits {
  font-weight: bold;}
```

`RESULTADO`

Briards

by Ivy Duckett

The [briard], or berger de brie, is a large breed of dog traditionally used as a herder and guardian of sheep.

Breed History

The briard, which is believed to have originated in France, has been bred for centuries to herd and to protect sheep. The breed was used by the French Army as sentries, messengers and to search for wounded soldiers because of its fine sense of hearing. Briards were used in the First World War almost to the point of extinction. Currently the population of briards is slowly recovering. Charlemagne, Napoleon, Thomas Jefferson and Lafayette all owned

ITÁLICA
font-style

chapter-12/font-style.html

```css
.credits {
  font-style: italic;}
```

RESULTADO

Briards

by Ivy Duckett

The briard, or berger de brie, is a large breed of dog traditionally used as a herder and guardian of sheep.

Breed History

The briard, which is believed to have originated in France, has been bred for centuries to herd and to protect sheep. The breed was used by the French Army as sentries, messengers and to search for wounded soldiers because of its fine sense of hearing. Briards were used in the First World War almost to the point of extinction. Currently the population of briards is slowly recovering. Charlemagne, Napoleon, Thomas Jefferson and Lafayette all owned briards.

Si queremos poner texto en itálica, podemos usar la propiedad font-style. Esta propiedad puede tomar tres valores:

normal

Hace que el texto aparezca en estilo normal (en oposición a itálica u oblicua).

italic

Hace que el texto aparezca en itálica.

oblique

Hace que el texto aparezca oblicuo.

En este ejemplo, vemos que los créditos están en itálica.

Tradicionalmente, la itálica era una versión estilizada de la fuente basada en la caligrafía, mientras que una versión oblicua lo que hace es inclinar la versión normal.

No es raro que el navegador no encuentre una versión itálica de una fuente, en cuyo caso utilizará un algoritmo para poner la versión normal inclinada, lo cual significa que buena parte del texto en línea en itálica es en realidad oblicuo.

MAYÚSCULAS Y MINÚSCULAS

text-transform

La propiedad `text-transform` sirve para cambiar la caja del texto dándole uno de los siguientes valores:

uppercase

Hace que el texto aparezca en caja alta.

lowercase

Hace que el texto aparezca en caja baja.

capitalize

Hace que la primera letra de cada palabra aparezca en mayúscula.

En este ejemplo, el elemento `<h1>` está en caja alta, el elemento `<h2>` en caja baja y los créditos con mayúscula inicial. En el HTML, la palabra *by* de los créditos va con b minúscula.

Si utilizas la opción `uppercase`, te conviene fijarte en la propiedad `letter-spacing` para aumentar el hueco entre letras, como se muestra en la página 281. Así mejorarás la legibilidad.

chapter-12/text-transform.html · CSS

```css
h1 {
  text-transform: uppercase;}
h2 {
  text-transform: lowercase;}
.credits {
  text-transform: capitalize;}
```

RESULTADO

BRIARDS

By Ivy Duckett

The briard, or berger de brie, is a large breed of dog traditionally used as a herder and guardian of sheep.

breed history

The briard, which is believed to have originated in France, has been bred for centuries to herd and to protect sheep. The breed was used by the French Army as sentries, messengers and to search for wounded soldiers because of its fine sense of hearing. Briards were used in the First World War almost to the point of extinction. Currently the population of briards is slowly recovering. Charlemagne, Napoleon, Thomas Jefferson and Lafayette all owned briards.

SUBRAYADO Y TACHADO
text-decoration

CSS   chapter-12/text-decoration.html

```css
.credits {
  text-decoration: underline;}
a {
  text-decoration: none;}
```

RESULTADO

Briards

by Ivy Duckett

The briard, or berger de brie, is a large breed of dog traditionally used as a herder and guardian of sheep.

Breed History

The briard, which is believed to have originated in France, has been bred for centuries to herd and to protect sheep. The breed was used by the French Army as sentries, messengers and to search for wounded soldiers because of its fine sense of hearing. Briards were used in the First World War almost to the point of extinction. Currently the population of briards is slowly recovering. Charlemagne, Napoleon, Thomas Jefferson and Lafayette all owned briards.

La propiedad text-decoration permite especificar los siguientes valores:

none

Quita cualquier decoración aplicada ya al texto.

underline

Añade una línea por debajo del texto.

overline

Añade una línea por encima del texto.

line-through

Añade una línea que atraviesa las palabras.

blink

Esto anima el texto para que parpadee (aunque no está muy bien visto, resulta bastante molesto).

En este ejemplo, los créditos están subrayados. El nombre de la raza (que es un enlace) no está subrayado, lo que podría ser una opción predeterminada por ser un enlace.

Los diseñadores usan esta propiedad habitualmente para quitar los subrayados que los navegadores ponen a los enlaces. Las páginas 287-288 muestran cómo añadir o quitar un subrayado cuando el usuario pasa por encima de un enlace.

INTERLINEADO
line-height

El interlineado es un término tipográfico que se refiere al espacio vertical entre líneas de texto. En una tipografía, la parte de una letra que cae por debajo de la línea base se denomina **descendente**, mientras que el punto más alto se denomina **ascendente**. El interlineado se mide desde la parte más baja del descendente de una línea hasta la parte más alta del ascendente de la siguiente línea.

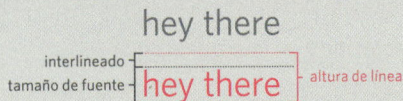

En CSS, la propiedad `line-height` establece la altura de una línea entera de texto, de manera que la diferencia entre el tamaño de fuente y la altura de línea equivale al interlineado (como se observa en el diagrama anterior).

Aumentar `line-height` aumenta el espacio vertical entre líneas de texto.

---

chapter-12/line-height.html | **CSS**

```css
p {
    line-height: 1.4em;}
```

RESULTADO

Briards

by Ivy Duckett

The briard, or berger de brie, is a large breed of dog traditionally used as a herder and guardian of sheep.

Breed History

The briard, which is believed to have originated in France, has been bred for centuries to herd and to protect sheep. The breed was used by the French Army as sentries, messengers and to search for wounded soldiers because of its fine sense of hearing. Briards were used in the First World War almost to the point of extinction. Currently the population of briards is slowly recovering. Charlemagne, Napoleon, Thomas Jefferson and Lafayette all owned briards.

RESULTADO MINUS CSS

Briards

by Ivy Duckett

The briard, or berger de brie, is a large breed of dog traditionally used as a herder and guardian of sheep.

Breed History

The briard, which is believed to have originated in France, has been bred for centuries to herd and to protect sheep. The breed was used by the French Army as sentries, messengers and to search for wounded soldiers because of its fine sense of hearing. Briards were used in the First World War almost to the point of extinction. Currently the population of briards is slowly recovering. Charlemagne, Napoleon, Thomas Jefferson and Lafayette all owned briards.

Incrementar la cantidad predeterminada de interlineado puede facilitar la lectura del texto. El espacio vertical entre líneas debería ser mayor que el espacio entre cada palabra, pues esto ayuda al ojo a moverse a lo largo de la línea en lugar de arriba abajo. Un buen punto de partida es de aproximadamente 1,4-1,5 emes. Como los usuarios pueden ajustar el tamaño predeterminado del texto en su navegador, el valor de la propiedad `line-height` se expresa mejor en emes que en píxeles, para que el espacio entre líneas sea relativo al tamaño de texto seleccionado por el usuario.

ESPACIO ENTRE LETRAS Y PALABRAS

letter-spacing, word-spacing

CSS chapter-12/letter-and-word-spacing.html

```css
h1, h2 {
  text-transform: uppercase;
  letter-spacing: 0.2em;}
.credits {
  font-weight: bold;
  word-spacing: 1em;}
```

El **interletraje** es el término tipográfico que designa el espacio entre cada letra. Podemos controlarlo con la propiedad letter-spacing.

Es muy conveniente aumentar el interletraje cuando un título o una oración está todo en mayúsculas. Si el texto aparece como una oración normal, aumentar o disminuir el interletraje puede dificultar la lectura.

También podemos controlar el espacio entre palabras con la propiedad word-spacing.

RESULTADO

BRIARDS

by   Ivy   Duckett

The briard, or berger de brie, is a large breed of dog traditionally used as a herder and guardian of sheep.

BREED HISTORY

The briard, which is believed to have originated in France, has been bred for centuries to herd and to protect sheep. The breed was used by the French Army as sentries, messengers and to search for wounded soldiers because of its fine sense of hearing. Briards were used in the First World War almost to the point of extinction. Currently the population of briards is slowly recovering. Charlemagne, Napoleon, Thomas Jefferson and Lafayette all owned briards.

Al especificar un valor para estas propiedades, debería expresarse en emes y añadirse, además del valor predeterminado especificado por la fuente.

El espacio predeterminado entre palabras viene determinado por la tipografía (por lo general, 0.25em) y no es probable que necesites cambiar esta propiedad con frecuencia. Si la fuente va en negrita o hemos aumentado el espacio entre letras, un mayor espacio entre las palabras favorecerá la legibilidad.

RESULTADO MINUS CSS

Briards

by Ivy Duckett

The briard, or berger de brie, is a large breed of dog traditionally used as a herder and guardian of sheep.

Breed History

The briard, which is believed to have originated in France, has been bred for centuries to herd and to protect sheep. The breed was used by the French Army as sentries, messengers and to search for wounded soldiers because of its fine sense of hearing. Briards were used in the First World War almost to the point of extinction. Currently the population of briards is slowly recovering. Charlemagne, Napoleon, Thomas Jefferson and Lafayette all owned briards.

ALINEADO
text-align

La propiedad `text-align` permite controlar el alineado del texto. Puede tomar uno de estos cuatro valores:

left

Indica que el texto debería ir alineado a la izquierda.

right

Indica que el texto debería ir alineado a la derecha.

center

Permite centrar el texto.

justify

Indica que cada línea de un párrafo, salvo la última, debe extenderse hasta ocupar toda la anchura del contenedor del texto.

Cuando tenemos varios párrafos de texto, se considera más legible el alineado a la izquierda.

Los textos justificados se fijan en las palabras de cada línea individual y crean un espacio igual entre esas palabras. Puede quedar raro si se crea demasiado hueco entre algunas palabras y espacios más pequeños entre otras. Esto suele ocurrir cuando las líneas no son muy anchas o cuando el texto contiene palabras largas.

`chapter-12/text-align.html` `CSS`

```
h1 {
  text-align: left;}
p {
  text-align: justify;}
.credits {
  text-align: right;}
```

`RESULTADO`

Briards

by Ivy Duckett

The briard, or berger de brie, is a large breed of dog traditionally used as a herder and guardian of sheep.

Breed History

The briard, which is believed to have originated in France, has been bred for centuries to herd and to protect sheep. The breed was used by the French Army as sentries, messengers and to search for wounded soldiers because of its fine sense of hearing. Briards were used in the First World War almost to the point of extinction. Currently the population of briards is slowly recovering. Charlemagne, Napoleon, Thomas Jefferson and Lafayette all owned briards.

ALINEADO VERTICAL
vertical-align

chapter-12/vertical-align.html

```css
#six-months {
   vertical-align: text-top;}
#one-year {
   vertical-align: baseline;}
#two-years {
   vertical-align: text-bottom;}
```

RESULTADO

Briard Life Stages

 Six months

 One year

 Two years

La propiedad vertical-align suele generar confusión. No tiene la finalidad de alinear el texto verticalmente en medio de elementos en bloque como `<p>` y `<div>`, aunque surte ese efecto cuando se usa con celdas de tabla (los elementos `<td>` y `<th>`).

Lo habitual es emplearla con elementos en línea, como `<img>`, `<em>` o `<strong>`. Cuando se utiliza con estos elementos, realiza una tarea muy similar al atributo align de HTML en el elemento `<img>`, que ya vimos en las páginas 110-113. Estos son los valores que puede tomar:

baseline
sub
super
top
text-top
middle
bottom
text-bottom

También puede tomar un valor length (por lo general expresado en píxeles o emes) o un **porcentaje** de la altura de línea.

TEXTO SANGRADO
text-indent

La propiedad `text-indent` permite sangrar la primera línea del texto dentro de un elemento. La cantidad de sangrado se puede especificar de varias maneras, pero normalmente se expresa en píxeles o emes.

Puede tener valor negativo, lo que significa que se puede usar para sacar texto de la ventana del navegador. Vemos esta técnica en el ejemplo, donde el elemento `<h1>` usa una imagen de fondo para representar el título. El texto se ha apartado a la izquierda, fuera de pantalla. (Veremos las imágenes de fondo en las páginas 410-415).

Nos interesa que el texto del título siga en la página (para los motores de búsqueda y para quienes no pueden ver la imagen), pero no queremos que se muestre encima del logotipo porque sería ilegible. Al moverlo 9.999 píxeles a la izquierda, queda fuera de la vista, pero sigue en el código HTML.

La segunda regla de este ejemplo sangra los créditos 20 píxeles a la derecha.

chapter-12/text-indent.html `CSS`

```css
h1 {
    background-image: url("images/logo.gif");
    background-repeat: no-repeat;
    text-indent: -9999px;}
.credits {
    text-indent: 20px;}
```

`RESULTADO`

by Ivy Duckett

The briard, or berger de brie, is a large breed of dog traditionally used as a herder and guardian of sheep.

Breed History

The briard, which is believed to have originated in France, has been bred for centuries to herd and to protect sheep. The breed was used by the French Army as sentries, messengers and to search for wounded soldiers because of its fine sense of hearing. Briards were used in the First World War almost to the point of extinction. Currently the population of briards is slowly recovering. Charlemagne, Napoleon, Thomas Jefferson and Lafayette all owned

CSS3: SOMBRA
text-shadow

CSS

```css
p.one {
  background-color: #eeeeee;
  color: #666666;
  text-shadow: 1px 1px 0px #000000;}
p.two {
  background-color: #dddddd;
  color: #666666;
  text-shadow: 1px 1px 3px #666666;}
p.three {
  background-color: #cccccc;
  color: #ffffff;
  text-shadow: 2px 2px 7px #111111;}
p.four {
  background-color: #bbbbbb;
  color: #cccccc;
  text-shadow: -1px -2px #666666;}
p.five {
  background-color: #aaaaaa;
  color: #ffffff;
  text-shadow: -1px -1px #666666;}
```

La propiedad text-shadow sirve para crear una sombra, que es una versión oscura y un poco desplazada de la palabra de detrás.

También puede usarse para crear un efecto de grabado añadiendo una sombra ligeramente más clara que el texto.

El valor de esta propiedad es bastante complicado porque puede tener tres longitudes y un color para la sombra.

La primera longitud indica cuánto a la izquierda o derecha debería caer la sombra.

El segundo valor indica la distancia hasta la parte superior o inferior donde debería caer la sombra.

El tercer valor es opcional y especifica la cantidad de desenfoque que debería aplicarse a la sombra.

El cuarto valor es el color de la sombra.

La propiedad text-shadow ha llegado a ser muy popular, aunque al principio no todos los navegadores eran compatibles con ella.

RESULTADO

The briard is known as a heart wrapped in fur.

The briard is known as a heart wrapped in fur.

The briard is known as a heart wrapped in fur.

The briard is known as a heart wrapped in fur.

The briard is known as a heart wrapped in fur.

PRIMERA LETRA O LÍNEA
:first-letter, :first-line

Podemos especificar distintos valores para la primera letra o línea del texto dentro de un elemento con :first-letter y :first-line.

Técnicamente, no son propiedades, sino lo que se conoce como **pseudoelementos**.

Especificamos los pseudoelementos al final del selector y, después, especificamos las declaraciones como haríamos normalmente con cualquier elemento.

Merece la pena que pruebes este ejemplo en tu navegador para que veas cómo el pseudoelemento first-line afecta solo a la primera línea de texto, incluso aunque redimensiones la ventana y aparezcan más o menos palabras en cada línea.

chapter-12/first-letter-and-line.html `CSS`

```css
p.intro:first-letter {
    font-size: 200%;}
p.intro:first-line {
    font-weight: bold;}
```

`RESULTADO`

Briards

by Ivy Duckett

The briard, or berger de brie, is a large breed of dog traditionally used as a herder and guardian of sheep.

Breed History

The briard, which is believed to have originated in France, has been bred for centuries to herd and to protect sheep. The breed was used by the French Army as sentries, messengers and to search for wounded soldiers because of its fine sense of hearing. Briards were used in the First World War almost to the point of extinction. Currently the population of briards is slowly recovering. Charlemagne, Napoleon, Thomas Jefferson and Lafayette all owned briards.

CSS cuenta con pseudoelementos y también con pseudoclases. Un pseudoelemento actúa como un elemento extra en el código. En el caso de :first-letter y :first-line, es como si hubiese un elemento adicional alrededor de la primera letra o la primera línea que puede tener sus propios estilos.

Una pseudoclase actúa como un valor extra para un atributo class. En el caso de :visited, que veremos en la siguiente página, nos permite tener distintos estilos para enlaces que ya se han visitado. Del mismo modo, la pseudoclase :hover permite dar un estilo diferente a los elementos cuando el usuario pasa el ratón por encima de ellos.

DAR ESTILO A LOS ENLACES
:link, :visited

```css
a:link {
  color: deeppink;
  text-decoration: none;}
a:visited {
  color: black;}
a:hover {
  color: deeppink;
  text-decoration: underline;}
a:active {
  color: darkcyan;}
```

RESULTADO

Dog Breeds: B

- Basset Hound
- Beagle
- Bearded Collie
- Beauceron
- Bedlington Terrier
- **Belgian Shepherd**
- Bergamasco
- Bichon Frise
- Bloodhound
- Bolognese
- Border Collie
- Border Terrier
- Borzoi
- Bouvier des Flandres
- **Briard**
- Bull Terrier
- Bulldog

Los navegadores tienden a mostrar los enlaces en azul y subrayados por defecto y los cambian de color cuando se han visitado para ayudar al usuario a saber en qué páginas ha estado ya.

En CSS, hay dos **pseudoclases** que permiten configurar distintos estilos para enlaces que todavía no se han visitado o que ya se han visitado.

:link

Esto permite configurar estilos para enlaces que todavía no se han visitado.

:visited

Esto permite configurar estilos para enlaces en los que ya se ha hecho clic.

Se usan habitualmente para controlar los colores de los enlaces y también si aparecen subrayados o no.

A la izquierda, tenemos los enlaces visitados en otro color para ayudar a los visitantes a saber cuáles han visto ya.

Con frecuencia, se utilizan las pseudoclases `:hover` y `:active` (detalladas en la siguiente página) para alterar el aspecto de un enlace cuando un usuario pasa el ratón por encima o hace clic.

RESPUESTA A LOS USUARIOS

:hover, :active, :focus

Hay tres pseudoclases que permiten cambiar el aspecto de elementos cuando un usuario interactúa con ellos.

:hover

Esto se aplica cuando un usuario pasa el ratón u otro dispositivo para apuntar por encima de un elemento. Se utiliza habitualmente para cambiar el aspecto de enlaces y botones cuando el usuario pasa el cursor por encima. Cabe destacar que esos eventos no funcionan en dispositivos con pantalla táctil (como el iPad) porque la pantalla no puede saber cuándo alguien está pasando el dedo por encima sin tocar un elemento.

:active

Esto se aplica cuando el usuario activa un elemento, por ejemplo, cuando se pulsa un botón o se hace clic en un enlace. A veces se utiliza para hacer que un botón o enlace parezcan más usados cambiando ligeramente el estilo o la posición del elemento.

:focus

Esto se aplica cuando un elemento tiene foco. Cualquier elemento con el que se pueda interactuar, como un enlace en el que puedas hacer clic o un control de formulario, puede tener foco.

El foco se da cuando un navegador descubre que estás listo para interactuar con un elemento de la página. Por ejemplo, cuando el cursor está en un cuadro de formulario esperando para empezar a escribir, se dice que ese elemento tiene foco. También se puede usar la tecla **Tab** para moverse por los elementos interactivos de una página. Cuando se utilizan pseudoclases, deberían aparecer en este orden: `:link`, `:visited`, `:hover`, `:focus`, `:active`.

```
chapter-12/hover-active-focus.html          CSS

input {
  padding: 6px 12px 6px 12px;
  border: 1px solid #665544;
  color: #ffffff;}
input.submit:hover {
  background-color: #665544;}
input.submit:active {
  background-color: chocolate;}
input.text {
  color: #cccccc;}
input.text:focus {
  color: #665544;}
```

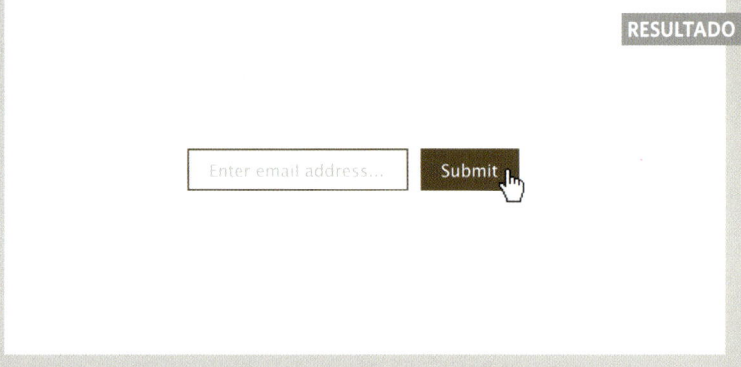

RESULTADO

SELECTORES
DE ATRIBUTOS

Ya vimos los selectores de CSS más populares en la página 235. También hay una serie de selectores de atributos que permiten crear reglas que se aplican a elementos que tienen un atributo con un valor específico.

SELECTOR	SIGNIFICADO	EJEMPLO
EXISTENCIA	[] Selecciona un atributo específico (sea cual sea su valor).	p[class] Se dirige a cualquier elemento <p> con un atributo llamado class.
IGUALDAD	[=] Selecciona un atributo específico con un valor específico.	p[class="dog"] Se dirige a cualquier elemento <p> con un atributo llamado class cuyo valor es dog.
ESPACIO	[~=] Selecciona un atributo específico cuyo valor aparece en una lista de palabras separadas por espacios.	p[class~="dog"] Se dirige a cualquier elemento <p> con un atributo class cuyo valor sea una lista de palabras separadas por espacios que incluya dog.
PREFIJO	[^=] Selecciona un valor específico cuyo valor empiece por una cadena concreta.	p[attr^"d"] Se dirige a cualquier elemento <p> con un atributo cuyo valor empiece por la letra "d".
SUBCADENA	[*=] Selecciona un atributo específico cuyo valor contiene una subcadena concreta.	p[attr*"do"] Se dirige a cualquier elemento <p> con un atributo cuyo valor contiene las letras "do".
SUFIJO	[$=] Selecciona un atributo específico cuyo valor termina con una cadena específica.	p[attr$"g"] Se dirige a cualquier elemento <p> con un atributo cuyo valor termina con la letra "g".

Briards

A HEART WRAPPED IN FUR

The briard, or berger de brie, is a large breed of dog traditionally used as a herder and guardian of sheep.

Breed History

The briard, which is believed to have originated in France, has been bred for centuries to herd and to protect sheep. The breed was used by the French Army as sentries, messengers and to search for wounded soldiers because of its fine sense of hearing. Briards were used in the First World War almost to the point of extinction. Currently the population of briards is slowly recovering. Charlemagne, Napoleon, Thomas Jefferson and Lafayette all owned briards.

by Ivy Duckett

EJEMPLO
TEXTO

Este ejemplo combina muchas de las técnicas explicadas en este capítulo.

El tamaño de las fuentes se controla con la propiedad `font-size`. Los títulos cambian de negrita a redonda usando la propiedad `font-weight`. También hemos especificado distintas opciones de fuente con la propiedad `font-family`.

El elemento `<h1>` utiliza la propiedad de CSS3 `text-shadow` para crear una sombra detrás. El elemento `<h2>` se ha puesto en mayúsculas con la propiedad `text-transform` y, para que resulte más fácil leer las mayúsculas, hemos aumentado el espacio entre las letras con la propiedad `letter-spacing`.

Para el cuerpo de texto principal, hemos aumentado la propiedad `line-height` para que haya más espacio entre líneas y sea más cómoda la lectura. En el primer párrafo, el pseudoelemento `first-line` nos ha permitido aplicar negrita a la primera línea de la introducción. Por último, la autoría va en itálica y está alineada a la derecha de la página.

EJEMPLO
TEXTO

```html
<!DOCTYPE html>
<html>
  <head>
    <title>Text</title>
    <style type="text/css">
      body {
        padding: 20px;}
      h1, h2, h3, a {
        font-weight: normal;
        color: #0088dd;
        margin: 0px;}
      h1 {
        font-family: Georgia, Times, serif;
        font-size: 250%;
        text-shadow: 2px 2px 3px #666666;
        padding-bottom: 10px;}
      h2 {
        font-family: "Gill Sans", Arial, sans-serif;
        font-size: 90%;
        text-transform: uppercase;
        letter-spacing: 0.2em;}
      h3 {
        font-size: 150%;}
      p {
        font-family: Arial, Verdana, sans-serif;
        line-height: 1.4em;
        color: #665544;}
      p.intro:first-line {
        font-weight: bold;}
      .credits {
        font-style: italic;
        text-align: right;}
      a {
        text-decoration: none;}
      a:hover {
        text-decoration: underline;}
    </style>
```

```
  </head>
  <body>
    <h1>Briards</h1>
    <h2>A Heart wrapped in fur</h2>
    <p class="intro">The <a class="breed" href="http://en.wikipedia.org/wikiBriard">
      briard</a>, or berger de brie, is a large breed of dog traditionally used as a
      herder and guardian of sheep.</p>
    <h3>Breed History</h3>
    <p>The briard, which is believed to have originated in France, has been bred for
      centuries to herd and to protect sheep. The breed was used by the French Army as
      sentries, messengers and to search for wounded soldiers because of its fine sense
      of hearing. Briards were used in the First World War almost to the point of
      extinction. Currently the population of briards is slowly recovering.
      Charlemagne, Napoleon, Thomas Jefferson and Lafayette all owned briards.</p>
    <p class="credits">by Ivy Duckett</p>
  </body>
</html>
```

▶ Hay propiedades para controlar la selección de fuente, tamaño, peso, estilo y espacio.

▶ Las opciones de fuentes que podemos suponer que todo el mundo tiene instaladas son limitadas.

▶ Si se quiere disponer de más variedad de fuentes, hay distintas opciones, pero se necesita una licencia para usarlas.

▶ Podemos controlar el espacio entre líneas de texto, letras individuales y palabras. También podemos alinear texto a la izquierda o a la derecha, centrarlo o justificarlo. Además, podemos sangrarlo.

▶ Podemos utilizar pseudoclases para cambiar el estilo de un elemento cuando un usuario pasa el ratón por encima de un texto o hace clic en él, o cuando ha visitado un enlace.

13
CAJAS

- ▶ Controlar el tamaño de las cajas.
- ▶ Bordes, margen y relleno.
- ▶ Mostrar y ocultar cajas.

Al principio de esta sección sobre CSS, vimos cómo CSS trata cada elemento HTML como si estuviese en su propia caja.

Podemos configurar varias propiedades que afectan al aspecto de estas cajas. En este capítulo veremos cómo:

- Controlar las dimensiones de las cajas.
- Crear bordes alrededor de las cajas.
- Establecer márgenes y relleno para las cajas.
- Mostrar y ocultar cajas.

Una vez que hayas aprendido a controlar la apariencia de cada caja, verás cómo colocarlas en tus páginas en el capítulo 15, cuando examinemos la disposición de la página.

DIMENSIONES DE CAJAS
width, height

Por defecto, una caja tiene un tamaño limitado a su contenido. Para establecer otras dimensiones, podemos utilizar las propiedades `height` y `width`.

Las formas más populares de especificar el tamaño de una caja son mediante píxeles, porcentajes y emes. Tradicionalmente, los píxeles son el método más habitual, porque permiten a los diseñadores controlar el tamaño con precisión.

Cuando usamos porcentajes, el tamaño de la caja es relativo al de la ventana del navegador y, si la caja va dentro de otra caja, es un porcentaje del tamaño de la caja contenedora.

Cuando usamos emes, el tamaño de la caja se basa en el del texto que tiene dentro. Los diseñadores empezaron a usar porcentajes y emes como medidas al intentar crear diseños flexibles que funcionen bien en dispositivos con pantallas de distinto tamaño.

En el ejemplo de la derecha, tenemos un elemento `<div>` contenedor de 300 píxeles de ancho por 300 píxeles de alto. Dentro, hay un párrafo que tiene el 75 % de la anchura y altura del contenedor. Esto significa que la caja del párrafo tiene 225 píxeles de ancho por 225 píxeles de alto.

chapter-13/width-height.html **HTML**

```html
<div>
  <p>The Moog company pioneered the commercial
    manufacture of modular voltage-controlled
    analog synthesizer systems in the early
    1950s.</p>
</div>
```

CSS

```css
div.box {
  height: 300px;
  width: 300px;
  background-color: #bbbbaa;}
p {
  height: 75%;
  width: 75%;
  background-color: #0088dd;}
```

RESULTADO

The Moog company pioneered the commercial manufacture of modular voltage-controlled analog synthesizer systems in the early 1950s.

LIMITAR LA ANCHURA
min-width,max-width

```
<tr>
  <td><img src="images/rhodes.jpg" width="200"
    height="100" alt="Fender Rhodes" /></td>
  <td class="description">The Rhodes piano is an
    electro-mechanical piano, invented by Harold
    Rhodes during the fifties and later
    manufactured in a number of models ...</td>
  <td>$1400</td>
</tr>
```

CSS

```
td.description {
  min-width: 450px;
  max-width: 650px;
  text-align: left;
  padding: 5px;
  margin: 0px;}
```

RESULTADO

Photo	Description	Price
	The Rhodes piano is an electro-mechanical piano, invented by Harold Rhodes during the fifties and later manufactured in a number of models, first in collaboration with Fender and after 1965 by CBS. It employs a piano-like keyboard with hammers that hit small metal tines, amplified by electromagnetic pickups.	$1400
	The Wurlitzer electric piano is an electro-mechanical piano, created by the Rudolph Wurlitzer Company of Mississippi. The Wurlitzer company itself never called the instrument an "electric piano", instead inventing the phrase "Electronic Piano" and using this as a trademark throughout the production of the instrument. It employs a piano-like keyboard with hammers that hit small metal tines, amplified by electromagnetic pickups.	$1600
	A Clavinet is an electronically amplified clavichord manufactured by the Hohner company. Each key uses a rubber tip to perform a hammer on a string. Its distinctive bright staccato sound is often compared to that of an electric guitar. Various models were produced over the years, including the models I, II, L, C, D6, and E7.	$1200

Algunos diseños de página se expanden o encogen para ajustarse al tamaño de la pantalla del usuario. En esos diseños, la propiedad min-width especifica el tamaño mínimo al que se puede mostrar una caja cuando la ventana del navegador es estrecha, y la propiedad max-width indica la anchura máxima que puede tener una caja cuando la ventana es ancha.

Son propiedades muy útiles para asegurarse de que el contenido de las páginas sea legible, sobre todo en las pantallas más pequeñas de los dispositivos móviles. Por ejemplo, podemos usar la propiedad max-width para asegurarnos de que las líneas de texto no queden demasiado anchas dentro de una ventana de navegador grande y la propiedad min-width para que no queden demasiado estrechas.

Te conviene probar este ejemplo en tu navegador para que veas lo que ocurre al aumentar o reducir el tamaño de la ventana.

LIMITAR LA ALTURA
min-height, max-height

Igual que puede interesarnos limitar la anchura de una caja en una página, también puede sernos útil limitar su altura. Lo haremos con las propiedades `min-height` y `max-height`.

El ejemplo de esta página muestra estas propiedades en acción. También ilustra lo que sucede cuando el contenido de la caja ocupa más espacio del especificado para ella.

Si la caja no es lo bastante grande para alojar el contenido y este se sale por fuera, puede quedar muy mal. Para controlar lo que ocurre cuando no hay suficiente espacio para el contenido de la caja, podemos utilizar la propiedad `overflow`, que veremos a continuación.

chapter-13/min-height-max-height.html `HTML`

```
<h2>Fender Mustang</h2>
<p>The Fender Mustang was introduced in 1964 as the
   basis of a major redesign of Fender's ...</p>
<h2>Fender Stratocaster</h2>
<p>The Fender Stratocaster or "Strat" is one of the
   most popular electric guitars of all time ...</p>
<h2>Gibson Les Paul</h2>
<p>The Gibson Les Paul is a solid body electric
   guitar that was first sold in 1952 ...</p>
```

`CSS`

```
h2, p {
  width: 400px;
  font-size: 90%;
  line-height: 1.2em;}
h2 {
  color: #0088dd;
  border-bottom: 1px solid #0088dd;}
p {
  min-height: 10px;
  max-height: 30px;}
```

`RESULTADO`

Fender Mustang

The Fender Mustang was introduced in 1964 as the basis of a major redesign of Fender's student models then consisting of the Musicmaster and Duo-Sonic. It was originally popular in sixties surf music and attained cult status in the 1990s largely as a result of its use by a number of alternative rock bands.

Fender Stratocaster

The Fender Stratocaster or "Strat" is one of the most popular electric guitars of all time, and its design has been copied by many guitar makers. It was designed by Leo Fender, George Fullerton and Fredie Tavares in 1954.

Gibson Les Paul

The Gibson Les Paul is a solid body electric guitar that was first sold in 1952. The Les Paul was designed by Ted McCarty in collaboration with popular guitarist Les Paul, whom Gibson enlisted to endorse the new model. It is one of the most well-known electric guitar types in the world.

CONTENIDO DESBORDADO
overflow

```html
<h2>Fender Stratocaster</h2>
<p class="one">The Fender Stratocaster or "Strat"
   is one of the most popular electric guitars of
   all time, and its design has been copied by many
   guitar makers. It was designed by Leo... </p>
<h2>Gibson Les Paul</h2>
<p class="two">The Gibson Les Paul is a solid body
   electric guitar that was first sold in 1952.
   The Les Paul was designed by Ted McCarty... </p>
```

CSS

```css
p.one {
  overflow: hidden;}
p.two {
  overflow: scroll;}
```

RESULTADO

Fender Stratocaster

The Fender Stratocaster or
"Strat" is one of the most
popular electric guitars of all
time, and its design has been
copied by many guitar makers.

Gibson Les Paul

The Gibson Les Paul is a
solid body electric guitar that
was first sold in 1952. The
Les Paul was designed by

La propiedad overflow dice
al navegador qué hacer si el
contenido de una caja es más
grande que la propia caja. Puede
tener dos valores:

hidden

Esta propiedad oculta el
contenido que no cabe en la caja.

scroll

Esta propiedad añade una barra
de desplazamiento para que los
usuarios puedan usarla para ver
el contenido que falta.

A la izquierda tenemos dos cajas
cuyo contenido se expande más
allá de sus dimensiones. El primer
ejemplo tiene la propiedad
overflow con el valor hidden. El
segundo, con el valor scroll.

La propiedad overflow es muy
útil porque algunos navegadores
permiten ajustar el tamaño
del texto para que se vea más
grande o más pequeño. Si la
configuración para el texto es
demasiado grande, la página
puede ser un desastre ilegible.
Ocultar el desbordamiento en
esas cajas ayuda a evitar que se
solapen elementos en la página.

BORDE, MARGEN Y RELLENO

Todas las cajas tienen tres propiedades que podemos controlar para ajustar su aspecto:

1

BORDE

2

MARGEN

3

RELLENO

Todas las cajas tienen borde, aunque no lo veamos si su anchura está configurada como 0 píxeles. El borde separa los extremos de una caja de los de otras.

Los márgenes están por fuera del borde. Podemos ajustar la anchura de un margen para crear espacio entre los bordes de dos cajas adyacentes.

El relleno es el espacio entre el borde de una caja y su contenido. Añadir relleno puede mejorar la legibilidad de ese contenido.

Si especificamos una anchura para una caja, los bordes, el margen y el relleno se añaden a esa anchura y altura.

ESPACIO EN BLANCO Y MARGEN VERTICAL

CON MARGEN Y RELLENO

Moog

Moog synthesisers were created by Dr. Robert Moog under the company name Moog Music. Popular models include the Moog Modular, Minimoog, Micromoog, Moog Rogue, and Moog Source.

ARP

ARP Instruments Inc. was set up by Alan Peralman, and was the main competitor for Moog during the 1970'x. Popular models include the Arp 2600 and the ARP Odyssey.

Sequential Circuits

Sequential Circuits Inc was founded by Dave Smith, and the company was pivotal in the creation of MIDI. Famous models include the Prophet 5, Prophet 600, and Pro-One.

SIN MARGEN NI RELLENO

Moog

Moog synthesisers were created by Dr. Robert Moog under the company name Moog Music. Popular models include the Moog Modular, Minimoog, Micromoog, Moog Rogue, and Moog Source.

ARP

ARP Instruments Inc. was set up by Alan Peralman, and was the main competitor for Moog during the 1970'x. Popular models include the Arp 2600 and the ARP Odyssey.

Sequential Circuits

Sequential Circuits Inc was founded by Dave Smith, and the company was pivotal in the creation of MIDI. Famous models include the Prophet 5, Prophet 600, and Pro-One.

Las propiedades `padding` y `margin` son muy útiles para añadir espacio entre varios elementos de una página.

Los diseñadores se refieren al hueco entre elementos de una página como espacio en blanco. Imagina que tienes un borde alrededor de la caja. No te

O imagina que tienes dos cajas juntas, cada una con un borde negro. Si los bordes se tocan, esa línea parecerá el doble de gruesa que las demás.

Si el margen inferior de cualquier caja toca el margen superior de otra, el navegador lo mostrará de una forma diferente a la que esperamos: solo mostrará el más

GROSOR DEL BORDE
border-width

La propiedad `border-width` sirve para controlar el grosor de un borde. El valor de esta propiedad puede expresarse en píxeles o con uno de los siguientes valores:

thin
medium
thick

Con esta propiedad, no es posible usar porcentajes.

Podemos controlar el tamaño de bordes individuales con cuatro propiedades independientes:

border-top-width
border-right-width
border-bottom-width
border-left-width

También podemos especificar distintos grosores para los cuatro valores del borde en una propiedad:

border-width: 2px 1px 1px 2px;

Aquí los valores aparecen en el sentido de las agujas del reloj: superior, derecho, inferior, izquierdo.

chapter-13/border-width.html `HTML`

```
<p class="one">Hohner's "Clavinet" is essentially an
    electric clavichord.</p>
<p class="two">Hohner's "Clavinet" is essentially an
    electric clavichord.</p>
<p class="three">Hohner's "Clavinet" is essentially
    an electric clavichord.</p>
```

`CSS`

```
p.one {
    border-width: 2px;}
p.two {
    border-width: thick;}
p.three {
    border-width: 1px 4px 12px 4px;}
```

`RESULTADO`

Hohner's "Clavinet" is essentially an electric clavichord.

Hohner's "Clavinet" is essentially an electric clavichord.

Hohner's "Clavinet" is essentially an electric clavichord.

ESTILO DEL BORDE
border-style

HTML

```
<p class="one">Wurlitzer Electric Piano</p>
<p class="two">Wurlitzer Electric Piano</p>
<p class="three">Wurlitzer Electric Piano</p>
<p class="four">Wurlitzer Electric Piano</p>
<p class="five">Wurlitzer Electric Piano</p>
<p class="six">Wurlitzer Electric Piano</p>
<p class="seven">Wurlitzer Electric Piano</p>
<p class="eight">Wurlitzer Electric Piano</p>
```

CSS

```
p.one {border-style: solid;}
p.two {border-style: dotted;}
p.three {border-style: dashed;}
p.four {border-style: double;}
p.five {border-style: groove;}
p.six {border-style: ridge;}
p.seven {border-style: inset;}
p.eight {border-style: outset;}
```

RESULTADO

Wurlitzer Electric Piano

Wurlitzer Electric Piano

Wurlitzer Electric Piano

Wurlitzer Electric Piano

Wurlitzer Electric Piano

Wurlitzer Electric Piano

Wurlitzer Electric Piano

Wurlitzer Electric Piano

Podemos controlar el estilo de un borde con la propiedad border-style. Esta propiedad puede tomar los siguientes valores:

solid: una única línea continua.

dotted: una serie de puntos cuadrados (si el borde tiene 2 píxeles de grosor, los puntos serán de 2 píxeles cuadrados con un espacio de 2 píxeles entre ellos).

dashed: una serie de líneas cortas.

double: dos líneas continuas (el valor de la propiedad border-width crea la suma de las dos líneas).

groove: parece tallado en la página.

ridge: parece salir de la página.

inset: parece incrustado en la página.

outset: parece que va a salirse de la pantalla.

hidden / none: no se muestra ningún borde.

Podemos cambiar individualmente los estilos de cada borde con

border-top-style
border-left-style
border-right-style
border-bottom-style

COLOR DEL BORDE
border-color

Podemos especificar el color del borde con valores RGB, códigos hex o nombres de color de CSS (como vimos en las páginas 248-249).

Se puede controlar de manera individual el color de los bordes de distintos lados de una caja con

border-top-color
border-right-color
border-bottom-color
border-left-color

También se puede usar un método abreviado para controlar los colores de los cuatro bordes en una única propiedad:

border-color: darkcyan deeppink darkcyan deeppink;

Aquí los valores van en el sentido de las agujas del reloj: superior, derecho, inferior, izquierdo.

También podemos usar valores HSL para especificar el color, como vimos en las páginas 252-253.

chapter-13/border-color.html

`HTML`

```
<p class="one">The ARP Odyssey was introduced in
    1972.</p>
<p class="two">The ARP Odyssey was introduced in
    1972.</p>
```

`CSS`

```
p.one {
    border-color: #0088dd;}
p.two {
    border-color: #bbbbaa #111111 #ee3e80 #0088dd;}
```

`RESULTADO`

The ARP Odyssey was introduced in 1972.

The ARP Odyssey was introduced in 1972.

MÉTODO ABREVIADO
border

La propiedad border permite especificar el grosor, el estilo y el color de un borde en una única propiedad. Los valores deben ir en ese orden en concreto.

HTML	chapter-13/border-shorthand.html

```html
<p>Here is a simple chord sequence played on a
   Hammond organ through a Leslie speaker.</p>
```

CSS

```css
p {
   width: 250px;
   border: 3px dotted #0088dd;}
```

RESULTADO

Here is a simple chord sequence played on a Hammond organ through a Leslie speaker.

RELLENO
padding

La propiedad padding permite especificar cuánto espacio debería verse entre el contenido de un elemento y su borde.

El valor de esta propiedad suele especificarse en píxeles, aunque también podemos hacerlo con porcentajes o emes. Si usamos un porcentaje, el relleno será un porcentaje de la ventana del navegador, o de la caja contenedora si la caja está dentro de otra.

Ten en cuenta que si se especifica una anchura para una caja, el relleno se añadirá a esa anchura.

Como verás, el segundo párrafo del ejemplo es mucho más fácil de leer porque hay espacio entre el texto y el borde de la caja. La caja es más ancha porque tiene relleno.

Podemos especificar distintos valores para cada lado de la caja:

padding-top
padding-right
padding-bottom
padding-left

O emplear un método abreviado con los valores en el sentido de las agujas del reloj: superior, derecho, inferior, izquierdo:

padding: 10px 5px 3px 1px;

chapter-13/padding.html `HTML`

```
<p>Analog synths produce a wave sound, whereas the
   sounds stored on a digital synth have been
   sampled and then turned into numbers.</p>
<p class="example">Analog synths produce a wave
   sound, whereas the sounds stored on a digital
   synth have been sampled and then ... </p>
```

`CSS`

```
p {
  width: 275px;
  border: 2px solid #0088dd;}
p.example {
  padding: 10px;}
```

`RESULTADO`

Analog synths produce a wave sound, whereas the sounds stored on a digital synth have been sampled and then turned into numbers.

Analog synths produce a wave sound, whereas the sounds stored on a digital synth have been sampled and then turned into numbers.

Los elementos hijos no heredan el valor de la propiedad padding como hacen con el valor color de la propiedad font-family; hay que especificar el relleno para cada elemento que lo necesite.

MARGEN
margin

HTML

```html
<p>Analog synthesizers are often said to have a
   "warmer" sound than their digital counterparts.
   </p>
<p class="example">Analog synthesizers are often
   said to have a "warmer" sound than their digital
   counterparts.</p>
```

CSS

```css
p {
  width: 200px;
  border: 2px solid #0088dd;
  padding: 10px;}
p.example {
  margin: 20px;}
```

RESULTADO

> Analog synthesizers are
> often said to have a
> "warmer" sound than their
> digital counterparts.

> Analog synthesizers are
> often said to have a
> "warmer" sound than their
> digital counterparts.

Los elementos hijos no heredan el valor de la propiedad `margin`, como hacen con el valor `color` de la propiedad `font-family`, así que deberemos especificar el margen para todos los elementos que necesiten usarlo.

La propiedad `margin` controla el hueco entre cajas. Su valor suele expresarse en píxeles, aunque también podemos hacerlo en porcentajes o emes.

Si una caja está encima de otra, los márgenes chocan, lo que significa que se usará el más grande de los dos y se desechará el más pequeño.

Ten en cuenta que, si se especifica la anchura de una caja, el margen se añade a esa anchura.

Podemos especificar valores para cada lado de una caja con

`margin-top`
`margin-right`
`margin-bottom`
`margin-left`

También podemos usar el método abreviado con los valores en el sentido de las agujas del reloj: superior, derecho, inferior, izquierdo:

`margin: 1px 2px 3px 4px;`

A veces, podemos encontrar lo siguiente, que significa que los márgenes deberían tener 10 píxeles a los lados y 20 píxeles arriba y abajo:

`margin: 10px 20px;`

Podemos aplicar el mismo método abreviado al relleno.

CENTRAR EL CONTENIDO

Si queremos centrar una caja en la página (o dentro de su contenedor), podemos establecer las propiedades `left-margin` y `right-margin` en `auto`.

Para centrar una caja en la página, hay que establecer una anchura para la caja; de lo contrario, ocupará todo el ancho de la página.

Una vez especificada la anchura de la caja, configurar los márgenes derecho e izquierdo hará que el navegador deje el mismo hueco a cada lado de la caja. De ese modo, la caja quedará centrada en la página (o dentro de su contenedor).

chapter-13/centering-content.html `HTML`

```html
<body>
  <p>Analog synthesizers are often said to have a
    "warmer" sound than their digital
    counterparts.</p>
  <p class="example">Analog synthesizers are often
    said to have a "warmer" sound than their
    digital counterparts.</p>
</body>
```

`CSS`

```css
body {
  text-align: center;}
p {
  width: 300px;
  padding: 50px;
  border: 20px solid #0088dd;}
p.example {
  margin: 10px auto 10px auto;
  text-align: left;}
```

`RESULTADO`

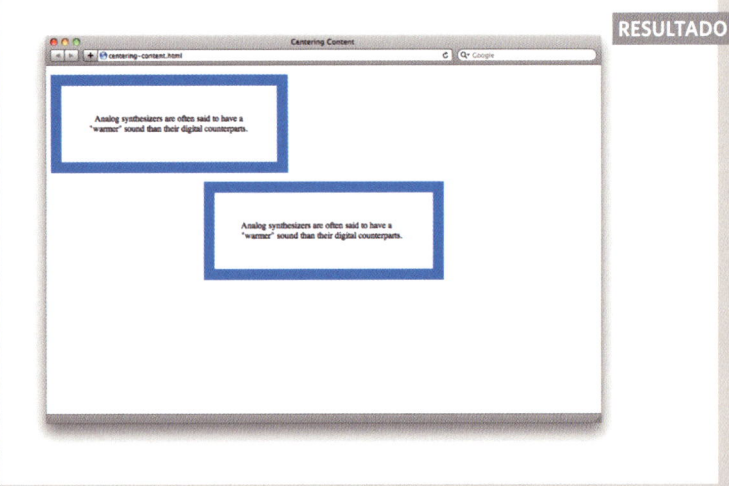

OCULTAR CAJAS
visibility

```html
<ul>
  <li>Home</li>
  <li>Products</li>
  <li class="coming-soon">Services</li>
  <li>About</li>
  <li>Contact</li>
</ul>
```

CSS

```css
li {
  display: inline;
  margin-right: 10px;}
li.coming-soon {
  visibility: hidden;}
```

RESULTADO

Home   Products   About   Contact

La propiedad visibility permite ocultar cajas a los usuarios, pero deja un espacio donde debería estar el elemento.

Esta propiedad puede tomar dos valores:

hidden
Oculta el elemento.

visible
Muestra el elemento.

Si la propiedad visibilty de un elemento está configurada como hidden, aparecerá un espacio en blanco en su lugar.

Si no quieres que aparezca un espacio en blanco, deberías usar la propiedad display con valor none (consulta la página anterior).

Ten en cuenta que cualquiera puede ver el contenido de un elemento oculto si mira el código fuente en su navegador.

CAMBIAR ELEMENTOS DE LÍNEA/BLOQUE

display

La propiedad display permite convertir un elemento de línea en uno de bloque y viceversa y también podemos usarlo para ocultar un elemento de la página.

Puede tomar los siguientes valores:

inline

Hace que un elemento a nivel de bloque se comporte como un elemento de línea.

block

Hace que un elemento de línea actúe como uno de bloque.

inline-block

Hace que un elemento de bloque fluya como un elemento de línea, pero manteniendo otras características propias de un bloque.

chapter-13/display.html

HTML

```html
<ul>
  <li>Home</li>
  <li>Products</li>
  <li class="coming-soon">Services</li>
  <li>About</li>
  <li>Contact</li>
</ul>
```

CSS

```css
li {
  display: inline;
  margin-right: 10px;}
li.coming-soon {
  display: none;}
```

none

Esto oculta un elemento de la página. En ese caso, el elemento actúa como si no estuviese en la página (aunque el usuario podría seguir viendo el contenido de la caja si mira el **código fuente**).

Si usas esta propiedad, es importante que tengas en cuenta que las cajas en línea **no** están pensadas para crear elementos de bloque.

Home   Products   About   Contact

En este ejemplo, tenemos una lista. Cada elemento se trata como un bloque, pero la regla para los elementos <li> indica que deberían tratarse como elementos de línea, lo que significa que irán seguidos en lugar de aparecer en línea nueva cada uno.

Esta técnica se emplea a menudo para la navegación de un sitio y, en este ejemplo, se ha añadido margen a la derecha de cada elemento para separarlos. La regla que se aplica a los elementos <li>, cuya clase es class is coming-soon, se ha ocultado como si no estuviese en la página.

CSS3: IMÁGENES COMO BORDE
border-image

La propiedad border-image aplica una imagen al borde de cualquier caja. Toma una imagen de fondo y la parte en nueve trozos.

Esta es la imagen. He añadido marcas por donde se parte en el ejemplo, tomando 18 píxeles desde cada esquina para colocar un círculo entero en cada una. Los trozos de las esquinas siempre aparecen en las esquinas de la caja, pero podemos elegir si los lados se estiran o se repiten.

Esta propiedad requiere tres datos:

1. La URL de la imagen.
2. Por dónde cortar la imagen.
3. Qué hacer con los bordes rectos. Estas son las opciones:
   stretch estira la imagen.
   repeat repite la imagen.
   round es como repetir, pero si las piezas no se ajustan a la perfección, escala la imagen para que lo hagan

La caja debe tener una anchura para que se muestre la imagen.

Las propiedades -moz-border-image y -webkit-border-image no están en la especificación CSS pero ayudan a los navegadores antiguos a mostrar este efecto.

chapter-13/border-image.html · HTML

```
<p class="one"></p>
<p class="two"></p>
<p class="three"></p>
```

CSS

```
p.one {
  -moz-border-image: url("images/dots.gif")
    11 11 11 11 stretch;
  -webkit-border-image: url("images/dots.gif")
    11 11 11 11 stretch;
  border-image: url("images/dots.gif")
    11 11 11 11 stretch;}
p.two {
  -moz-border-image: url("images/dots.gif")
    11 11 11 11 round;
  -webkit-border-image: url("images/dots.gif")
    11 11 11 11 round;
  border-image: url("images/dots.gif")
    11 11 11 11 round;}
```

RESULTADO

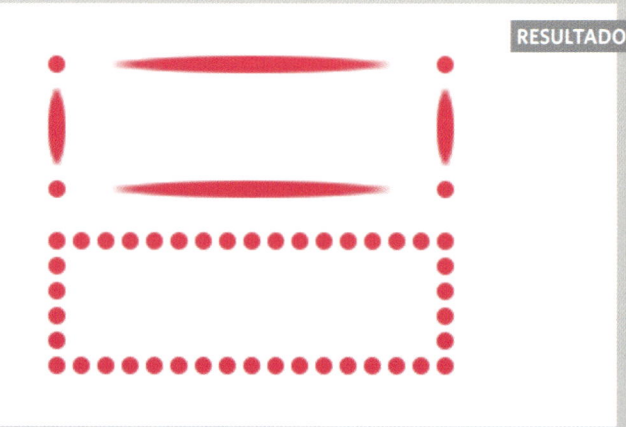

CSS3: SOMBRAS DE CAJAS
box-shadow

```css
p.one {
  -moz-box-shadow: -5px -5px #777777;
  -webkit-box-shadow: -5px -5px #777777;
  box-shadow: -5px -5px #777777;}
p.two {
  -moz-box-shadow: 5px 5px 5px #777777;
  -webkit-box-shadow: 5px 5px 5px #777777;
  box-shadow: 5px 5px 5px #777777;}
p.three {
  -moz-box-shadow: 5px 5px 5px 5px #777777;
  -webkit-box-shadow: 5px 5px 5px 5px #777777;
  box-shadow: 5px 5px 5px 5px #777777;}
p.four {
  -moz-box-shadow: 0 0 10px #777777;
  -webkit-box-shadow: 0 0 10px #777777;
  box-shadow: 0 0 10px #777777;}
p.five {
  -moz-box-shadow: inset 0 0 10px #777777;
  -webkit-box-shadow: inset 0 0 10px #777777;
  box-shadow: inset 0 0 10px #777777;}
```

La propiedad `box-shadow` permite añadir una sombra alrededor de una caja. Funciona como la propiedad `text-shadow` que vimos en la página 285. Debe usar al menos el primero de estos valores además de un color:

DESPLAZAMIENTO HORIZONTAL
Los valores negativos colocan la sombra a la izquierda de la caja.

DESPLAZAMIENTO VERTICAL
Los valores negativos colocan la sombra encima de la caja.

DISTANCIA DE DIFUMINADO
Si se omite, la sombra es una línea sólida, como un borde.

ALCANCE DE LA SOMBRA
Si se utiliza, un valor positivo hará que la sombra se expanda en todas las direcciones y un valor negativo hará que se contraiga.

Se puede usar la palabra clave `inset` antes de estos valores para crear una sombra interior.

Las propiedades `-moz-box-shadow` y `-webkit-box-shadow` no están en la especificación CSS, pero pueden ayudar a que este estilo funcione en todos los navegadores.

RESULTADO

CSS3: ESQUINAS REDONDEADAS
border-radius

CSS3 introdujo la posibilidad de crear esquinas redondeadas para cualquier caja con la propiedad `border-radius`. El valor indica el tamaño del radio en píxeles.

Si un navegador no es compatible con esta propiedad, mostrará la caja con esquinas en ángulo recto.

Las propiedades `-moz-border-radius` y `-webkit-border-radius` no están en la especificación CSS, pero permiten que las versiones más antiguas de Chrome, Firefox y Safari sean compatibles con este estilo.

Podemos especificar valores individuales para cada esquina con:

`border-top-right-radius`
`border-bottom-right-radius`
`border-bottom-left-radius`
`border-top-left-radius`

También podemos usar un método abreviado para las cuatro propiedades, con los valores en el sentido de las agujas del reloj: superior, derecha, inferior, izquierda. Por ejemplo:

`border-radius: 5px, 10px, 5px, 10px;`

HTML   chapter-13/border-radius.html

```
<p>Pet Sounds featured a number of unconventional
   instruments such as bicycle bells, buzzing
   organs, harpsichords, flutes, Electro-Theremin,
   dog whistles, trains, Hawaiian-sounding string
   instruments, Coca-Cola cans and barking dogs.</p>
```

CSS

```
p {
   border: 5px solid #cccccc;
   padding: 20px;
   width: 275px;
   text-align: center;
   border-radius: 10px;
   -moz-border-radius: 10px;
   -webkit-border-radius: 10px;}
```

RESULTADO

Pet Sounds featured a number of unconventional instruments such as bicycle bells, buzzing organs, harpsichords, flutes, Electro-Theremin, dog whistles, trains, Hawaiian-sounding string instruments, Coca-Cola cans and barking dogs.

CSS3: FORMAS ELÍPTICAS
border-radius

chapter-13/elliptical-shapes.html

```html
<p class="one"></p>
<p class="two"></p>
<p class="three"></p>
```

CSS

```css
p.one {
  border-top-left-radius: 80px 50px;
  -moz-border-radius-top-left: 80px 50px;
  -webkit-border-radius-top-left: 80px 50px;}
p.two {
  border-radius: 1em 4em 1em 4em / 2em 1em 2em 1em;
  -moz-border-radius: 1em 4em 1em 4em
    / 2em 1em 2em 1em;
  -webkit-border-radius:  1em 4em 1em 4em
    / 2em 1em 2em 1em;}
p.three {
  padding: 0px;
  border-radius: 100px;
  -moz-border-radius: 100px;
  -webkit-border-radius: 100px;}
```

RESULTADO

Para crear formas más complejas, podemos especificar distancias diferentes para las partes vertical y horizontal de las esquinas redondeadas.

Por ejemplo, esto creará un radio más ancho que alto:

`border-radius: 80px 50px;`

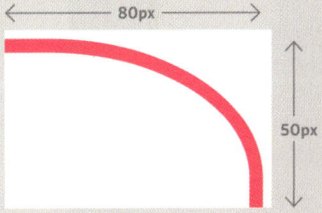

Podemos dirigirnos solo a una esquina empleando sus propiedades individuales:

`border-top-left-radius: 80px 50px;`

También hay un método abreviado para actuar sobre las cuatro esquinas a la vez; primero especificamos los cuatro valores horizontales y luego los cuatro verticales, como se muestra en la segunda forma de la izquierda.

Podemos incluso crear un círculo cogiendo una caja cuadrada y haciendo que la altura de `border-radius` sea la del cuadrado, como en la tercera forma de la izquierda.

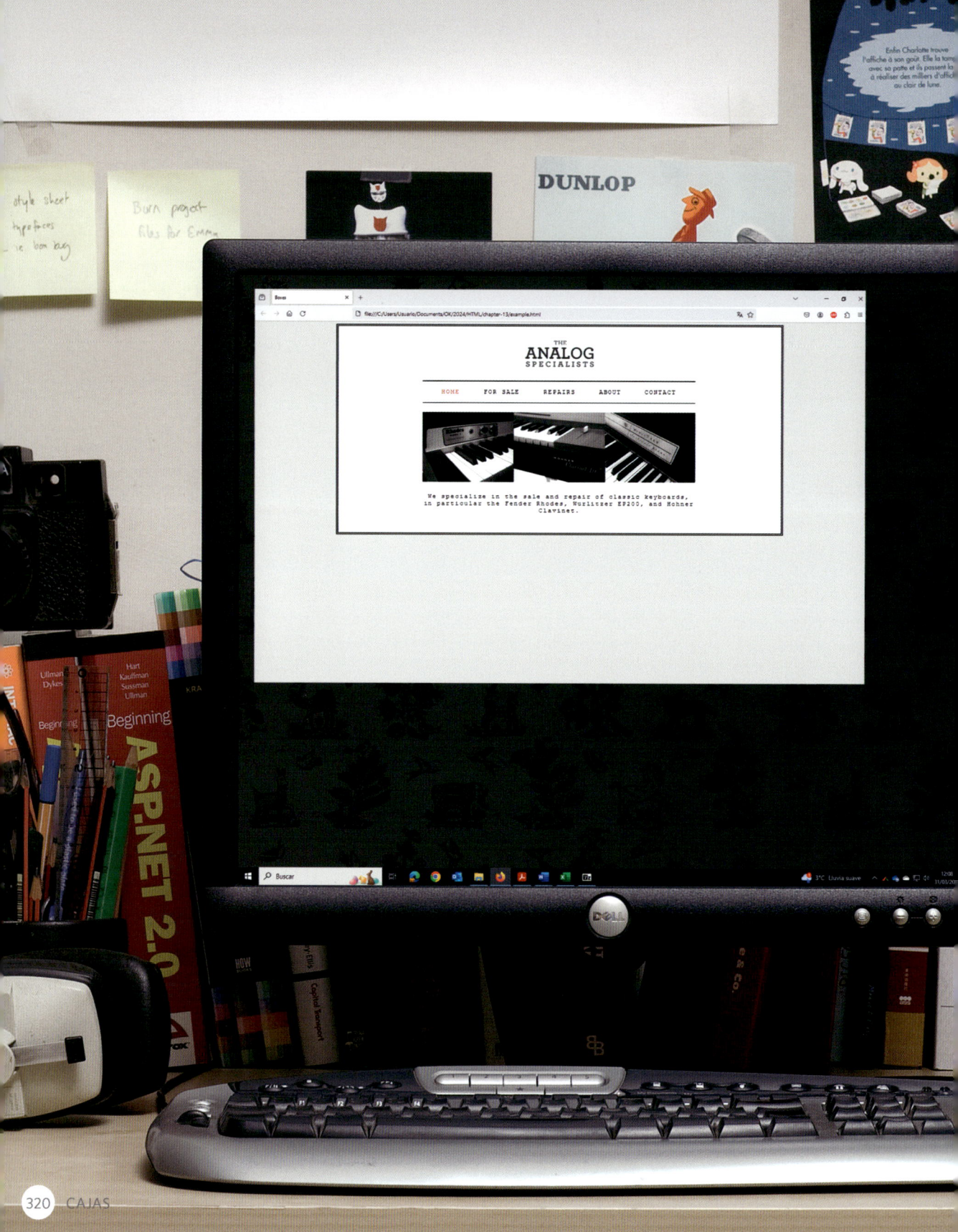

EJEMPLO
CAJAS

En este ejemplo, vemos una sencilla página de inicio para una tienda de música.

Toda la página está contenida en un elemento <div> con un id de página. Se ha centrado dando a la propiedad margin un valor auto para los márgenes derecho e izquierdo. El logotipo y otro contenido se han centrado con la misma técnica.

El <div> principal tiene un borde con doble línea alrededor y el tamaño de esa caja se expandirá o contraerá si se redimensiona la ventana del navegador. Para evitar que la página sea demasiado ancha o demasiado estrecha, se han utilizado las propiedades min-width y max-width.

La navegación se crea con una lista sin ordenar. Hay bordes arriba y abajo para que la lista destaque. Se ha aplicado la propiedad display a cada elemento de la lista para que se comporten como elementos de línea (y no de bloque). Esto permite que los enlaces de navegación se presenten alineados horizontalmente. Se ha utilizado la propiedad padding para crear espacio entre los enlaces.

La propiedad width del elemento <ul> está configurada en 570 píxeles y la de los elementos <p> de debajo en 600 píxeles. En realidad, acaban teniendo todos la misma anchura, porque el elemento <ul> también utiliza relleno para crear espacio entre el borde de la caja y los enlaces de dentro, y cualquier relleno, borde o margen se suma a la anchura y la altura de la caja.

EJEMPLO
CAJAS

```html
<!DOCTYPE html>
<html>
  <head>
    <title>Boxes</title>
    <style type="text/css">
      body {
        font-size: 80%;
        font-family: "Courier New", Courier, monospace;
        letter-spacing: 0.15em;
        background-color: #efefef;}
      #page {
        max-width: 940px;
        min-width: 720px;
        margin: 10px auto 10px auto;
        padding: 20px;
        border: 4px double #000;
        background-color: #ffffff;}
      #logo {
        width: 150px;
        margin: 10px auto 25px auto;}
      ul {
        width: 570px;
        padding: 15px;
        margin: 0px auto 0px auto;
        border-top: 2px solid #000;
        border-bottom: 1px solid #000;
        text-align: center;}
      li {
        display: inline;
        margin: 0px 3px;}
      p {
        text-align: center;
        width: 600px;
        margin: 20px auto 20px auto;
        font-weight: normal;}
```

```
      a {
        color: #000000;
        text-transform: uppercase;
        text-decoration: none;
        padding: 6px 18px 5px 18px;}
      a:hover, a.on {
        color: #cc3333;
        background-color: #ffffff;}
    </style>
  </head>
  <body>
    <div id="page">
      <div id="logo">
        <img src="images/logo.gif" alt="The Analog Specialists" />
      </div>
      <ul id="navigation">
        <li><a href="#" class="on">Home</a></li>
        <li><a href="#">For Sale</a></li>
        <li><a href="#">Repairs</a></li>
        <li><a href="#">About</a></li>
        <li><a href="#">Contact</a></li>
      </ul>
      <p>
        <img src="images/keys.jpg" alt="Fender Rhodes, Hohner Clavinet,
            and Wurlitzer EP200" />
      </p>
      <p>
      We specialise in the sales and repair of classic keyboards, in particular
        the Fender Rhodes, Wurlitzer EP200, and Hohner Clavinet.
      </p>
    </div>
  </body>
</html>
```

▶ CSS trata cada elemento HTML como si estuviese en una caja.

▶ Podemos usar CSS para controlar las dimensiones de la caja.

▶ También podemos controlar bordes, márgenes y relleno para cada caja con CSS.

▶ Se puede ocultar un elemento con las propiedades `display` y `visibility`.

▶ Las cajas a nivel de bloque se pueden convertir en elementos de línea y viceversa.

▶ Podemos mejorar la legibilidad controlando la anchura de las cajas que contienen texto y el interlineado.

▶ CSS3 permite crear bordes redondeados y bordes a partir de imágenes.

14

LISTAS, TABLAS Y FORMULARIOS

▸ Especificar estilos de viñeta.
▸ Añadir bordes y fondos a tablas.
▸ Cambiar el aspecto de elementos de formulario.

Hay varias propiedades de CSS creadas para trabajar con tipos concretos de elementos HTML, como listas, tablas y formularios.

En este capítulo veremos cómo:

- Especificar el tipo de viñeta o número en las listas.
- Añadir bordes y fondo a las celdas de una tabla.
- Ajustar el aspecto de los controles de formulario.

Juntas, estas propiedades nos permiten controlar mejor las partes específicas de una página.

ESTILOS DE VIÑETA
list-style-type

La propiedad list-style-type permite controlar la forma o estilo de una viñeta (también llamada **boliche**).

Se puede utilizar en reglas aplicadas a los elementos <ol>, <ul> y <li>.

LISTAS SIN ORDENAR
Para una lista sin ordenar, podemos utilizar los siguientes valores:

   none
● disc
○ circle
■ square

LISTAS ORDENADAS
Para una lista ordenada (numerada), podemos usar estos valores:

decimal
1 2 3

decimal-leading-zero
01 02 03

lower-alpha
a b c

upper-alpha
A B C

lower-roman
i. ii. iii.

upper-roman
I II III

chapter-14/list-style-type.html   `HTML`

```html
<h1>The Complete Poems</h1>
<h2>Emily Dickinson</h2>
<ol>
   <li>Life</li>
   <li>Nature</li>
   <li>Love</li>
   <li>Time and Eternity</li>
   <li>The Single Hound</li>
</ol>
```

`CSS`

```css
ol {
   list-style-type: lower-roman;}
```

`RESULTADO`

The Complete Poems

Emily Dickinson

   i. Life
  ii. Nature
 iii. Love
 iv. Time and Eternity
  v. The Single Hound

IMÁGENES COMO VIÑETAS
list-style-image

HTML chapter-14/list-style-image.html

```html
<h1>Index of Translated Poems</h1>
<h2>Arthur Rimbaud</h2>
<ul>
  <li>Ophelia</li>
  <li>To Music</li>
  <li>A Dream for Winter</li>
  <li>Vowels</li>
  <li>The Drunken Boat</li>
</ul>
```

CSS

```css
ul {
  list-style-image: url("images/star.png");}
li {
  margin: 10px 0px 0px 0px;}
```

RESULTADO

Index of Translated Poems

Arthur Rimbaud

☆ Ophelia

☆ To Music

☆ A Dream for Winter

☆ Vowels

☆ The Drunken Boat

Podemos especificar una imagen para que actúe como viñeta con la propiedad list-style-image.

El valor empieza con las letras url y va seguido de un par de paréntesis. Dentro de los paréntesis, incluimos la ruta a la imagen entre comillas dobles.

Esta propiedad puede utilizarse con reglas aplicadas a elementos <ul> y <li>.

El ejemplo de esta página también emplea la propiedad margin para aumentar el espacio vertical entre cada elemento de la lista.

POSICIÓN DE LA VIÑETA
list-style-position

Las listas van sangradas por defecto y la propiedad `list-style-position` indica si la viñeta debería aparecer dentro o fuera de la caja que contiene los puntos principales.

Esta propiedad puede tomar uno de dos valores:

outside

El boliche queda a la izquierda del bloque de texto. Es el comportamiento predeterminado si no se utiliza esta propiedad.

inside

La viñeta va dentro de la caja de texto (que está sangrada).

En este ejemplo, la anchura de la lista se ha limitado a 15 píxeles para asegurarse de que el texto se pasa a una línea nueva y se vea cómo el valor `inside` mete el boliche dentro de la primera línea de texto.

Se ha añadido un margen a cada elemento de la lista para que haya más hueco entre ellos.

`chapter-14/list-style-position.html` **HTML**

```html
<ul class="illuminations">
   <li>That idol, black eyes and ...</li>
   <li>Gracious son of Pan! ...</li>
   <li>When the world is reduced ...</li>
</ul>
<ul class="season">
   <li>Once, if my memory serves ...</li>
   <li>Hadn't I once a youth ...</li>
   <li>Autumn already! ...</li>
</ul>
```

CSS

```css
ul {
   width: 150px;}
li {
   margin: 10px;}
ul.illuminations {
   list-style-position: outside;}
ul.season {
   list-style-position: inside;}
```

RESULTADO

- That idol, black eyes and yellow mop, without parents or court ...
- Gracious son of Pan! Around your forehead crowned with flowerets ...
- When the world is reduced to a single dark wood for our four ...

RESULTADO

- Once, if my memory serves me well, my life was a banquet ...
- Hadn't I once a youth that was lovely, heroic, fabulous ...
- Autumn already! - But why regret the everlasting sun if we are

MÉTODO ABREVIADO PARA LISTAS
list-style

chapter-14/list-style.html

```html
<h1>Quotes from Edgar Allan Poe</h1>
<ul>
  <li> I have great faith in fools; self-confidence
  my friends call it.</li>
  <li>All that we see or seem is but a dream within
  a dream.</li>
  <li>I would define, in brief, the poetry of words
  as the rhythmical creation of Beauty.</li>
</ul>
```

Como sucede con muchas otras propiedades de CSS, hay una que actúa como método abreviado para los estilos de lista. Se llama list-style y permite expresar las propiedades para estilo de la viñeta, la imagen y posición en cualquier orden.

CSS

```css
ul {
  list-style: inside circle;
  width: 300px;}
li {
  margin: 10px 0px 0px 0px;}
```

RESULTADO

Quotes from Edgar Allan Poe

- I have great faith in fools; self-confidence my friends call it.

- All that we see or seem is but a dream within a dream.

- I would define, in brief, the poetry of words as the rhythmical creation of Beauty.

PROPIEDADES DE TABLA

Ya hemos visto varias propiedades habitualmente utilizadas con tablas. Aquí vamos a reunirlas en un único ejemplo empleando lo siguiente:

width para establecer la anchura de la tabla.

padding para configurar el espacio entre el borde de cada celda y su contenido.

text-transform para poner el contenido de los encabezados en mayúscula.

letter-spacing, font-size para dar estilo adicional al contenido de los encabezados de la tabla.

border-top, border-bottom para configurar los bordes superior e inferior de los encabezados.

text-align para alinear el texto a la izquierda en algunas celdas y a la derecha en otras.

background-color para cambiar el color de fondo de filas alternas en la tabla.

:hover para resaltar una fila cuando el usuario pasa el ratón por encima.

chapter-14/table-properties.html · HTML

```html
<h1>First Edition Auctions</h1>
<table>
  <tr>
    <th>Author</th>
    <th>Title</th>
    <th class="money">Reserve Price</th>
    <th class="money">Current Bid</th>
  </tr>
  <tr>
    <td>E.E. Cummings</td>
    <td>Tulips & Chimneys</td>
    <td class="money">$2,000.00</td>
    <td class="money">$2,642.50</td>
  </tr>
  <tr class="even">
    <td>Charles d'Orleans</td>
    <td>Poemes</td>
    <td class="money"></td>
    <td class="money">$5,866.00</td>
  </tr>
  <tr>
    <td>T.S. Eliot</td>
    <td>Poems 1909 - 1925</td>
    <td class="money">$1,250.00</td>
    <td class="money">$8,499.35</td>
  </tr>
  <tr class="even">
    <td>Sylvia Plath</td>
    <td>The Colossus</td>
    <td class="money"></td>
    <td class="money">$1031.72</td>
  </tr>
</table>
```

```css
body {
  font-family: Arial, Verdana, sans-serif;
  color: #111111;}
table {
  width: 600px;}
th, td {
  padding: 7px 10px 10px 10px;}
th {
  text-transform: uppercase;
  letter-spacing: 0.1em;
  font-size: 90%;
  border-bottom: 2px solid #111111;
  border-top: 1px solid #999;
  text-align: left;}
tr.even {
  background-color: #efefef;}
tr:hover {
  background-color: #c3e6e5;}
.money {
  text-align: right;}
```

RESULTADO

First Edition Auctions

AUTHOR	TITLE	RESERVE PRICE	CURRENT BID
E.E. Cummings	Tulips & Chimneys	$2,000.00	$2,642.50
Charles d'Orleans	Poemes		$5,866.00
T.S. Eliot	Poems 1909 - 1925	$1,250.00	$8,499.35
Sylvia Plath	The Colossus		$1031.72

MÁS EN LÍNEA

Encontrarás más ejemplos (en inglés) de cómo usar CSS para dar estilo a las tablas aquí:

https://www.htmlandcssbook.com/extras/table-styles/.

Aquí tienes unos trucos para dar estilo a las tablas y asegurarte de que quedan limpias y se siguen bien:

PON RELLENO EN LAS CELDAS

Si el texto de una celda toca un borde (u otra celda) es mucho más difícil leerlo. Añadir relleno ayuda a mejorar la legibilidad.

DISTINGUE LOS ENCABEZADOS

Poner todos los encabezados en negrita (el estilo predeterminado para el elemento <th>) facilita su lectura. También podemos poner los encabezados en mayúscula y añadir un color de fondo o una línea debajo para distinguirlos claramente del contenido.

COLOREA FILAS ALTERNAS

Colorear una fila sí y una no ayuda a los usuarios a seguir las líneas. Utiliza una distinción sutil del color normal de las filas para mantener la tabla limpia.

ALINEA LOS NUMERALES

Puedes utilizar la propiedad text-align para alinear a la derecha el contenido de cualquier columna que contenga números, de manera que los números grandes se distingan mejor de los pequeños.

BORDE EN CELDAS VACÍAS
empty-cells

Si hay celdas vacías en nuestra tabla, podemos usar la propiedad empty-cells para especificar si deberían mostrarse sus bordes o no.

Como los navegadores tratan las celdas vacías de distintas maneras, si queremos mostrar u ocultar explícitamente los bordes de una celda vacía, tendremos que usar esta propiedad.

Puede tomar uno de estos tres valores:

show

Muestra los bordes de cualquier celda vacía.

hide

Oculta los bordes de cualquier celda vacía.

inherit

Si tenemos una tabla anidada dentro de otra, el valor inherit dice a las celdas de la tabla que sigan las reglas de su contenedora.

En la primera tabla de la izquierda, vemos que aparece el borde de la celda vacía, mientras que en la segunda tabla, está oculto.

chapter-14/empty-cells.html · **HTML**

```
<table class="one">
  <tr>
    <td>1</td>
    <td>2</td>
  </tr>
  <tr>
    <td>3</td>
    <td></td>
  </tr>
</table>
```

CSS

```
td {
  border: 1px solid #0088dd;
  padding: 15px;}
table.one {
  empty-cells: show;}
table.two {
  empty-cells: hide;}
```

RESULTADO

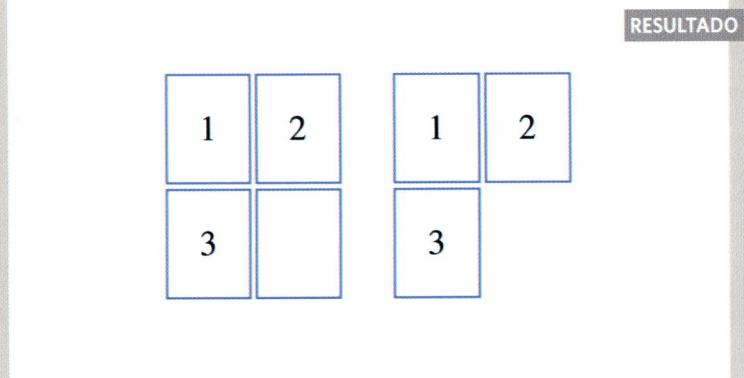

ESPACIOS ENTRE CELDAS
border-spacing, border-collapse

chapter-14/gaps-between-cells.html

```html
<table class="one">
  <tr>
    <td>1</td>
    <td>2</td>
  </tr>
  <tr>
    <td>3</td>
    <td>4</td>
  </tr>
</table>
```

CSS

```css
td {
  background-color: #0088dd;
  padding: 15px;
  border: 2px solid #000000;}
table.one {
  border-spacing: 5px 15px;}
table.two {
  border-collapse: collapse;}
```

RESULTADO

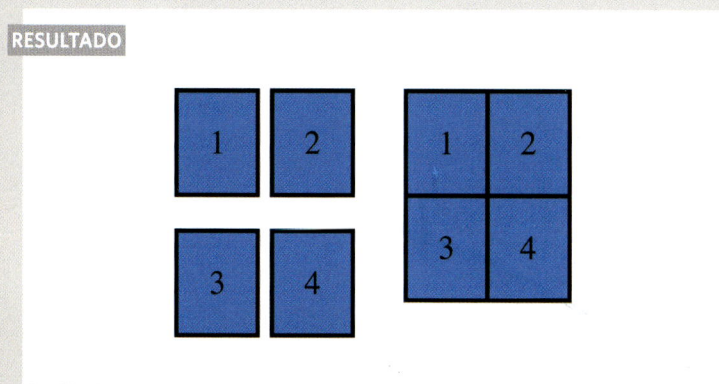

La propiedad `border-spacing` permite controlar la distancia entre celdas adyacentes. Por defecto, los navegadores suelen dejar un pequeño hueco entre cada celda de la tabla, así que si queremos aumentar o reducir ese espacio, podemos hacerlo con la propiedad `border-spacing`.

El valor de esta propiedad se suele expresar en píxeles. Podemos especificar dos valores si queremos para usar números diferentes para el espacio vertical y el horizontal.

Cuando hay borde en las celdas de la tabla, donde se unen dos celdas, la anchura de las líneas sería el doble que la de los bordes exteriores. Se pueden combinar los bordes adyacentes para evitar ese fenómeno con la propiedad `border-collapse`.

Estos son los valores que podemos usar:

collapse

Los bordes se fusionan en uno solo si es posible. Se ignorará `border-spacing` y las celdas se juntarán. También se ignorarán las propiedades `empty-cells`.

separate

Los bordes se separan. Se obedece a `border-spacing` y `empty-cells`.)

DAR ESTILO A FORMULARIOS

A nadie que conozca le gusta rellenar formularios, así que si podemos hacer que los nuestros resulten más atractivos y fáciles de usar, la gente estará más dispuesta a rellenarlos. Además, al mirar un formulario en distintos navegadores (como en la derecha), verás que cada uno lo muestra a su manera.

CSS se usa con frecuencia para controlar el aspecto de los elementos de un formulario. Así se consigue un aspecto más atractivo y consistente entre navegadores.

Lo más habitual es dar estilo a:

- Entradas de texto y áreas de texto.
- Botones para enviar.
- Etiquetas, para que los controles se alineen bien.

En las siguientes páginas veremos cómo controlar esto con CSS.

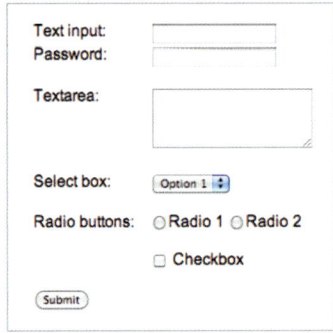

Aplicar estilo a las entradas de texto y los botones para enviar es bastante fácil. Es más difícil hacer que los menús, los botones de opción y las casillas de verificación queden consistentes entre navegadores. Para conseguirlo, te interesa descargar los archivos CSS disponibles en http://formalize.me. El autor de este sitio web ha trabajado mucho para hacer que los formularios tengan un aspecto consistente en distintos navegadores. Aunque la solución incorpora JavaScript, no necesitas conocimientos previos para implementar el código.

DAR ESTILO A ENTRADAS DE TEXTO

chapter-14/styling-text-inputs.html

```css
input {
  font-size: 120%;
  color: #5a5854;
  background-color: #f2f2f2;
  border: 1px solid #bdbdbd;
  border-radius: 5px;
  padding: 5px 5px 5px 30px;
  background-repeat: no-repeat;
  background-position: 8px 9px;
  display: block;
  margin-bottom: 10px;}
input:focus {
  background-color: #ffffff;
  border: 1px solid #b1e1e4;}
input#email {
  background-image: url("images/email.png");}
input#twitter {
  background-image: url("images/twitter.png");}
input#web {
  background-image: url("images/web.png");}
```

Este ejemplo ilustra las propiedades de CSS utilizadas habitualmente con las entradas de texto; ya hemos visto la mayoría.

font-size configura el tamaño del texto que introduce el usuario.

color establece el color del texto y background-color el color de fondo del campo.

border añade un borde al cuadro de entrada y border-radius sirve para crear esquinas redondeadas.

La pseudoclase :focus sirve para cambiar el color de fondo de la entrada de texto cuando se está usando, y :hover aplica los mismos estilos cuando el usuario pasa el ratón por encima.

background-image añade una imagen de fondo al cuadro. Puesto que hay una imagen diferente para cada entrada, usaremos un selector de atributos que busque el valor del atributo id en cada una.

Veremos más sobre las imágenes de fondo y cómo colocarlas en el capítulo 16.

RESULTADO

DAR ESTILO A LOS BOTONES PARA ENVIAR

Estas son algunas de las propiedades que sirven para dar estilo a los botones de envío. Este ejemplo se apoya en el de la página anterior y el botón hereda el conjunto de estilos del elemento <input>.

color sirve para cambiar el color del texto del botón.

text-shadow permite dar un aspecto tridimensional al texto.

border-bottom sirve para hacer que el borde inferior del botón sea un poco más grueso, lo que contribuye al efecto 3D.

background-color puede hacer que el botón destaque de los elementos de alrededor. (Crear un estilo consistente para todos los botones ayuda al usuario a entender cómo interactuar con el sitio). Aquí hemos añadido un degradado de fondo. Veremos los degradados en la página 416.

La pseudoclase :hover sirve para cambiar el aspecto del botón cuando el usuario pasa el ratón por encima. En ese caso, el color de fondo cambia, el texto se vuelve más oscuro y se aplica un borde más grueso a la parte superior del botón.

chapter-14/styling-submit-buttons.html `CSS`

```
input#submit {
  color: #444444;
  text-shadow: 0px 1px 1px #ffffff;
  border-bottom: 2px solid #b2b2b2;
  background-color: #b9e4e3;
  background: -webkit-gradient(linear, left top,
    left bottom, from(#beeae9), to(#a8cfce));
  background:
    -moz-linear-gradient(top, #beeae9, #a8cfce);
  background:
    -o-linear-gradient(top, #beeae9, #a8cfce);
  background:
    -ms-linear-gradient(top, #beeae9, #a8cfce);}
input#submit:hover {
  color: #333333;
  border: 1px solid #a4a4a4;
  border-top: 2px solid #b2b2b2;
  background-color: #a0dbc4;
  background: -webkit-gradient(linear, left top,
    left bottom, from(#a8cfce), to(#beeae9));
  background:
    -moz-linear-gradient(top, #a8cfce, #beeae9);
  background:
    -o-linear-gradient(top, #a8cfce, #beeae9);
  background:
    -ms-linear-gradient(top, #a8cfce, #beeae9);}
```

RESULTADO

Register

DAR ESTILO A CONJUNTOS DE CAMPOS Y LEYENDAS

chapter-14/styling-fieldsets-and-legends.html

```css
fieldset {
  width: 350px;
  border: 1px solid #dcdcdc;
  border-radius: 10px;
  padding: 20px;
  text-align: right;}
legend {
  background-color: #efefef;
  border: 1px solid #dcdcdc;
  border-radius: 10px;
  padding: 10px 20px;
  text-align: left;
  text-transform: uppercase;}
```

RESULTADO

Los conjuntos de campos son especialmente útiles para determinar los confines de un formulario. En formularios largos, pueden ayudar a agrupar información relacionada.

La leyenda sirve para indicar qué información requiere el conjunto de campos.

Las propiedades asociadas habitualmente a estos dos elementos incluyen:

width para controlar la anchura del conjunto de campos. En este ejemplo, la anchura del conjunto fuerza a los elementos a pasar a una línea nueva en el lugar correcto. Si fuese más ancho, los elementos podrían ponerse en línea.

color sirve para controlar el color del texto.

background-color se usa para cambiar el color de fondo de estos elementos.

border controla el aspecto del borde que rodea el conjunto de campos y/o la leyenda.

border-radius permite suavizar los extremos de estos elementos.

padding sirve para añadir espacio dentro de estos elementos.

ALINEAR LOS CONTROLES DE UN FORMULARIO: PROBLEMA

Las etiquetas para los elementos de formulario suelen tener distintas longitudes, lo que significa que los controles no aparecerán en una línea recta. Lo vemos en el ejemplo de la derecha, donde no se ha aplicado CSS a los controles del formulario.

En este formulario, cada tema por el que preguntamos al usuario va dentro de un elemento `<div>` para garantizar que cada pregunta aparezca en una línea nueva. Es más fácil para los usuarios rellenar un formulario si los controles están alineados en una línea recta vertical. En la página siguiente lo resolveremos con CSS.

Si te fijas en donde preguntamos a los usuarios por su género, los dos botones de opción tienen su propia `<label>` (una para masculino y otra para femenino). Se ha añadido un elemento `<span>` al título que contribuirá a alinear estos controles.

En la página anterior, vimos otra técnica para alinear elementos de formulario. Cuando el formulario solo contiene entradas de texto, podemos configurar todas las entradas para que tengan la misma longitud y alinear todo el contenido a la derecha para que los campos se alineen en vertical y las etiquetas ocupen un lugar coherente. Para formularios más complejos, necesitaremos una solución más parecida a la de estas páginas.

`chapter-14/aligning-form-controls-problem.html` **HTML**

```html
<form action="example.php" method="post">
  <div>
    <label for="name" class="title">Name:</label>
    <input type="text" id="name" name="name" />
  </div>
  <div>
    <label for="email" class="title">Email:</label>
    <input type="email" id="email" name="email" />
  </div>
  <div>
    <span class="title">Gender:</span>
    <input type="radio" name="gender" id="male"
      value="M" />
    <label for="male">Male</label>
    <input type="radio" name="gender" id="female"
      value="F" />
    <label for="female">Female</label><br />
  </div>
  <div>
    <input type="submit" value="Register"
      id="submit" />
  </div>
</form>
```

RESULTADO SIN CSS

Name:
Email:
Gender: ○ M ○ F
Register

ALINEAR LOS CONTROLES DE UN FORMULARIO: SOLUCIÓN

```css
div {
  border-bottom: 1px solid #efefef;
  margin: 10px;
  padding-bottom: 10px;
  width: 260px;}
.title {
  float: left;
  width: 100px;
  text-align: right;
  padding-right: 10px;}
.radio-buttons label {
  float: none;}
.submit {
  text-align: right;}
```

Cada fila del formulario tiene un título que indica al usuario lo que tiene que introducir. Para las entradas de texto, el título está en el elemento `<label>`. Para los botones de opción, está en un elemento `<span>`. Ambos tienen un atributo `class` con un valor `title`.

Podemos usar una propiedad llamada `float` para mover los títulos a la izquierda de la página. Veremos con detalle esta propiedad en las páginas 367-373.

Al configurar la propiedad `width` de esos elementos, sabemos que cada título tendrá la misma anchura. Por lo tanto, los controles de formulario que estén al lado se alinearán.

Hemos usado la propiedad `text-align` para alinear los títulos a la derecha y `padding` para dejar hueco entre el texto de los títulos y los controles del formulario.

También se ha aplicado estilo a los elementos `<div>` que contienen cada fila del formulario (fijando su anchura y creando espacio vertical entre filas). El botón para enviar también está alineado a la derecha.

RESULTADO

Name:

Email:

Gender: ○ M ○ F

Register

ESTILOS DE CURSOR
cursor

La propiedad `cursor` permite controlar el tipo de cursor que deberían ver los usuarios.

Por ejemplo, en un formulario, puede interesarnos que el cursor se convierta en una mano cuando el usuario mueve el ratón.

Estos son los valores que se usan habitualmente para esta propiedad:

```
auto
crosshair
default
pointer
move
text
wait
help
url("cursor.gif");
```

Utiliza estos valores solo para añadir información útil para los usuarios en lugares donde esperarían ver ese cursor. Por ejemplo, usar un punto de mira (`crosshair`) con un enlace podría confundir a los usuarios porque no es habitual verlo.

chapter-14/cursor.html   HTML

```html
<a href="http://www.whitmanarchive.org">
   Walt Whitman</a>
```

CSS

```css
a {
   cursor: move;}
```

RESULTADO

Walt Whitman

BARRA DE HERRAMIENTAS WEB DEVELOPER

Esta útil extensión para Firefox y Chrome ofrece herramientas que permiten ver los estilos CSS aplicados a un elemento cuando pasas el ratón por encima, junto con la estructura del HTML.

Puedes descargar esta herramienta en:

www.chrispederick.com/work/web-developer

Para ver los estilos CSS y la estructura HTML de una página web, ve al menú **CSS** de la barra de herramientas **Web Developer** y selecciona **View CSS**.

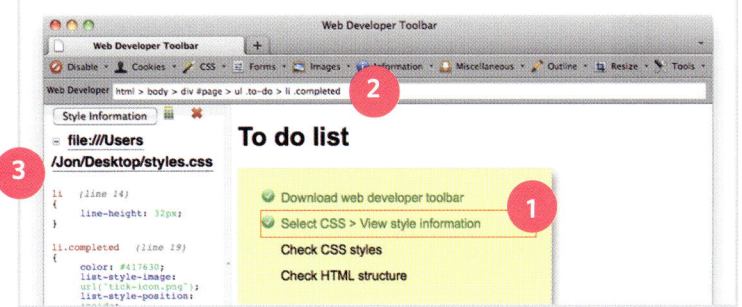

1: CONTORNOS

Al pasar por encima de un elemento, se dibuja un contorno rojo alrededor para mostrar cuánto espacio ocupa el elemento en cuestión.

2: ESTRUCTURA

Mientras pasamos por encima de un elemento, su estructura se muestra en la parte superior de la ventana. Aquí vemos que el elemento <li> tiene una clase completed, dentro de un elemento <ul> con una clase to-do. La lista está dentro de un elemento <div> con un id de página, que se encuentra dentro de los elementos <body> y <html>.

Esto puede resultar muy útil cuando escribimos selectores de CSS para dirigirnos al elemento correcto.

3: ESTILOS CSS

Al pasar por encima de un elemento, haz clic para ver el código CSS. Aparecerán las reglas que se aplican a ese elemento (y la línea en la que están). Encima de las reglas, aparece el nombre de la hoja de estilo y la ruta hasta ella.

Esto ayuda a comprobar qué estilos se aplican a un elemento. Puedes usarla en código de tu propio sitio o cuando quieras ver qué estilos están usando otros en los suyos.

Esta herramienta también permite cambiar el tamaño de la pantalla, validar el código HTML y CSS y desactivar imágenes.

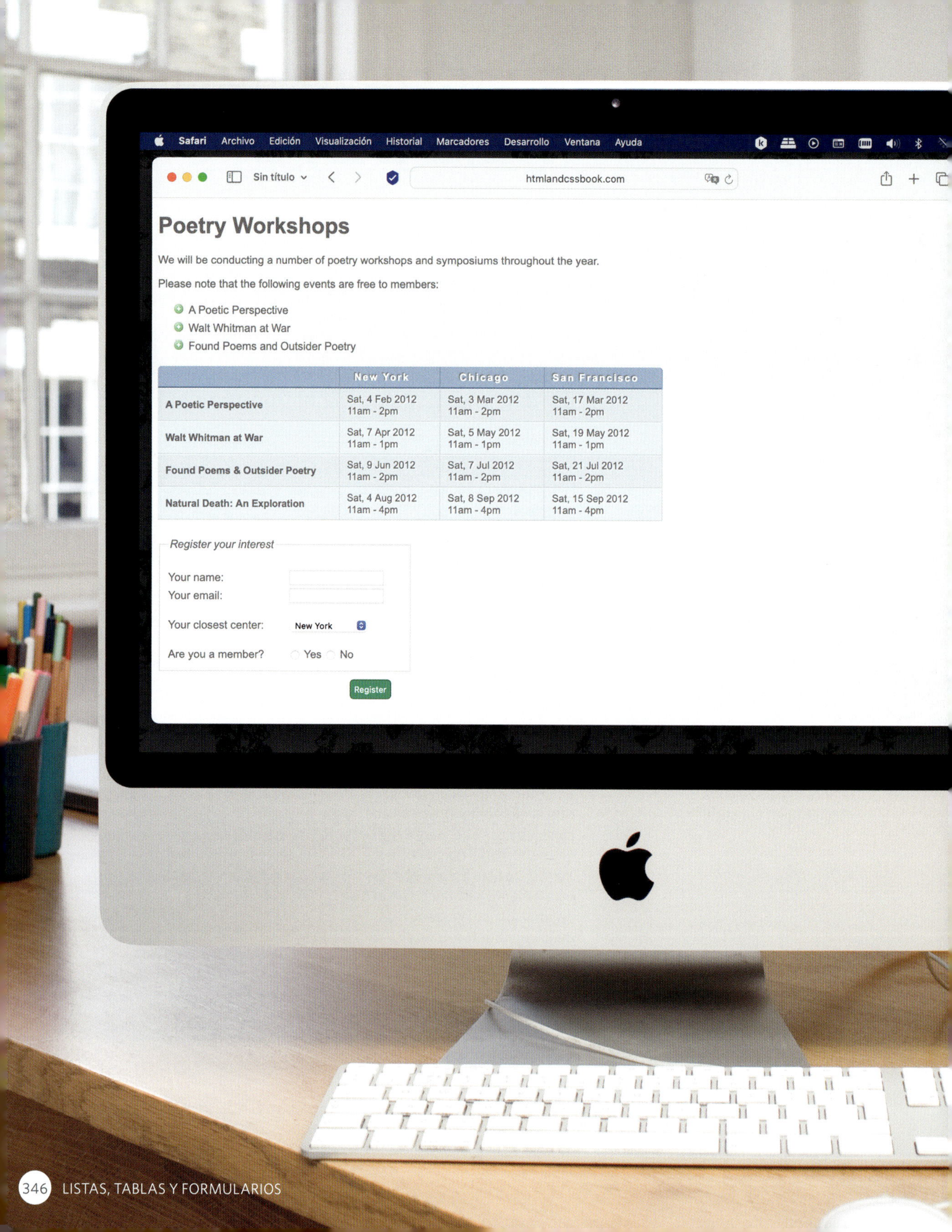

Poetry Workshops

We will be conducting a number of poetry workshops and symposiums throughout the year.

Please note that the following events are free to members:

- A Poetic Perspective
- Walt Whitman at War
- Found Poems and Outsider Poetry

	New York	Chicago	San Francisco
A Poetic Perspective	Sat, 4 Feb 2012 11am - 2pm	Sat, 3 Mar 2012 11am - 2pm	Sat, 17 Mar 2012 11am - 2pm
Walt Whitman at War	Sat, 7 Apr 2012 11am - 1pm	Sat, 5 May 2012 11am - 1pm	Sat, 19 May 2012 11am - 1pm
Found Poems & Outsider Poetry	Sat, 9 Jun 2012 11am - 2pm	Sat, 7 Jul 2012 11am - 2pm	Sat, 21 Jul 2012 11am - 2pm
Natural Death: An Exploration	Sat, 4 Aug 2012 11am - 4pm	Sat, 8 Sep 2012 11am - 4pm	Sat, 15 Sep 2012 11am - 4pm

Register your interest

Your name:

Your email:

Your closest center: New York

Are you a member?   Yes   No

Register

EJEMPLO
LISTAS, TABLAS Y FORMULARIOS

Este ejemplo ilustra varias de las propiedades de CSS que hemos visto en este capítulo para controlar la presentación de listas, tablas y formularios.

Para la lista de eventos de poesía gratuitos del principio de la página, las viñetas son imágenes. El espacio entre cada elemento de la lista se ha incrementado con la propiedad `line-height`.

Para la tabla, los espacios entre las celdas se han eliminado con la propiedad `border-spacing`. Se ha establecido el tamaño de fuente para los elementos `<td>` y `<th>` porque no heredan el de sus elementos primarios.

El encabezado de la tabla tiene un fondo más oscuro, el texto claro y una línea oscura de 2 píxeles que los separa del resto de la tabla. Las esquinas redondeadas del encabezado se han creado con las pseudoclases `:first-child` y `:last-child`.

Las filas alternas de la tabla tienen distintos tonos y se ha añadido textura aplicando bordes distintos a cada lado de la celda.

Para el formulario, los controles relacionados van en un elemento `<fieldset>`. Las etiquetas de los controles de la izquierda usan la propiedad `float` para asegurarnos de que se quedan alienados verticalmente.

Cuando los cuadros de texto del formulario reciben el foco o el usuario pasa el ratón por encima, el color del fondo y los bordes cambian. El botón de envío también tiene un estilo que permite que la gente vea claramente cómo enviar el formulario.

EJEMPLO
LISTAS, TABLAS Y FORMULARIOS

```html
<!DOCTYPE html>
<html>
  <head>
    <title>Lists, Tables and Forms</title>
    <style type="text/css">
      body {
        font-family: Arial, Verdana, sans-serif;
        font-size: 90%;
        color: #666;
        background-color: #f8f8f8;}
      li {
        list-style-image: url("images/icon-plus.png");
        line-height: 1.6em;}
      table {
        border-spacing: 0px;}
      th, td {
        padding: 5px 30px 5px 10px;
        border-spacing: 0px;
        font-size: 90%;
        margin: 0px;}
      th, td {
        text-align: left;
        background-color: #e0e9f0;
        border-top: 1px solid #f1f8fe;
        border-bottom: 1px solid #cbd2d8;
        border-right: 1px solid #cbd2d8;}
      tr.head th {
        color: #fff;
        background-color: #90b4d6;
        border-bottom: 2px solid #547ca0;
        border-right: 1px solid #749abe;
        border-top: 1px solid #90b4d6;
        text-align: center;
        text-shadow: -1px -1px 1px #666;
        letter-spacing: 0.15em;}
      td {
        text-shadow: 1px 1px 1px #fff;}
```

```css
tr.even td, tr.even th {
  background-color: #e8eff5;}
tr.head th:first-child {
  -webkit-border-top-left-radius: 5px;
  -moz-border-radius-topleft: 5px;
  border-top-left-radius: 5px;}
tr.head th:last-child {
  -webkit-border-top-right-radius: 5px;
  -moz-border-radius-topright: 5px;
  border-top-right-radius: 5px;}
fieldset {
  width: 310px;
  margin-top: 20px;
  border: 1px solid #d6d6d6;
  background-color: #ffffff;
  line-height: 1.6em;}
legend {
  font-style:italic;
  color:#666666;}
input[type="text"] {
  width: 120px;
  border: 1px solid #d6d6d6;
  padding: 2px;
  outline: none;}
input[type="text"]:focus,
input[type="text"]:hover {
  background-color: #d0e2f0;
  border: 1px solid #999;}
input[type="submit"] {
  border: 1px solid #006633;
  background-color: #009966;
  color: #FFFFFF;
  border-radius: 5px;
  padding: 5px;
  margin-top: 10px;}
input[type="submit"]:hover {
  border: 1px solid #006633;
```

EJEMPLO
LISTAS, TABLAS Y FORMULARIOS

```css
      background-color: #00CC33;
      color: #FFFFFF;
      cursor: pointer;}
    .title {
      float: left;
      width: 160px;
      clear: left;}
    .submit {
      width: 310px;
      text-align: right;}
  </style>
</head>
<body>
  <h1>Poetry Workshops</h1>
  <p>We will be conducting a number of poetry workshops
    and symposiums throughout the year.</p>
  <p>Please note that the following events are free to
    members:</p>
  <ul>
    <li>A Poetic Perspective</li>
    <li>Walt Whitman at War</li>
    <li>Found Poems and Outsider Poetry</li>
  </ul>
  <table>
    <tr class="head">
      <th></th>
      <th>New York</th>
      <th>Chicago</th>
      <th>San Francisco</th>
    </tr>
    <tr>
      <th>A Poetic Perspective</th>
      <td>Sat, 4 Feb 2012<br />11am - 2pm</td>
      <td>Sat, 3 Mar 2012<br />11am - 2pm</td>
      <td>Sat, 17 Mar 2012<br />11am - 2pm</td>
    </tr>
    <tr class="even">
      <th>Walt Whitman at War</th>
```

```
      <td>Sat, 7 Apr 2012<br />11am - 1pm</td>
      <td>Sat, 5 May 2012<br />11am - 1pm</td>
      <td>Sat, 19 May 2012<br />11am - 1pm</td>
    </tr>
    <tr>
      <th>Found Poems &amp; Outsider Poetry</th>
      <td>Sat, 9 Jun 2012<br />11am - 2pm</td>
      <td>Sat, 7 Jul 2012<br />11am - 2pm</td>
      <td>Sat, 21 Jul 2012<br />11am - 2pm</td>
    </tr>
    <tr class="even">
      <th>Natural Death: An Exploration</th>
      <td>Sat, 4 Aug 2012<br />11am - 4pm</td>
      <td>Sat, 8 Sep 2012<br />11am - 4pm</td>
      <td>Sat, 15 Sep 2012<br />11am - 4pm</td>
    </tr>
  </table>
  <form action="http://www.example.com/form.php" method="get">
    <fieldset>
      <legend>Register your interest</legend>
      <p><label class="title" for="name">Your name:</label>
        <input type="text" name="name" id="name"><br />
        <label class="title" for="email">Your email:</label>
        <input type="text" name="email" id="email"></p>
      <p><label for="location" class="title">Your closest center:</label>
        <select name="location" id="location">
          <option value="ny">New York</option>
          <option value="il">Chicago</option>
          <option value="ca">San Francisco</option>
        </select></p>
      <span class="title">Are you a member?</span>
      <label><input type="radio" name="member" value="yes" /> Yes</label>
      <label><input type="radio" name="member" value="no" /> No</label></p>
    </fieldset>
    <div class="submit"><input type="submit" value="Register" /></div>
  </form>
  </body>
</html>
```

▶ Además de las propiedades de CSS que funcionan con el contenido de todos los elementos, ya abordadas en otros capítulos, hay otras que sirven específicamente para ajustar el aspecto de listas, tablas y formularios.

▶ Podemos dar distintos aspectos a las viñetas de una lista con las propiedades `list-style-type` y `list-style-image`.

▶ Las celdas de la tabla pueden tener distintos bordes y espacios en cada navegador, pero hay propiedades que sirven para controlarlos y darles un aspecto más consistente.

▶ Los formularios son más fáciles de usar si los controles se alinean verticalmente con CSS.

▶ Los formularios se benefician de estilos que destacan la interactividad.

15

DISEÑO

- ▶ Controlar la posición de los elementos.
- ▶ Crear diseños de sitio.
- ▶ Diseñar para pantallas de distinto tamaño.

En este capítulo veremos cómo controlar dónde se sitúa cada elemento en una página y cómo crear diseños de página atractivos.

Esto implica saber que diseñar para una pantalla puede ser diferente de diseñar para otros medios (como los impresos). En este capítulo:

Exploraremos distintas maneras de colocar los elementos con flujo normal, posicionamiento relativo, posicionamiento absoluto y flotantes.

Descubriremos cómo los distintos dispositivos tienen tamaños de pantalla y resoluciones diferentes y cómo afecta eso al proceso de diseño.

Aprenderemos la diferencia entre ancho fijo y diseños líquidos y cómo se crean.

Veremos cómo usan los diseñadores cuadrículas para que tus diseños queden más profesionales.

CONCEPTOS CLAVE EN EL POSICIONAMIENTO DE ELEMENTOS

BLOQUES DE CONSTRUCCIÓN

CSS trata cada elemento HTML como si estuviese en su propia caja. Esta caja puede estar a nivel de bloque o de línea.

Las cajas a nivel de bloque empiezan en línea nueva y actúan como los bloques de construcción principales de cualquier diseño, mientras que las cajas de línea fluyen entre el texto que las rodea. Podemos controlar cuánto espacio ocupan las cajas configurando su anchura (y, a veces, también la altura). Para separar cajas, podemos usar bordes, márgenes, relleno y colores de fondo.

LOS ELEMENTOS DE BLOQUE EMPIEZAN EN LÍNEA NUEVA

Ejemplos:
`<h1> <p> <ul> <li>`

Lorem Ipsum

Lorem ipsum dolor sit amet, consectetur adipisicing elit, sed do eiusmod tempor incididunt ut labore et dolore magna aliqua. Ut enim ad minim veniam, quis nostrud exercitation ullamco laboris nisi ut aliquip ex ea commodo consequat. Duis aute irure dolor in reprehenderit in voluptate velit.

- Lorem ipsum dolor sit
- Consectetur adipisicing
- Elit, sed do eiusmod

LOS ELEMENTOS DE LÍNEA FLUYEN ENTRE EL TEXTO CIRCUNDANTE

Ejemplos:
`<img> <b> <i>`

Lorem ipsum dolor sit amet, consectetur adipisicing elit, sed do eiusmod tempor incididunt ut **labore et dolore** magna aliqua. Ut enim ad minim veniam, quis nostrud exercitation ullamco laboris nisi ut aliquip ex ea commodo consequat.

Duis aute irure dolor in reprehenderit in voluptate velit esse cillum dolore eu fugiat nulla pariatur. Excepteur sint occaecat cupidatat non proident, sunt in culpa qui officia deserunt mollit anim id est laborum. Lorem ipsum dolor sit amet, consectetur adipisicing elit, sed do eiusmod tempor incididunt ut labore et dolore magna aliqua.

ELEMENTOS CONTENEDORES

Si un elemento de bloque está dentro de otro bloque, la caja externa se denomina elemento contenedor o primario.

Es habitual agrupar una serie de elementos dentro de un elemento <div> (u otro de bloque). Por ejemplo, podríamos agrupar todos los elementos que conforman el encabezado de un sitio (como el logotipo y la navegación principal). El elemento <div> que contiene ese grupo de elementos sería el elemento contenedor.

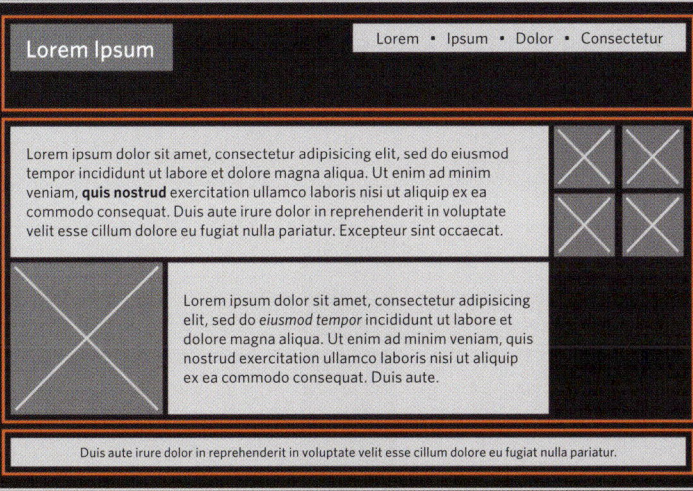

Una caja puede estar anidada dentro de otros elementos de bloque. El elemento contenedor es siempre el primario directo de ese elemento.

Las líneas naranjas de este diagrama representan elementos <div>. El encabezado (que contiene el logotipo y la navegación) está en un elemento <div>, el contenido principal de la página en otro y el pie en un tercero. El elemento <body> es el contenedor de estos tres elementos <div>. El segundo elemento <div> es el contenedor de dos párrafos de texto en latín e imágenes (representadas por cuadrados tachados).

CONTROLAR LA POSICIÓN DE LOS ELEMENTOS

CSS tiene los siguientes esquemas de posicionamiento que permiten controlar el diseño de una página: flujo normal, posicionamiento relativo y posicionamiento absoluto. Especificamos el esquema de posicionamiento con la propiedad `position` de CSS. También podemos hacer flotar elementos con la propiedad `float`.

FLUJO NORMAL

Cada elemento de bloque aparece en una nueva línea, lo cual hace que cada elemento vaya más abajo en la página que el anterior. Incluso aunque especifiquemos la anchura de las cajas y haya espacio para que dos elementos se coloquen al lado, no lo harán. Es el comportamiento predeterminado, a menos que le digamos al navegador que haga otra cosa.

POSICIONAMIENTO RELATIVO

Esto mueve un elemento desde la posición en la que estaría en flujo normal hacia arriba, hacia abajo, hacia la izquierda o hacia la derecha de donde estaría colocado. No afecta a la posición de los elementos circundantes; esos permanecen en la posición en la que estarían en el flujo normal.

POSICIONAMIENTO ABSOLUTO

Coloca el elemento en relación con su contenedor. Se sale del flujo normal, lo cual significa que no afecta a la posición de los elementos circundantes (simplemente ignoran el espacio que habría ocupado). Los elementos con posicionamiento absoluto se mueven cuando los usuarios suben y bajan por la página.

Lorem Ipsum

Lorem ipsum dolor sit amet, consectetur adipisicing elit, sed do eiusmod tempor incididunt ut labore et dolore magna aliqua.

Ut enim ad minim veniam, quis nostrud exercitation ullamco laboris nisi ut aliquip ex ea commodo consequat.

Duis aute irure dolor in reprehenderit in voluptate velit.

Lorem Ipsum

Lorem ipsum dolor sit amet, consectetur adipisicing elit, sed do eiusmod tempor incididunt ut.

Ut enim ad minim veniam, quis nostrud exercitation ullamco laboris nisi ut aliquip ex ea. Duis aute irure dolor in reprehenderit in voluptate velit.

Lorem Ipsum

Lorem ipsum dolor consectetur adipisicing elit, sed do eiusmod tempor incididunt ut labore et dolore magna aliqua.

Ut enim ad minim veniam, quis nostrud exercitation ullamco laboris nisi ut aliquip ex ea commodo consequat.

Duis aute irure dolor in reprehenderit in voluptate velit.

Los párrafos aparecen uno tras otro, en vertical a lo largo de la página.

El segundo párrafo se ha bajado y desplazado a la derecha respecto a cómo estaría en flujo normal.

El encabezado está arriba a la derecha y los párrafos empiezan en la parte superior de la pantalla, como si no estuviera el encabezado.

Véase la página 362.

Véase la página 363.

Véase la página 364.

Para indicar dónde debería colocarse una caja, también es posible que necesitemos propiedades de desplazamiento para indicar al navegador a qué distancia de la parte superior, inferior, izquierda o derecha debería aparecer. Veremos estas propiedades en las próximas páginas.

POSICIONAMIENTO FIJO

Es una forma de posicionamiento absoluto que coloca el elemento en relación con la ventana del navegador en vez de con el elemento contenedor. Los elementos con posicionamiento fijo no afectan a la posición de los elementos que los rodean y no se mueven cuando el usuario sube o baja por la página.

ELEMENTOS FLOTANTES

Un elemento flotante permite sacarlo del flujo normal y colocarlo a la derecha o a la izquierda del contenedor. El elemento flotante se convierte en un elemento de bloque en torno al cual puede fluir otro contenido.

El encabezado se ha colocado en el centro de la página y a un 25 % de la parte superior de la pantalla. El resto aparece en flujo normal.

Véase la página 365.

El encabezado está flotando a la izquierda, permitiendo que los párrafos de texto fluyan a su alrededor.

Véanse las páginas 367-373.

Cuando sacamos un elemento del flujo normal, las cajas pueden superponerse. La propiedad z-index permite controlar qué caja aparece encima.

FLUJO NORMAL
position:static

En flujo normal, cada elemento de bloque está sobre el siguiente. Como es la manera predeterminada en la que los navegadores tratan los elementos HTML, no necesitamos una propiedad de CSS para indicar que los elementos deberían aparecer en flujo normal, pero la sintaxis sería así:

`position: static;`

No he especificado una propiedad `width` para el encabezado, así que puedes ver cómo se extiende por todo el ancho de la ventana del navegador por defecto.

Los párrafos están limitados a 450 píxeles de ancho. Esto muestra cómo los elementos empiezan en una línea nueva en flujo normal incluso aunque no ocupen todo el ancho de la ventana.

Todos los ejemplos que ilustran el posicionamiento emplearán una estructura HTML similar.

`chapter-15/normal-flow.html` **HTML**

```html
<body>
  <h1>The Evolution of the Bicycle</h1>
  <p>In 1817 Baron von Drais invented a walking
    machine that would help him get around the
    royal gardens faster...</p>
</body>
```

CSS

```css
body {
  width: 750px;
  font-family: Arial, Verdana, sans-serif;
  color: #665544;}
h1 {
  background-color: #efefef;
  padding: 10px;}
p {
  width: 450px;}
```

RESULTADO

The Evolution of the Bicycle

In 1817 Baron von Drais invented a walking machine that would help him get around the royal gardens faster: two same-size in-line wheels, the front one steerable, mounted in a frame upon which you straddled. The device was propelled by pushing your feet against the ground, thus rolling yourself and the device forward in a sort of gliding walk.

The machine became known as the Draisienne (or "hobby horse"). It was made entirely of wood. This enjoyed a short lived popularity as a fad, not being practical for transportation in any other place than a well maintained pathway such as in a park or garden.

The next appearance of a two-wheeled riding machine was in 1865, when pedals were applied directly to the front wheel. This machine was known as the velocipede (meaning "fast foot") as well as the "bone shaker," since it's wooden structure combined with the cobblestone roads of the day made for an extremely uncomfortable ride. They also became a fad and indoor riding academies, similar to roller rinks, could be found in large cities.

POSICIONAMIENTO RELATIVO
position:relative

```html
<body>
  <h1>The Evolution of the Bicycle</h1>
  <p>In 1817 Baron von Drais invented a walking
     machine that would help him get around the
     royal gardens faster...</p>
</body>
```

CSS

```css
p.example {
  position: relative;
  top: 10px;
  left: 100px;}
```

RESULTADO

The Evolution of the Bicycle

In 1817 Baron von Drais invented a walking machine that would help him get around the royal gardens faster: two same-size in-line wheels, the front one steerable, mounted in a frame upon which you straddled. The device was propelled by pushing your feet against the ground, thus rolling yourself and the device forward in a sort of gliding walk.

The machine became known as the Draisienne (or "hobby horse"). It was made entirely of wood. This enjoyed a short lived popularity as a fad, not being practical for transportation in any other place than a well maintained pathway such as in a park or garden.

The next appearance of a two-wheeled riding machine was in 1865, when pedals were applied directly to the front wheel. This machine was known as the velocipede (meaning "fast foot") as well as the "bone shaker," since it's wooden structure combined with the cobblestone roads of the day made for an extremely uncomfortable ride. They also became a fad and indoor riding academies, similar to roller rinks, could be found in large cities.

El posicionamiento relativo mueve un elemento en relación con dónde estaría en flujo normal. Por ejemplo, podemos moverlo 10 píxeles hacia abajo desde donde estaría en flujo normal, o un 20 % a la derecha.

Podemos indicar que un elemento debería posicionarse relativamente con la propiedad position y el valor relative.

Después utilizamos las propiedades de desplazamiento (top o bottom y left o right) para indicar a qué distancia debería moverse el elemento respecto a su posición en flujo normal.

Para mover la caja arriba o abajo, podemos usar las propiedades top o bottom.

Para mover la caja horizontalmente, usaremos las propiedades left o right.

Los valores de las propiedades de desplazamiento de la caja suelen expresarse en píxeles, porcentajes o emes.

POSICIONAMIENTO ABSOLUTO
position:absolute

Cuando la propiedad `position` tiene el valor `absolute`, la caja se sale del flujo normal y ya no afecta a la posición de los demás elementos de la página. Es como si no estuviera.

Las propiedades de desplazamiento de la caja (`top` o `bottom` y `left` o `right`) especifican dónde debería aparecer el elemento en relación con su contenedor.

En este ejemplo, el encabezado se ha posicionado en la parte superior de la página, a 500 píxeles del extremo izquierdo. La anchura del encabezado está configurada en 250 píxeles.

También se ha aplicado la propiedad `width` a los elementos `<p>` de este ejemplo para evitar que el texto se solape y sea ilegible.

Por defecto, la mayoría de los navegadores añaden un margen encima del elemento `<h1>`. Es por eso que hay un hueco entre la parte superior del navegador y la caja que contiene el elemento `<h1>`. Si quisiéramos eliminar ese margen, podríamos añadir el siguiente código a las reglas de estilo del elemento `<h1>`:

`margin: 0px;`

`chapter-15/position-absolute.html`   **HTML**

```
<body>
  <h1>The Evolution of the Bicycle</h1>
  <p>In 1817 Baron von Drais invented a walking
     machine that would help him get around the
     royal gardens faster...</p>
</body>
```

CSS

```
h1 {
  position: absolute;
  top: 0px;
  left: 500px;
  width: 250px;}
p {
  width: 450px;}
```

RESULTADO

POSICIONAMIENTO FIJO
position:fixed

```html
<body>
  <h1>The Evolution of the Bicycle</h1>
  <p class="example">In 1817 Baron von Drais
    invented a walking machine that would help him
    get around the royal gardens faster...</p>
</body>
```

CSS

```css
h1 {
  position: fixed;
  top: 0px;
  left: 50px;
  padding: 10px;
  margin: 0px;
  width: 100%;
  background-color: #efefef;}
p.example {
  margin-top: 100px;}
```

RESULTADO

El posicionamiento fijo es un tipo de posicionamiento absoluto que requiere que la propiedad position tenga el valor fixed.

Coloca el elemento en relación con la ventana del navegador. Así pues, cuando un usuario se desplaza por la página, permanece en el mismo lugar. Prueba este ejemplo en tu navegador para ver el efecto.

Para controlar dónde aparece la caja con posicionamiento fijo respecto a la ventana del navegador, usamos las propiedades de desplazamiento.

En este ejemplo, el encabezado se ha colocado en la esquina superior izquierda del navegador. Cuando el usuario baja por la página, los párrafos desaparecen detrás del encabezado.

Los elementos <p> están en flujo normal e ignoran el espacio que habría ocupado el elemento <h1>. Por consiguiente, he utilizado la propiedad margin-top para mover el primer elemento <p> debajo de donde está el elemento fijo <h1>.

ELEMENTOS SUPERPUESTOS
z-index

Cuando se utiliza un posicionamiento relativo, fijo o absoluto, las cajas pueden solaparse. Si se superponen, los elementos que aparecen después en el código HTML se colocan encima de los que van antes en la página.

Si queremos controlar qué elemento aparece encima, podemos usar la propiedad z-index. Su valor es un número y cuanto más alto sea, más cerca estará ese elemento del primer plano. Por ejemplo, un elemento con z-index 10 aparecerá encima de uno con un índice de 5.

Este ejemplo tiene un aspecto similar al de la página 365, pero usa posicionamiento relativo para los elementos <p>. Como los párrafos están posicionados de manera relativa, por defecto aparecerían sobre el encabezado cuando el usuario se desplace por la página. Para asegurarnos de que el elemento <h1> se queda encima, usamos la propiedad z-index con la regla del elemento <h1>.

A veces se denomina a la propiedad z-index **contexto de apilamiento** (como si se hubiesen apilado los bloques sobre un eje z). Si estás familiarizado con los paquetes de ofimática, es el equivalente de las funciones «traer al frente» y «enviar atrás».

chapter-15/z-index.html `CSS`

```css
h1 {
  position: fixed;
  top: 0px;
  left: 0px;
  margin: 0px;
  padding: 10px;
  width: 100%;
  background-color: #efefef;
  z-index: 10;}
p {
  position: relative;
  top: 70px;
  left: 70px;}
```

RESULTADO SIN Z-INDEX

RESULTADO CON Z-INDEX

ELEMENTOS FLOTANTES
float

chapter-15/float.html

HTML

```
<h1>The Evolution of the Bicycle</h1>
<blockquote>"Life is like riding a bicycle.
   To keep your balance you must keep moving." -
   Albert Einstein</blockquote>
<p>In 1817 Baron von Drais invented a walking
   machine that would help him get around the royal
   gardens faster: two same-size in-line wheels, the
   front one steerable, mounted in a frame ... </p>
```

CSS

```
blockquote {
        float: right;
        width: 275px;
        font-size: 130%;
        font-style: italic;
        font-family: Georgia, Times, serif;
        margin: 0px 0px 10px 10px;
        padding: 10px;
        border-top: 1px solid #665544;
        border-bottom: 1px solid #665544;}
```

RESULTADO

The Evolution of the Bicycle

In 1817 Baron von Drais invented a walking machine that would help him get around the royal gardens faster: two same-size in-line wheels, the front one steerable, mounted in a frame upon which you straddled. The device was propelled by pushing your feet against the ground, thus rolling yourself and the device forward in a sort of gliding walk.

"Life is like riding a bicycle. To keep your balance you must keep moving." - Albert Einstein

The machine became known as the Draisienne (or "hobby horse"). It was made entirely of wood. This enjoyed a short lived popularity as a fad, not being practical for transportation in any other place than a well maintained pathway such as in a park or garden.

The next appearance of a two-wheeled riding machine was in 1865, when pedals were applied directly to the front wheel. This machine was known as the velocipede (meaning "fast foot") as well as the "bone shaker," since it's wooden structure combined with the cobblestone roads of the day made for an extremely uncomfortable ride. They also became a fad and indoor riding academies, similar to roller rinks, could be found in large cities.

La propiedad `float` permite tomar un elemento en flujo normal y alejarlo lo máximo posible a la izquierda o a la derecha del elemento contenedor.

Todo lo demás que se encuentra en el contendor fluirá alrededor del elemento flotante.

Al usar la propiedad `float`, debería emplearse también la propiedad `width` para indicar qué anchura debería tener el elemento flotante. De no hacerlo, el resultado puede ser inconsistente, pero es probable que la caja ocupe todo el ancho del elemento contenedor (como haría en flujo normal).

En este ejemplo, se ha utilizado un elemento `<blockquote>` para recoger una cita. Su elemento contenedor es el elemento `<body>`.

El elemento `<blockquote>` ha flotado a la derecha y los párrafos que siguen a la cita fluyen en torno al elemento flotante.

USAR FLOTANTES PARA COLOCAR ELEMENTOS CONTIGUOS

Muchos diseños colocan unas cajas al lado de otras y se suele usar la propiedad `float` para hacerlo.

Cuando los elementos flotan, la altura de las cajas puede influir en dónde se coloque el elemento. En este ejemplo, tenemos seis párrafos, cada uno con propiedades `width` y `float` configuradas.

El cuarto párrafo no pasa al extremo izquierdo de la página como cabría esperar, sino que se queda a la derecha, debajo del tercer párrafo.

Esto pasa porque el cuarto párrafo tiene espacio para empezar debajo del tercero, pero no puede irse hacia la izquierda porque se topa con el segundo.

Configurar la altura de los párrafos para que sea en todos la del más largo resolvería el problema, pero en la vida real la cantidad de texto que hay en un párrafo o en una columna puede variar. Es más habitual utilizar la propiedad `clear` (que veremos a continuación) para arreglarlo.

`chapter-15/using-float.html`   **HTML**

```html
<body>
  <h1>The Evolution of the Bicycle</h1>
  <p>In 1817 Baron von Drais invented a walking
    machine that would help him get around...</p>
</body>
```

CSS

```css
body {
  width: 750px;
  font-family: Arial, Verdana, sans-serif;
  color: #665544;}
p {
  width: 230px;
  float: left;
  margin: 5px;
  padding: 5px;
  background-color: #efefef;}
```

RESULTADO

The Evolution of the Bicycle

In 1817 Baron von Drais invented a walking machine that would help him get around the royal gardens faster.

The device know as the Draisienne (or "hobby horse") was made of wood, and propelled by pushing your feed on the ground in a gliding movement.

It was not seen a suitable for any place other than a well maintained pathway.

In 1865, the velocipede (meaning "fast foot") attached pedals to the front wheel, but its wooden structure made it extremely uncomfortable.

In 1870 the first all-metal machine appeared. The pedals were atttached directly to the front wheel.

Solid rubber tires and the long spokes of the large front wheel provided a much smoother ride than its predecessor.

ELIMINAR FLOTANTES
clear

HTML   chapter-15/clear.html

```
<p class="clear">In 1865, the velocipede (meaning
   "fast foot") attached pedals to the front wheel,
   but its wooden structure made it extremely
   uncomfortable.</p>
```

CSS

```
body {
  width: 750px;
  font-family: Arial, Verdana, sans-serif;
  color: #665544;}
p {
  width: 230px;
  float: left;
  margin: 5px;
  padding: 5px;
  background-color: #efefef;}
.clear {
  clear: left;}
```

RESULTADO

The Evolution of the Bicycle

In 1817 Baron von Drais invented a walking machine that would help him get around the royal gardens faster.

The device know as the Draisienne (or "hobby horse") was made of wood, and propelled by pushing your feed on the ground in a gliding movement.

It was not seen a suitable for any place other than a well maintained pathway.

In 1865, the velocipede (meaning "fast foot") attached pedals to the front wheel, but its wooden structure made it extremely uncomfortable.

In 1870 the first all-metal machine appeared. The pedals were atttached directly to the front wheel.

Solid rubber tires and the long spokes of the large front wheel provided a much smoother ride than its predecessor.

La propiedad clear nos permite decir que ningún elemento (dentro del mismo contenedor) debería tocar los bordes derecho o izquierdo de una caja. Puede tomar los siguientes valores:

left

El lado izquierdo de la caja no debería tocar ningún elemento que aparezca en el mismo contenedor.

right

El lado derecho de la caja no debería tocar ningún elemento que aparezca en el mismo contenedor.

both

Ni el lado izquierdo de la caja ni el derecho deberían tocar elementos dentro del mismo contenedor.

none

Los elementos pueden tocar cualquier borde.

En este ejemplo, el cuarto párrafo tiene una clase llamada clear. La regla CSS para esta clase utiliza la propiedad clear para indicar que nada debería tocar su lado izquierdo. Por tanto, el párrafo se mueve hacia abajo para que nada lo toque por la izquierda.

PRIMARIOS DE ELEMENTOS FLOTANTES: PROBLEMA

Si un contenedor solo tiene elementos flotantes, algunos navegadores lo tratarán como si tuviese cero píxeles de altura.

Como se observa en este ejemplo, el borde de un píxel asignado al elemento contenedor se ha juntado, por lo que parece una línea de dos píxeles.

chapter-15/float-problem.html   **HTML**

```html
<body>
  <h1>The Evolution of the Bicycle</h1>
  <div>
    <p>In 1817 Baron von Drais invented a walking
       machine that would help him get around the
       royal gardens faster...</p>
  </div>
</body>
```

CSS

```css
div {
  border: 1px solid #665544;}
```

RESULTADO

The Evolution of the Bicycle

In 1817 Baron von Drais invented a walking machine that would help him get around the royal gardens faster.

The device know as the Draisienne (or "hobby horse") was made of wood, and propelled by pushing your feed on the ground in a gliding movement.

It was not seen a suitable for any place other than a well maintained pathway.

In 1865, the velocipede (meaning "fast foot") attached pedals to the front wheel, but its wooden structure made it extremely uncomfortable.

In 1870 the first all-metal machine appeared. The pedals were atttached directly to the front wheel.

Solid rubber tires and the long spokes of the large front wheel provided a much smoother ride than its predecessor.

PRIMARIOS DE ELEMENTOS FLOTANTES: SOLUCIÓN

```html
<body>
  <h1>The Evolution of the Bicycle</h1>
  <div>
    <p>In 1817 Baron von Drais invented a walking
      machine that would help him get around the
      royal gardens faster...</p>
  </div>
</body>
```

CSS

```css
div {
  border: 1px solid #665544;
  overflow: auto;
  width: 100%;}
```

RESULTADO

The Evolution of the Bicycle

In 1817 Baron von Drais invented a walking machine that would help him get around the royal gardens faster.

The device know as the Draisienne (or "hobby horse") was made of wood, and propelled by pushing your feed on the ground in a gliding movement.

It was not seen a suitable for any place other than a well maintained pathway.

In 1865, the velocipede (meaning "fast foot") attached pedals to the front wheel, but its wooden structure made it extremely uncomfortable.

In 1870 the first all-metal machine appeared. The pedals were atttached directly to the front wheel.

Solid rubber tires and the long spokes of the large front wheel provided a much smoother ride than its predecessor.

Tradicionalmente, los desarrolladores resolvían este problema añadiendo un elemento adicional después de la caja del último flotante (dentro del contenedor). Así, se aplica una regla CSS a ese elemento extra configurando la propiedad clear con un valor de both. Pero eso suponía añadir un elemento al HTML solo para fijar la altura del elemento contenedor.

Después, los desarrolladores se fueron decantando por una solución basada únicamente en CSS porque así no había que añadir nada a la página HTML después de los elementos flotantes. Esta solución añade dos reglas CSS al elemento contenedor, que en este caso es <div>):

- La propiedad overflow recibe el valor auto.

- La propiedad width se establece en 100 %.

CREAR DISEÑOS DE VARIAS COLUMNAS CON FLOTANTES

Muchas páginas web presentan un diseño con varias columnas, que se consigue utilizando un elemento `<div>` para representar cada columna. Las tres siguientes propiedades CSS sirven para colocar las columnas unas al lado de otras:

width

Establece la anchura de las columnas.

float

Coloca una columna junto a otra.

margin

Crea un espacio entre las columnas.

Un diseño de dos columnas, como el de esta página, requiere dos elementos `<div>`, uno para el contenido principal de la página y otro para la barra lateral.

Dentro de cada elemento `<div>` puede haber encabezados, párrafos, imágenes e incluso otros elementos `<div>`.

chapter-15/columns-two.html   **HTML**

```html
<h1>The Evolution of the Bicycle</h1>
<div class="column1of2">
  <h3>The First Bicycle</h3>
  <p>In 1817 Baron von Drais invented a walking
     machine that would help him get around the
     royal gardens faster: two same-size ...</p>
</div>
<div class="column2of2">
  <h3>Bicycle Timeline</h3> ...
</div>
```

CSS

```css
.column1of2 {
  float: left;
  width: 620px;
  margin: 10px;}
.column2of2 {
  float: left;
  width: 300px;
  margin: 10px;}
```

RESULTADO

The Evolution of the Bicycle

The First Bicycle

In 1817 Baron von Drais invented a walking machine that would help him get around the royal gardens faster: two same-size in-line wheels, the front one steerable, mounted in a frame upon which you straddled. The device was propelled by pushing your feet against the ground, thus rolling yourself and the device forward in a sort of gliding walk.

The machine became known as the Draisienne (or "hobby horse"). It was made entirely of wood. This enjoyed a short lived popularity as a fad, not being practical for transportation in any other place than a well maintained pathway such as in a park or garden.

Further Innovations

The next appearance of a two-wheeled riding machine was in 1865, when pedals were applied directly to the front wheel. This machine was known as the velocipede (meaning "fast foot") as well as the "bone shaker," since it's wooden structure combined with the cobblestone roads of the day made for an extremely uncomfortable ride. They also became a fad and indoor riding academies, similar to roller rinks, could be found in large cities.

In 1870 the first all-metal machine appeared. (Prior to this, metallurgy was not advanced enough to provide metal which was strong enough to make small, light parts out of.) The pedals were attached directly to the front wheel with no freewheeling mechanism. Solid rubber tires and the long spokes of the large front wheel provided a much smoother ride than its predecessor.

Bicycle Timeline

- 1817: Draisienne
- 1865: Velocipede
- 1870: High-wheel bicycle
- 1876: High-wheel safety
- 1885: Hard-tired safety
- 1888: Pneumatic safety

```html
<h1>The Evolution of the Bicycle</h1>
<div class="column1of3">
  <h3>The First Bicycle</h3> ...
</div>
<div class="column2of3">
  <h3>Further Innovations</h3> ...
</div>
<div class="column3of3">
  <h3>Bicycle Timeline</h3> ...
</div>
```

CSS

```css
.column1of3, .column2of3, .column3of3 {
  width: 300px;
  float: left;
  margin: 10px;}
```

Del mismo modo, se puede crear un diseño de tres columnas colocando tres elementos `<div>` flotantes uno al lado del otro, como en esta página.

RESULTADO

The Evolution of the Bicycle

The First Bicycle

In 1817 Baron von Drais invented a walking machine that would help him get around the royal gardens faster: two same-size in-line wheels, the front one steerable, mounted in a frame upon which you straddled. The device was propelled by pushing your feet against the ground, thus rolling yourself and the device forward in a sort of gliding walk.

The machine became known as the Draisienne (or "hobby horse"). It was made entirely of wood. This enjoyed a short lived popularity as a fad, not being practical for transportation in any other place than a well maintained pathway such as in a park or garden.

Further Innovations

The next appearance of a two-wheeled riding machine was in 1865, when pedals were applied directly to the front wheel. This machine was known as the velocipede (meaning "fast foot") as well as the "bone shaker," since it's wooden structure combined with the cobblestone roads of the day made for an extremely uncomfortable ride. They also became a fad and indoor riding academies, similar to roller rinks, could be found in large cities.

In 1870 the first all-metal machine appeared. (Prior to this, metallurgy was not advanced enough to provide metal which was strong enough to make small, light parts out of.) The pedals were attached directly to the front wheel with no freewheeling mechanism. Solid rubber tires and the long spokes of the large front wheel provided a much smoother ride than its predecessor.

Bicycle Timeline

- 1817: Draisienne
- 1865: Velocipede
- 1870: High-wheel bicycle
- 1876: High-wheel safety
- 1885: Hard-tired safety
- 1888: Pneumatic safety

TAMAÑOS
DE PANTALLA

Los visitantes de nuestro sitio pueden tener pantallas de distinto tamaño que muestren una cantidad de información diferentes, por lo que el diseño debe ser capaz de funcionar bien en pantallas de distintos tamaños.

iPhone 4
Tamaño: 3,5 pulgadas
Resolución: 960 x 640 píxeles

iPad 2
Tamaño: 9,7 pulgadas
Resolución: 1024 x 768 píxeles

Al diseñar para impresión, siempre sabemos el tamaño del papel en el que se imprimirá el diseño. Sin embargo, a la hora de diseñar para la web, nos enfrentamos al desafío de que los distintos usuarios pueden tener tamaños de pantalla diferentes.

Desde que los ordenadores se popularizaron, los tamaños de pantalla han aumentado constantemente. Esto significa que algunos verán nuestro sitio en monitores de 13 pulgadas y otros en pantallas de 27 pulgadas o más.

El tamaño de la pantalla del usuario influirá en lo grande que puedan hacer las ventanas y cuánto contenido de la página verán. También hay muchos dispositivos móviles (smartphones y tabletas), que tienen pantallas más pequeñas.

RESOLUCIÓN DE PANTALLA

La resolución es el número de puntos por pulgada que muestra una pantalla. Algunos dispositivos tienen una resolución más alta que los ordenadores de sobremesa y la mayoría de los sistemas operativos permiten al usuario ajustar la resolución de su pantalla.

MacBook de 13"
Tamaño: 13,3 pulgadas
Resolución: 1280 x 800 píxeles

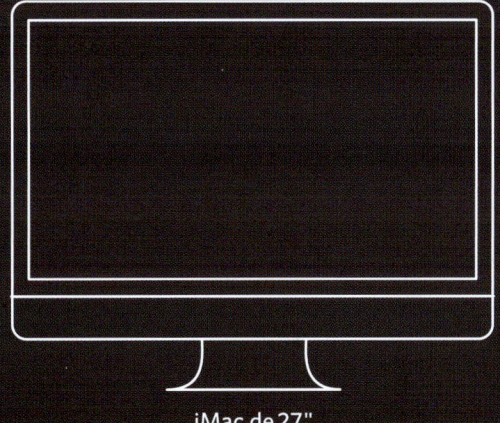

iMac de 27"
Tamaño: 27 pulgadas
Resolution: 2560 x 1440 pixels

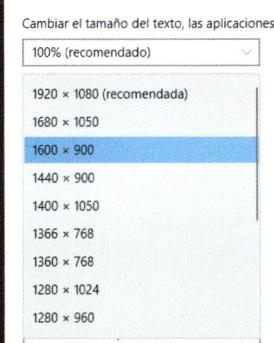

La mayoría de los ordenadores permiten a los usuarios ajustar la resolución del monitor o el número de píxeles que muestra la pantalla. Por ejemplo, aquí tenemos opciones para cambiar el tamaño de pantalla de 800 x 600 hasta 1920 x 1080.

Cabe destacar que cuanto más alta sea la resolución, más pequeño se ve el texto. Muchos dispositivos móviles tienen pantallas con una resolución más alta que los equipos de sobremesa.

TAMAÑOS DE PÁGINA

Puesto que los tamaños de pantalla y las resoluciones de los monitores varían tanto, los diseñadores web suelen crear páginas de unos 960-1000 píxeles de ancho porque la mayoría de los diseñadores podrán ver diseños con esa anchura en sus pantallas.

Calcular la altura que la gente verá en su pantalla sin tener que bajar por la página es más difícil. Durante muchos años, los diseñadores asumieron que los usuarios verían los primeros 570-600 píxeles de una página sin tener que bajar, y algunos intentaban encajar los mensajes más importantes en esa área, temerosos de que la gente no siguiese bajando.

A medida que aumentaron los tamaños de las pantallas y empezaron a proliferar los dispositivos móviles, el área de visión de los usuarios se hizo más variable.

El área de la página que los usuarios verían sin tener que bajar recibe el nombre de «encima del pliegue» (más habitualmente usado en inglés, *above the fold*), un término periodístico acuñado originalmente para describir el área de la primera plana que vemos si el periódico está doblado por la mitad.

Ahora se acepta que si alguien tiene interés en el contenido de la página, lo más probable es que baje para ver más. Dicho esto, hay estudios de usabilidad que demuestran que los visitantes pueden juzgar una página en menos de un segundo, por lo cual es importante hacerles ver que el sitio es relevante para ellos y sus intereses.

Como resultado, muchos diseños todavía intentan mostrar al usuario de qué va el sitio en los primeros 570-600 píxeles, y añaden la indicación a más contenido por debajo de ese punto. Pero no conviene meter a presión muchas cosas en esa área.

La tendencia actual consiste en crear diseños adaptativos o responsivos que pueden cambiar dependiendo del tamaño de la pantalla.

1000 px

570 px

flickr from YAHOO!

The Tour   Explore   Sign In   Sign Up   Search

Share your life in photos

Sign up now
or login with your ID:

© by peterbaker

Upload
More ways to get your photos online.

Multiple ways to upload your photos to Flickr—through the web, your mobile device, email or your favorite photo applications.

Discover
See what's going on in your world.

Keep up with your friends and share your stories with comments & notes. Add rich information like tags, locations & people.

Share
Your photos are everywhere you are.

Upload your photos once to Flickr, then easily and safely share them through Facebook, Twitter, email, blogs and more.

Sign up now Free!
or learn more

It takes less than a minute to create your free account & start sharing!

Have a Google or Facebook account? You can use them to sign in!

Community
Flickr is made of people.

Join one of over 10 million active groups to

Privacy
Your photos are safe with us.

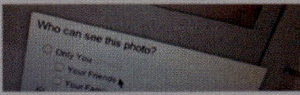

Share photos only with the people you want to

Flickr on the go
Mobile options to keep you going.

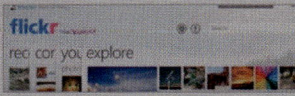

Flickr is always in your back pocket with apps

DISEÑOS DE ANCHO FIJO

Los diseños de ancho fijo no cambian el tamaño cuando el usuario aumenta o reduce el tamaño de la ventana del navegador. Las medidas suelen darse en píxeles.

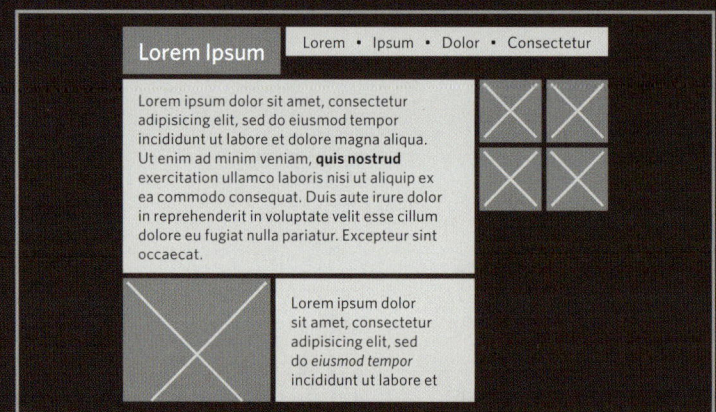

VENTAJAS

- Los valores en píxeles son precisos para controlar el tamaño y la posición de los elementos.

- El diseñador tiene mucho más control sobre el aspecto y la posición de los elementos de la pantalla que en los diseños líquidos.

- Se puede controlar la longitud de las líneas de texto al margen del tamaño de la ventana del usuario.

- El tamaño de una imagen siempre será el mismo en relación con el resto de la página.

DESVENTAJAS

- Podemos acabar con huecos grandes en el borde de la página.

- Si la pantalla del usuario tiene una resolución mucho más alta que la del diseñador, la página puede resultar pequeña y el texto difícil de leer.

- Si un usuario aumenta el tamaño de las fuentes, el texto podría no caber en los espacios asignados.

- El diseño funciona mejor en dispositivos con un sitio o resolución similar a la de los ordenadores portátiles o de sobremesa.

- La página ocupará más espacio vertical que un diseño líquido con el mismo contenido.

DISEÑOS LÍQUIDOS

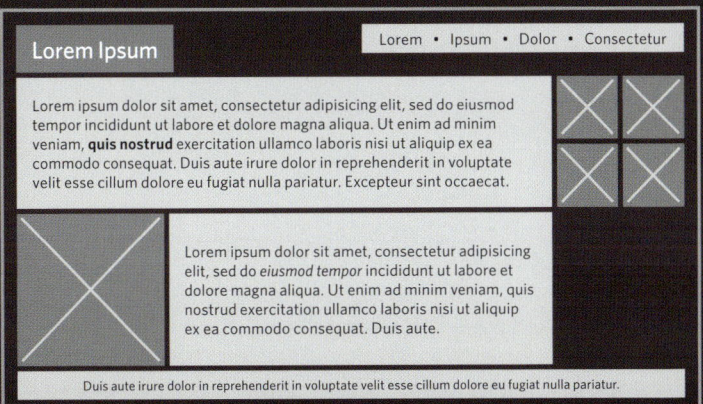

Los diseños líquidos se estiran o contraen cuando el usuario aumenta o reduce el tamaño de su navegador. Tienden a usar porcentajes.

VENTAJAS

- Las páginas se expanden hasta ocupar toda la ventana del navegador para que no se vean huecos entre los bordes en una pantalla grande.

- Si el usuario tiene una ventana pequeña, la página puede contraerse para encajar sin que el usuario tenga que desplazar horizontalmente.

- El diseño tolera las configuraciones de fuente hechas por el usuario aunque sean más grandes de lo que pretendía el diseñador (porque la página se puede estirar).

DESVENTAJAS

- Si no controlas el ancho de las secciones de la página, el diseño puede quedar muy distinto a lo que esperabas, con huecos inesperados entre determinados elementos o elementos apiñados.

- Si el usuario tiene una ventana ancha, las líneas de texto pueden hacerse demasiado largas, lo que dificulta su lectura.

- Si el usuario tiene una ventana muy estrecha, las palabras podrían apiñarse o reducirse a muy pocas por línea.

- Si hay un elemento de ancho fijo (como una imagen) en una caja demasiado pequeña (porque el usuario ha reducido la ventana), la imagen puede salirse por encima del texto.

Como los diseños líquidos pueden extenderse por toda la anchura del navegador, lo cual produciría líneas largas de texto difíciles de leer, algunos solo dejan que se expanda o contraiga una parte de la página. Otras partes tendrán un ancho mínimo y máximo.

DISEÑO DE ANCHO FIJO

Para crear un diseño de ancho fijo, la anchura de las cajas principales de la página se especificará, por lo general, en píxeles (y, a veces, también la altura).

Aquí tenemos varios elementos <div>, cada uno con un atributo id o class que indica su propósito en la página.

En un libro como este, el resultado del ancho fijo y el diseño líquido queda parecido. Para hacerte mejor idea, necesitas verlos en un navegador para comprobar cómo reaccionan cuando ajustes el tamaño de la ventana.

El diseño de ancho fijo se quedará con la misma anchura independientemente de cómo sea la ventana, mientras que el diseño líquido se estirará o encogerá para rellenar la pantalla.

El código HTML es el mismo para el ejemplo de ancho fijo de esta página y el de diseño líquido que veremos a continuación.

chapter-15/fixed-width-layout.html `HTML`

```html
<body>
  <div id="header">
    <h1>Logo</h1>
    <div id="nav">
      <ul>
        <li><a href="">Home</a></li>
        <li><a href="">Products</a></li>
        <li><a href="">Services</a></li>
        <li><a href="">About</a></li>
        <li><a href="">Contact</a></li>
      </ul>
    </div>
  </div>
  <div id="content">
    <div id="feature">
      <p>Feature</p>
    </div>
    <div class="article column1">
      <p>Column One</p>
    </div>
    <div class="article column2">
      <p>Column Two</p>
    </div>
    <div class="article column3">
      <p>Column Three</p>
    </div>
  </div>
  <div id="footer">
    <p>&copy; Copyright 2011</p>
  </div>
</body>
```

```css
body {
  width: 960px;
  margin: 0 auto;}
#content {
  overflow: auto;
  height: 100%;}
#nav, #feature, #footer {
  background-color: #efefef;
  padding: 10px;
  margin: 10px;}
.column1, .column2, .column3 {
  background-color: #efefef;
  width: 300px;
  float: left;
  margin: 10px;}
li {
  display: inline;
  padding: 5px;}
```

La regla para el elemento `<body>` sirve para fijar la anchura de la pantalla en 960 píxeles y se centra configurando en automático los márgenes izquierdo y derecho.

Las cajas principales de la página tienen un margen de 10 píxeles para crear espacio entre ellas.

Los paneles de navegación, destacado y pie se estiran a lo ancho del contenedor (que, en este caso, es el elemento `<body>`), así que no necesitamos especificar una anchura para ellos.

Las tres columnas tienen 300 píxeles de ancho cada una y usan la propiedad `float`, que permite colocarlas unas al lado de otras.

A veces, se utiliza un elemento HTML adicional para contener la página en lugar de fijar la anchura del elemento `<body>`. Esto permite que el fondo de la ventana del navegador tenga un color diferente del fondo del contenido.

Logo

Home   Products   Services   About   Contact

Feature

Column One   Column Two   Column Three

© Copyright 2011

DISEÑO LÍQUIDO

El diseño líquido usa porcentajes para especificar el ancho de cada caja, de manera que el diseño se estirará para ajustarse al tamaño de la pantalla.

Al probar este ejemplo en tu navegador, recuerda aumentar y reducir la pantalla.

chapter-15/liquid-layout.html

`HTML`

```html
<body>
  <div id="header">
    <h1>Logo</h1>
    <div id="nav">
      <ul>
        <li><a href="">Home</a></li>
        <li><a href="">Products</a></li>
        <li><a href="">Services</a></li>
        <li><a href="">About</a></li>
        <li><a href="">Contact</a></li>
      </ul>
    </div>
  </div>
  <div id="content">
    <div id="feature">
      <p>Feature</p>
    </div>
    <div class="article column1">
      <p>Column One</p>
    </div>
    <div class="article column2">
      <p>Column Two</p>
    </div>
    <div class="article column3">
      <p>Column Three</p>
    </div>
  </div>
  <div id="footer">
    <p>&copy; Copyright 2011</p>
  </div>
</body>
```

```
body {
  width: 90%;
  margin: 0 auto;}
#content {overflow: auto;}
#nav, #feature, #footer {
  margin: 1%;}
.column1, .column2, .column3 {
  width: 31.3%;
  float: left;
  margin: 1%;}
.column3 {margin-right: 0%;}
li {
  display: inline;
  padding: 0.5em;}
#nav, #footer {
  background-color: #efefef;
  padding: 0.5em 0;}
#feature, .article {
  height: 10em;
  margin-bottom: 1em;
  background-color: #efefef;}
```

Logo

Home Products Services About Contact

Feature

Column One   Column Two   Column Three

© Copyright 2011

Hay una regla en el elemento `<body>` para establecer la anchura de la página al 90 %, de modo que quede un pequeño hueco entre los laterales de la ventana del navegador y el contenido de la página.

Las tres columnas cuentan con un margen de 1 % y una anchura de 31,3 %. Esto supone el 99,9 % de la anchura del elemento `<body>`, así que algunos navegadores podrían no alinear a la perfección el lado derecho de la tercera columna con otros elementos de la página.

Los elementos `<div>` que contienen la navegación, el contenido destacado y el pie se estirarán para rellenar el ancho del elemento `<body>` contenedor. Tienen un margen del 1 % para que se alineen con las columnas.

Si imaginas la ventana del navegador muy ancha o muy estrecha, verás que las líneas pueden alargarse o acortarse mucho.

Ahí es donde las propiedades `min-width` y `max-width` son de utilidad para crear fronteras dentro de las cuales se puede estirar el diseño.

CUADRÍCULAS DE DISEÑO

En cualquier arte visual (como el diseño, la pintura o la fotografía), la composición es la colocación de los elementos visuales: cómo se organizan en una página. Muchos diseñadores usan una estructura cuadriculada como ayuda para colocar elementos y así lo pueden hacer también los diseñadores web.

A la derecha vemos una serie de líneas verticales gruesas sobrepuestas en un sitio web de noticias para mostrar cómo se diseñó la página según una cuadrícula. Esta en concreto se denomina **cuadrícula de 960 píxeles** y la usan mucho los diseñadores web.

Las cuadrículas establecen proporciones y espacios consistentes entre elementos, lo que contribuye a crear un diseño con aspecto profesional.

Si hojeas las páginas de este libro, verás que también se ha construido según una cuadrícula (que consta de tres columnas).

Como veremos en las páginas 386-387, es posible crear muchos diseños diferentes con esta cuadrícula tan versátil.

Aunque una cuadrícula puede parecer restrictiva, en realidad:

- Crea continuidad entre distintas páginas que pueden emplear diseños diferentes.

- Ayuda a los usuarios a predecir dónde encontrar información en distintas páginas.

- Facilita la adición de nuevo contenido al sitio de una forma coherente.

- Ayuda a la gente a colaborar en el diseño de un sitio de manera consistente.

CUADRÍCULA DE EJEMPLO

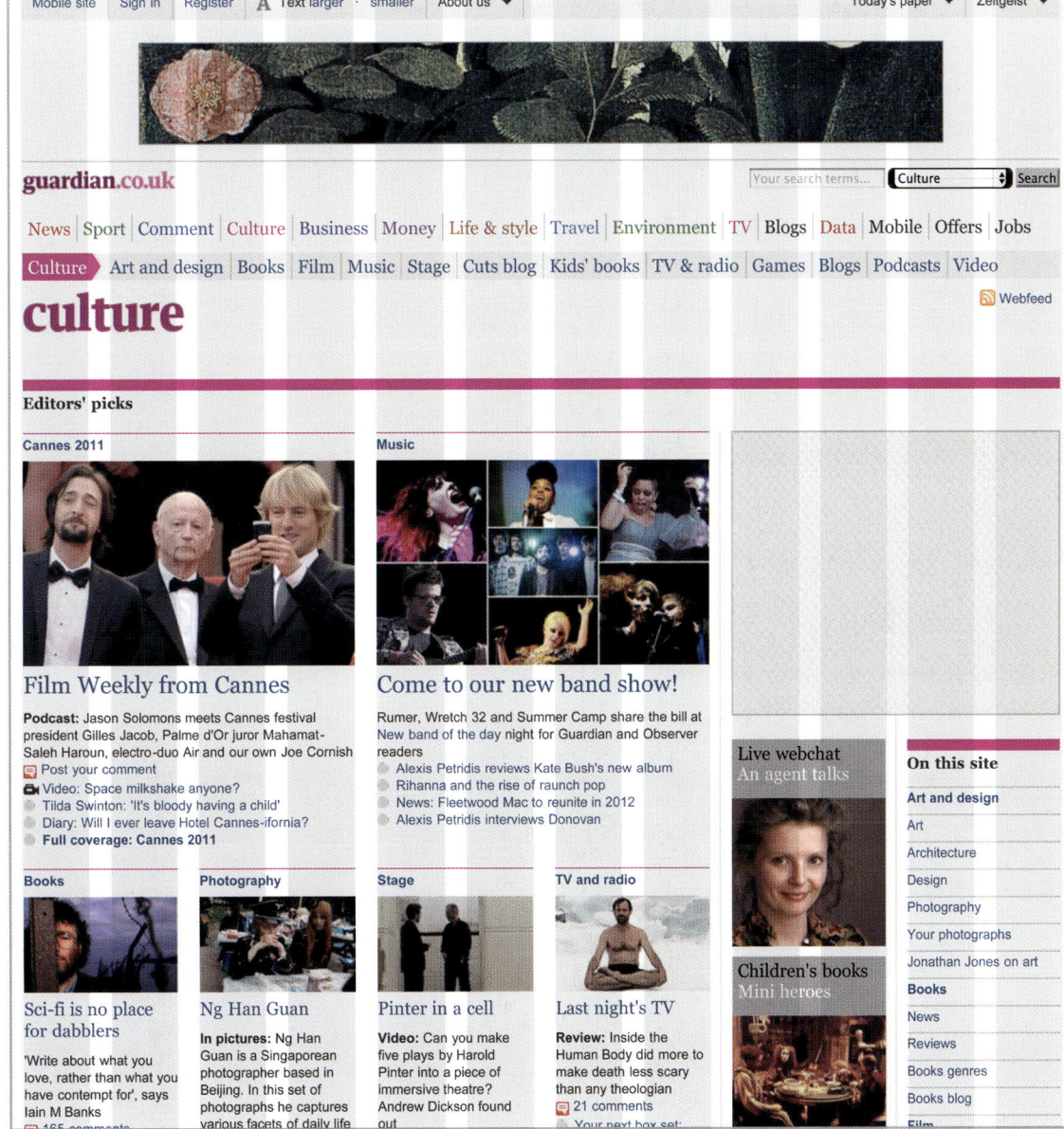

POSIBLES DISEÑOS: CUADRÍCULA 960 PÍXELES DE ANCHO Y 12 COLUMNAS

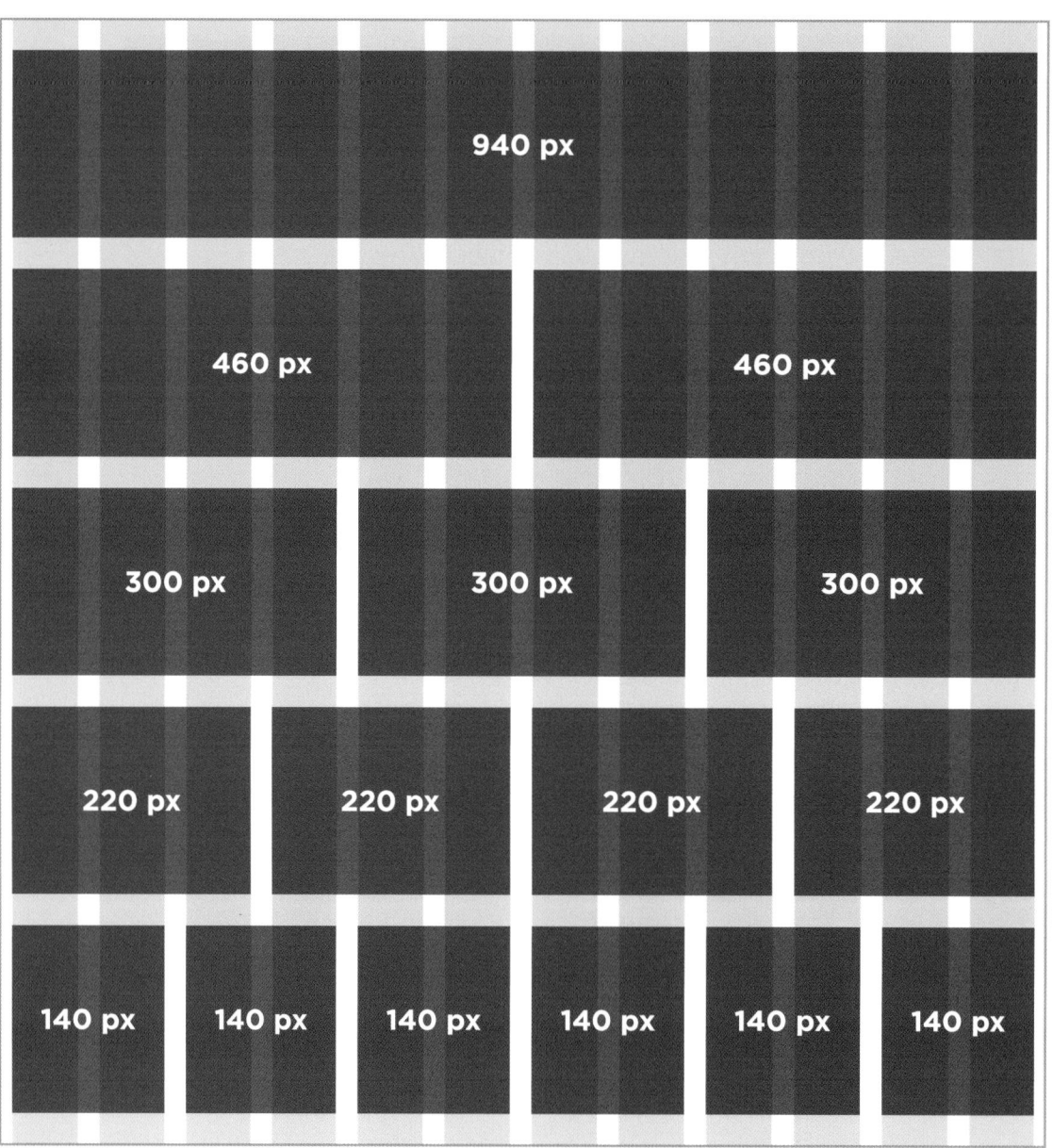

Estas dos páginas ilustran una cuadrícula de 960 píxeles de ancho y 12 columnas. Muestran cómo se puede crear una amplia variedad de diseños con columnas empleando esta cuadrícula.

La página tiene 960 píxeles de ancho y contiene 12 columnas del mismo tamaño (en gris), con 60 píxeles de ancho cada una.

Cada columna tiene un margen de 10 píxeles, lo que crea un espacio de 20 píxeles entre cada columna y 10 píxeles a los lados izquierdo y derecho de la página.

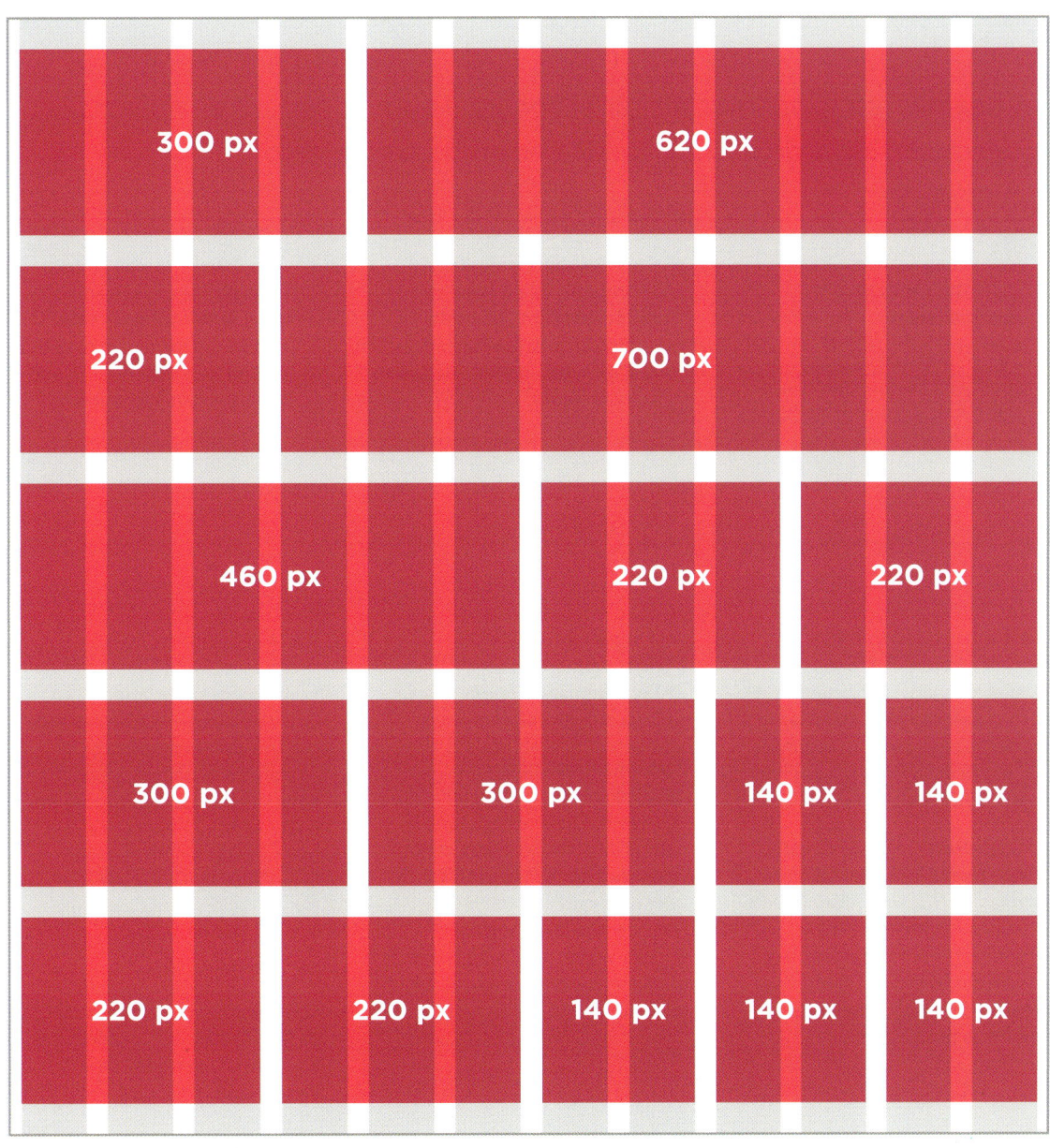

FRAMEWORKS DE CSS

Los *frameworks* (marcos) de CSS tienen como objetivo facilitarnos la vida proporcionándonos el código para tareas comunes, como crear cuadrículas de diseño, aplicar estilo a formularios, crear versiones para imprimir de las páginas, etc. Podemos incluir el código de un *framework* en nuestro proyecto en lugar de escribir toda la hoja CSS desde cero.

VENTAJAS

- Nos evitan escribir código repetidas veces para las mismas tareas.

- Se han probado en distintas versiones de navegadores, lo que ayuda a evitar errores.

DESVENTAJAS

- Con frecuencia, requieren usar nombres de clase en el código HTML que solo controlan la presentación de la página (en lugar de describir su contenido).

- Para satisfacer una amplia variedad de necesidades, a menudo contienen más código del necesario para una página web concreta (lo que suele denominarse «código inflado»).

PRESENTACIÓN DEL *FRAMEWORK* DE CSS 960.GS

Uno de los usos más populares de los *frameworks* de CSS es la creación de cuadrículas para diseñar páginas. Hay varios *frameworks* para cuadrículas, pero el que vamos a ver en las próximas páginas es el sistema de cuadrícula de 960 (disponible en www.960.gs).

960.gs ofrece una hoja de estilo que se puede incluir en las páginas HTML. Una vez enlazada la página a la hoja de estilo, podemos proporcionar las clases adecuadas al código HTML, que creará diseños con múltiples columnas por nosotros.

El sitio web de 960.gs también ofrece plantillas que podemos descargar para diseñar páginas con una cuadrícula de 12 columnas. Además, hay una variación de 16 columnas.

Para crear una cuadrícula de 12 columnas, se da a un elemento que contenga toda la página un atributo class cuyo valor será container_12. Lo que hace esto es establecer el contenido de la página en 960 píxeles de ancho e indicar que vamos a usar una cuadrícula de 12 columnas.

Hay distintas clases para bloques que pueden ocupar 1, 2, 3, 4 y hasta 12 columnas de la cuadrícula. Cada bloque utiliza nombres de clase como grid_3 (para un bloque que se expande por tres columnas), grid_4 (para un bloque que ocupa 4 columnas) y así sucesivamente hasta grid_12 (para una caja que tenga el ancho completo de la página). Todas estas columnas flotan a la izquierda y hay un margen de 10 píxeles a izquierda y derecha de cada una.

Hay otros muchos *frameworks* de CSS basados en cuadrículas en Internet, como los de lessframework.com.

UTILIZAR LA CUADRÍCULA 960.GS

Aquí abajo tenemos un diseño de muestra de una página como la del ejemplo de la página de ancho fijo. En la siguiente página, la recrearemos con la hoja de estilo 960.gs. En lugar de escribir nuestro propio CSS para controlar el diseño, tendremos que añadir clases al HTML para indicar cómo debería ser cada sección.

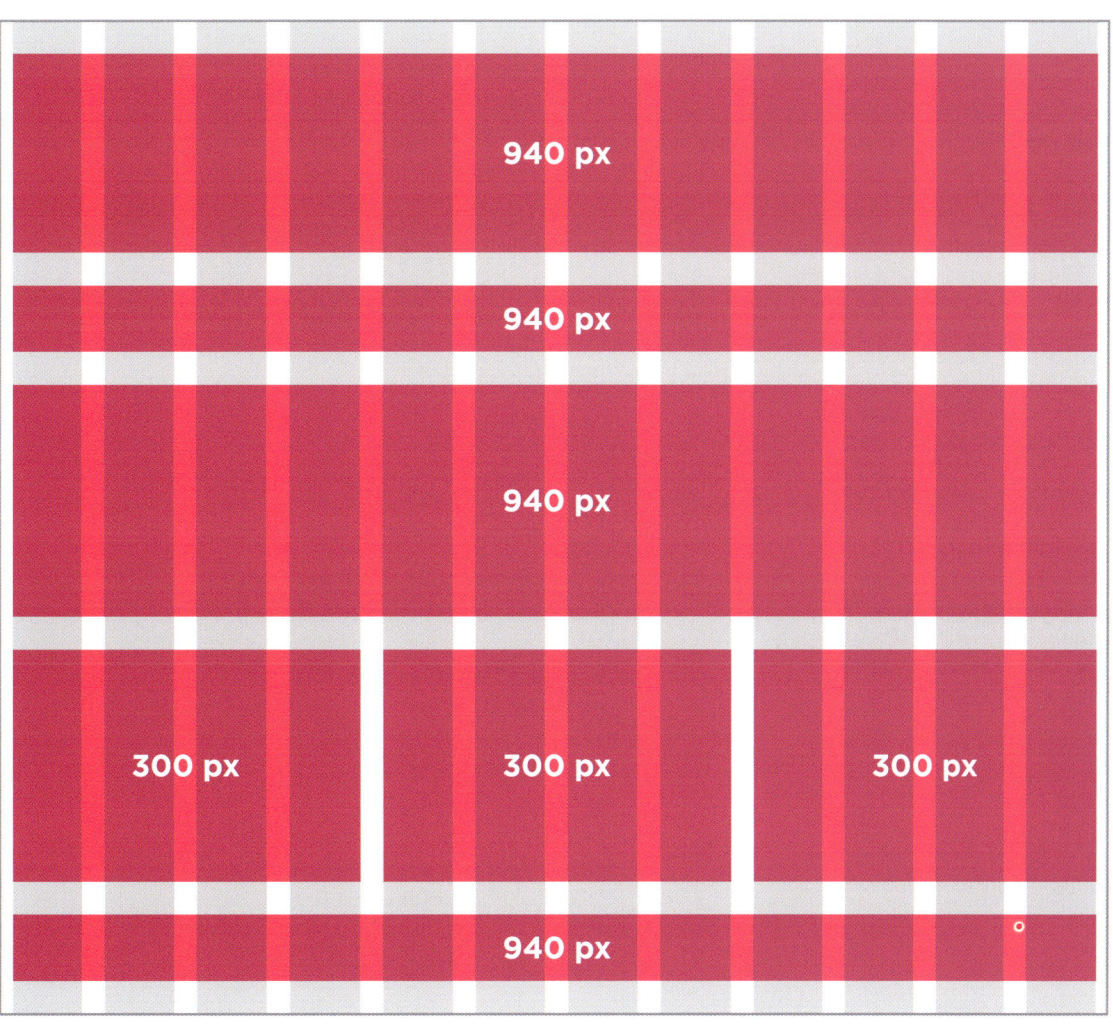

UN DISEÑO BASADO EN CUADRÍCULA CON 960.GS

Echemos un vistazo a una página HTML y cómo se ha marcado para usar el sistema de cuadrícula 960.gs.

Como verás, hemos incluido la hoja CSS para la cuadrícula usando el elemento `<link>` dentro del elemento `<head>` de la página.

Los estilos que escribimos nosotros aparecen en la página de la derecha.

La hoja de estilo `960_12_col.css` contiene todas las reglas que necesitamos para controlar el diseño de la cuadrícula. El código HTML utiliza nombres de clase:

`container_12` para actuar como contenedor para toda la página e indicar que vamos a usar una cuadrícula con 12 columnas.

`clearfix` para asegurarnos de que los navegadores conozcan la altura de la caja contenedora porque solo contiene elementos flotantes (esto resuelve el problema al que nos enfrentábamos en las páginas 368-369).

`grid_12` para crear un bloque que tenga doce columnas de ancho.

`grid_4` para crear un bloque con cuatro columnas de ancho.

```
chapter-15/grid-layout.html                          HTML

<head>
  <title>Grid Layout</title>
  <link rel="stylesheet" type="text/css"
        href="css/960_12_col.css" />
  <style>See the right hand page</style>
</head>
<body>
  <div class="container_12 clearfix">
    <div id="header" class="grid_12">
      <h1>Logo</h1>
        <div id="nav">
          <ul>
            <li><a href="">Home</a></li>
            <li><a href="">Products</a></li>
            <li><a href="">Services</a></li>
            <li><a href="">About</a></li>
            <li><a href="">Contact</a></li>
          </ul>
        </div>
    </div>
    <div id="feature" class="grid_12">
      <p>Feature</p>
    </div>
    <div class="article grid_4">
      <p>Column One</p>
    </div>
    <div class="article grid_4">
      <p>Column Two</p>
    </div>
    <div class="article grid_4">
      <p>Column Three</p>
    </div>
    <div id="footer" class="grid_12">
      <p>&copy; Copyright 2011</p>
    </div>
  </div><!-- .container_12 -->
</body>
```

```css
* {
  font-family: Arial, Verdana, sans-serif;
  color: #665544;
  text-align: center;}
#nav, #feature, .article, #footer {
  background-color: #efefef;
  margin-top: 20px;
  padding: 10px 0px 5px 0px;}
#feature, .article {
  height: 100px;}
li {
  display: inline;
  padding: 5px;}
```

La hoja de estilo 960.gs se ha ocupado del diseño, y ha creado la anchura correcta para las tres columnas y configurado los espacios entre ellas. Por tanto, las únicas reglas que debemos añadir aparecen en esta página. Estas reglas:

- Controlan la fuente y la posición del texto en las cajas.

- Configuran los colores de fondo para las cajas.

- Establecen la altura de las cajas para el destacado y el artículo.

- Añaden un margen encima y debajo de cada caja.

RESULTADO

Logo

Home Products Services About Contact

Feature

Column One   Column Two   Column Three

© Copyright 2011

MÚLTIPLES HOJAS DE ESTILO

@import

Algunos diseñadores web dividen sus reglas de estilo CSS en varias hojas. Por ejemplo, usan una hoja de estilo para controlar el diseño general y otra para las fuentes, los colores, etc.

Algunos adoptan un enfoque más **modular** todavía, y crean hojas de estilo aparte para controlar la tipografía, la disposición, los formularios, las tablas e incluso estilos distintos para cada subsección de un sitio.

Hay dos maneras de añadir varias hojas de estilo a una página:

1. La página HTML puede enlazarse a una hoja de estilo y esa hoja puede emplear la regla @import para importar otras hojas de estilo.

2. En el HTML podemos usar un elemento <link> aparte para cada hoja de estilo.

El ejemplo de esta página utiliza un elemento <link> en el código HTML para enlazar una hoja de estilo llamada styles.css. Esta hoja utiliza la regla @import para importar los archivos typography.css y tables.css.

Si una hoja de estilo utiliza la regla @import, debería aparecer antes de otras reglas.

chapter-15/multiple-style-sheets-import.html · **HTML**

```html
<!DOCTYPE html>
<html>
  <head>
    <title>Multiple Style Sheets - Import</title>
    <link rel="stylesheet" type="text/css"
      href="css/styles.css" />
  </head>
  <body>
    <!-- HTML page content here -->
  </body>
</html>
```

chapter-15/styles.css · **CSS**

```css
@import url("tables.css");
@import url("typography.css");
body {
  color: #666666;
  background-color: #f8f8f8;
  text-align: center;}
#page {
  width: 600px;
  text-align: left;
  margin-left: auto;
  margin-right: auto;
  border: 1px solid #d6d6d6;
  padding: 20px;}
h3 {
  color: #547ca0;}
```

MÚLTIPLES HOJAS DE ESTILO
Link

```html
<!DOCTYPE html>
<html>
  <head>
    <title>Multiple Style Sheets - Link</title>
    <link rel="stylesheet" type="text/css"
      href="css/site.css" />
    <link rel="stylesheet" type="text/css"
      href="css/tables.css" />
    <link rel="stylesheet" type="text/css"
        href="css/typography.css" />
  </head>
  <body>
    <!-- HTML page content here -->
  </body>
</html>
```

En esta página, vemos la otra técnica para incluir varias hojas de estilo. Dentro del elemento `<head>` hay un elemento `<link>` independiente para cada hoja de estilo.

El contenido de `site.css` es idéntico al de `styles.css` en la página anterior, salvo en que el código no contiene reglas @ import.

Como con todas las hojas de estilo, si se aplican dos reglas a un mismo elemento, las que aparecen más tarde en el documento son las que prevalecen sobre las anteriores.

En el ejemplo de esta página, cualquier regla de `typography. css` tendrá preferencia sobre las de `site.css` (porque las reglas de tipografía van después de las otras).

En el ejemplo de la página anterior, las reglas de `styles. css` tienen prioridad sobre las de `typography.css`. Es así porque cuando se usa la regla @import ese es el punto en el que el navegador considera las reglas en vivo.

RESULTADO

Central Park Bike Hire

Rent a bicycle to ride around Central Park:

	Per hour	Per day
Cruiser	$9	$45
21 Speed	$15	$50

WHERE AND WHEN
Loeb Boathouse

From April to November bicycles are available on first come first serve basis for riding in Central Park.

DEPOSITS
Cash or credit card

A $200 deposit is required for the hire of any of our bicycles.

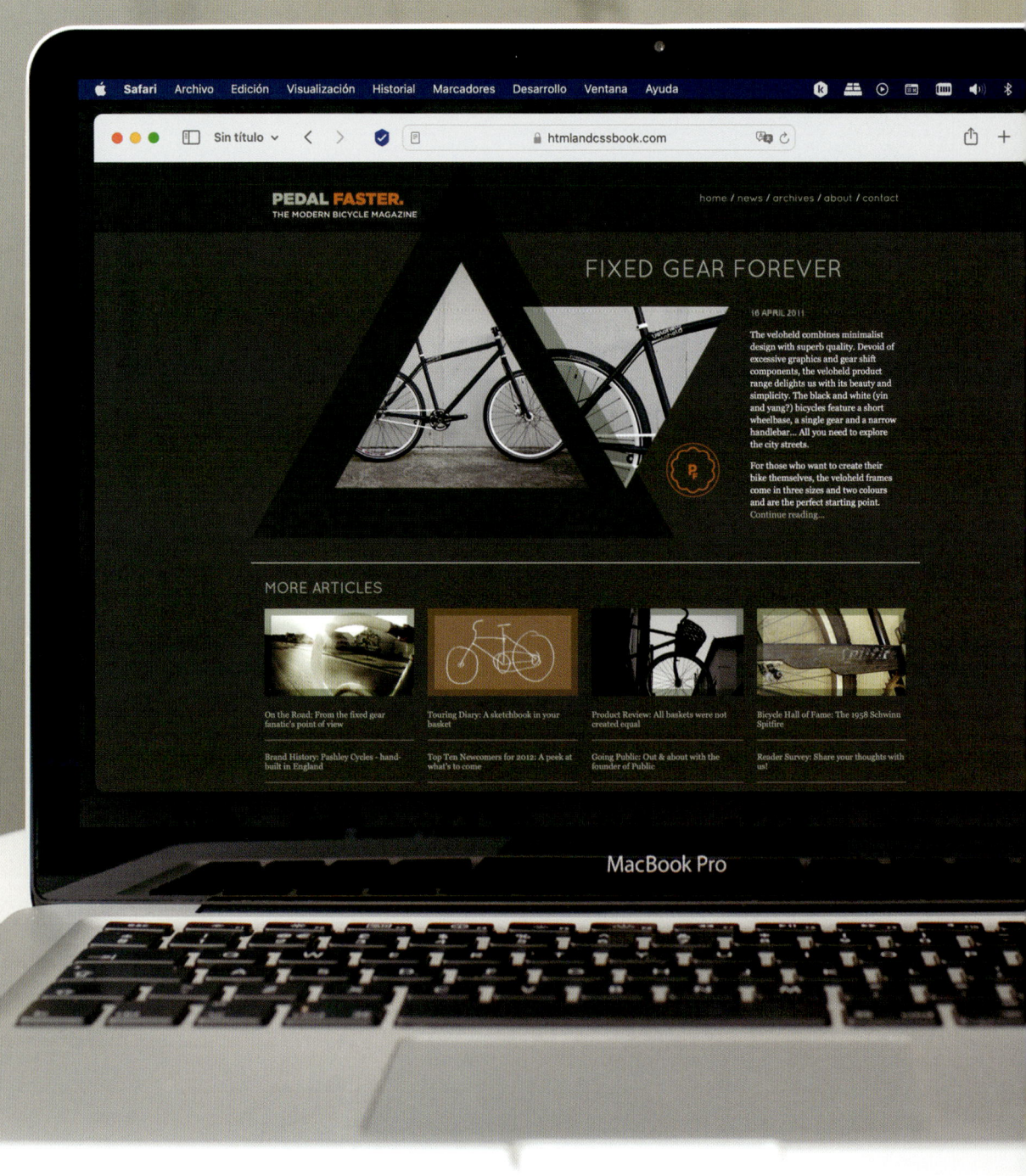

EJEMPLO
DISEÑO

Este ejemplo muestra un diseño de revista moderna con la cuadrícula 960.gs. El uso de esta hoja de estilo nos ahorra tener que crear por nuestra cuenta todo el código CSS.

Se han añadido al código muchas clases de la hoja de estilo 960.gs para indicar cuántas columnas debe ocupar cada elemento. Como hemos visto en el capítulo, la hoja de estilo 960.gs utiliza la propiedad float para colocar los bloques juntos.

Al comienzo de la página, el encabezado utiliza un posicionamiento fijo, lo que significa que no se mueve cuando el usuario baja por la página. La propiedad z-index se ha añadido al encabezado para mantenerlo encima del resto del contenido cuando el usuario mueva la página.

Tanto el encabezado como el pie se encuentran en elementos <div> que ocupan todo el ancho de la página. Dentro de esos contenedores hay otros elementos que emplean clases de la hoja de estilo 960.gs para garantizar que los elementos del encabezado y el pie se alinean con el resto del contenido.

El artículo destacado ocupa toda la anchura de la página. Las clases push_7 y push_9 forman parte de la hoja de estilo 960.gs y se usan en el artículo destacado para mover el encabezado y el contenido de este artículo a la derecha.

Bajo el artículo principal, vemos cuatro bloques, con una anchura de 3 columnas cada uno. Contienen imágenes seguidas de enlaces a más artículos.

Este ejemplo también utiliza imágenes de fondo para crear un fondo texturizado para la página y el encabezado y también para contener las imágenes del artículo destacado. Veremos más sobre esto en el siguiente capítulo.

EJEMPLO
DISEÑO

```html
<!DOCTYPE html
<html>
  <head>
    <title>Layout</title>
    <link rel="stylesheet" type="text/css" href="css/960_12_col.css" />
    <style type="text/css">
      @font-face {
        font-family: 'QuicksandBook';
        src: url('fonts/Quicksand_Book-webfont.eot');
        src: url('fonts/Quicksand_Book-webfont.eot?#iefix') format('embedded-opentype'),
          url('fonts/Quicksand_Book-webfont.woff') format('woff'),
          url('fonts/Quicksand_Book-webfont.ttf') format('truetype'),
          url('fonts/Quicksand_Book-webfont.svg#QuicksandBook') format('svg');
        font-weight: normal;
        font-style: normal;}
      body {
        color: #ffffff;
        background: #413f3b url("images/bg.jpg");
        font-family: Georgia, "Times New Roman", Times, serif;
        font-size: 90%;
        margin: 0px;
        text-align: center;}
      a {
        color: #b5c1ad;
        text-decoration: none;}
      a:hover {
        color: #ffffff;}
      .header {
        background-image: url("images/bg-header.jpg");
        padding: 0px 0px 0px 0px;
        height: 100px;
        position: fixed;
        top: 0px;
        width: 100%;
        z-index: 50;}
      .nav {
        float: right;
        font-family: QuicksandBook, Helvetica, Arial, sans-serif;
```

```
    padding: 45px 0px 0px 0px;
    text-align: right;}
.wrapper {
  width: 960px;
  margin: 0px auto;
  background-image: url("images/bg-triangle.png");
  background-repeat: no-repeat;
  background-position: 0px 0px;
  text-align: left;}
.logo {
  margin-bottom: 20px;}
h1, h2 {
  font-family: QuicksandBook, Helvetica, Arial, sans-serif;
  font-weight: normal;
  text-transform: uppercase;}
h1 {
  font-size: 240%;
  margin-top: 140px;}
.date {
  font-family: Arial, Helvetica, sans-serif;
  font-size: 75%;
  color: #b5c1ad;}
.intro {
  clear: left;
  font-size: 90%;
  line-height: 1.4em;}
.main-story {
  background-image: url("images/triangles.png");
  background-repeat: no-repeat;
  background-position: 122px 142px;
  height: 570px;}
.more-articles {
  border-top: 1px solid #ffffff;
  padding: 10px;}
.more-articles p {
  border-bottom: 1px solid #807c72;
  padding: 5px 0px 15px 0px;
  font-size: 80%;}
```

EJEMPLO
DISEÑO

```
    .more-articles p:last-child {
      border-bottom: none;}
    .footer {
      clear: both;
      background: rgba(0, 0, 0, 0.2);
      padding: 5px 10px;}
    .footer p {
      font-family: Helvetica, Arial, sans-serif;
      font-size: 75%;
      text-align: right;}
    .footer a {
      color: #807c72;}
  </style>
</head>
<body>
  <div class="header">
    <div class="container_12">
      <div class="grid_5">
        <img src="images/logo.png" alt="Pedal Faster - The modern bicycle magazine"
          width="216" height="37" class="logo" />
        <img src="images/header-triangle.png" alt="" width="116" height="100" />
      </div>
      <div class="nav grid_7">
        <a href="">home</a> / <a href="">news</a> / <a href="">archives</a> /
          <a href="">about</a> / <a href="">contact</a>
      </div>
    </div>
  </div>
  <div class="wrapper">
    <div class="main-story container_12">
      <div class="grid_6 push_6">
        <h1><a href="">Fixed Gear Forever</a></h1>
      </div>
      <div class="intro grid_3 push_9">
        <p class="date">16 APRIL 2011</p>
        <p>The veloheld combines minimalist design with superb quality. Devoid of
          excessive graphics and gear shift components, the veloheld product range
          delights us with its beauty and simplicity ... </p>
```

```
          </div>
        </div><!-- .main-story -->
        <div class="more-articles container_12">
          <h2 class="grid_12"><a href="">More Articles</a></h2>
          <div class="grid_3">
            <img src="images/more1.jpg" alt="The road ahead" width="220" height="125" />
            <p><a href="">On the Road: from the fixed gear fanatic's point of view</a></p>
            <p><a href="">Brand History: Pashley Cycles - hand-built in England</a></p>
            <p><a href="">Frame Wars: Innovations in cycle manufacture and repair</a></p>
          </div>
          <div class="grid_3">
            <img src="images/more2.jpg" alt="Sketchbook" width="220" height="125" />
            <p><a href="">Touring Diary: A sketchbook in your basket</a></p>
            <p><a href="">Top Ten Newcomers for 2012: A peek at what's to come</a></p>
            <p><a href="">InnerTube: The best cycling videos on the web</a></p>
          </div>
          <div class="grid_3">
            <img src="images/more3.jpg" alt="Repair shop sign" width="220" height="125" />
            <p><a href="">Product Review: All baskets were not created equal</a></p>
            <p><a href="">Going Public: Out &amp; About with the founder of Public</a></p>
            <p><a href="">Cycle Lane Defence: Know your rights</a></p>
          </div>
          <div class="grid_3">
            <img src="images/more4.jpg" alt="Schwinn Spitfire" width="220" height="125" />
            <p><a href="">Bicyle Hall of Fame: The 1958 Schwinn Spitfire</a></p>
            <p><a href="">Reader Survey: Share your thoughts with us!</a></p>
            <p><a href="">Chain Gang: The evolution of the humble bike chain</a></p>
          </div>
        </div><!-- .more-articles -->
      </div><!-- .wrapper -->
      <div class="footer clearfix">
        <div class="container_12">
          <p class="grid_12"><a href="">Legal Information</a> | <a href="">Privacy
            Policy</a> | <a href="">Copyright &copy; Pedal Faster 2011</a></p>
        </div>
      </div>
    </div>
  </body>
</html>
```

- A menudo, se utilizan elementos `<div>` como contenedores para agrupar secciones de una página.

- Los navegadores muestran las páginas en flujo normal salvo que se especifique un posicionamiento relativo, absoluto o fijo.

- La propiedad `float` mueve contenido a la derecha o la izquierda de la página y sirve para crear diseños con varias columnas. Los elementos flotantes requieren definir una anchura.

- Las páginas pueden tener diseños de ancho fijo o líquidos.

- Muchos diseñadores mantienen una anchura de página de entre 960 y 1000 píxeles e indican el tema del sitio en los primeros 600 píxeles verticales (para mostrar lo relevante sin tener que bajar).

- Las cuadrículas ayudan a crear diseños flexibles y profesionales.

- Los *frameworks* de CSS ofrecen reglas para tareas habituales.

- Podemos incluir varias hojas CSS en una página.

16

IMÁGENES

▶ Controlar el tamaño de las imágenes en CSS.
▶ Alinear imágenes en CSS.
▶ Añadir imágenes de fondo.

Controlar el tamaño y la alineación de nuestras imágenes con CSS requiere reglas que afectan a la presentación de la página en la hoja CSS y el código HTML.

También podemos conseguir varios efectos interesantes utilizando imágenes de fondo. En este capítulo aprenderás a:

- Especificar el tamaño y la alineación de una imagen con CSS.
- Añadir imágenes de fondo a cajas.
- Crear efectos de *rollover* para imágenes en CSS.

Juntas, estas propiedades nos permiten controlar mejor partes específicas de una página.

CONTROLAR EL TAMAÑO DE LAS IMÁGENES EN CSS

Podemos controlar el tamaño de una imagen con las propiedades width y height de CSS, como haríamos con cualquier otra caja.

Especificar tamaños para las imágenes contribuye a que las páginas se carguen de manera más fluida porque el código HTML y CSS se carga normalmente antes que las imágenes, e indicar al navegador el espacio que es preciso dejar para ellas permite que muestre el resto de la página sin esperar a que se descargue la imagen.

Tal vez pienses que probablemente tu sitio tendrá imágenes de tamaños diferentes, pero muchos sitios emplean el mismo tamaño de imagen en todas sus páginas.

Por ejemplo, un sitio de comercio electrónico tiende a mostrar las fotos de sus productos con el mismo tamaño. Y, si diseñas tu sitio con cuadrícula, podrías tener una selección de tamaños de imagen utilizados habitualmente en todas las páginas, tales como:

Vertical pequeño: 220 x 360
Horizontal pequeño: 330 x 210
Foto de portada: 620 x 400

Siempre que uses los tamaños de imagen de manera consistente en todo un sitio, puedes emplear CSS para controlar las dimensiones de las imágenes, en lugar de incluirlas en el HTML.

chapter-16/image-sizes.html `HTML`

```html
<img src="images/magnolia-large.jpg"
     class="large" alt="Magnolia" />
<img src="images/magnolia-medium.jpg"
     class="medium" alt="Magnolia" />
<img src="images/magnolia-small.jpg"
     class="small" alt="Magnolia" />
```

`CSS`

```css
img.large {
  width: 500px;
  height: 500px;}
img.medium {
  width: 250px;
  height: 250px;}
img.small {
  width: 100px;
  height: 100px;}
```

Primero deben determinarse los tamaños de imagen que se utilizarán con frecuencia en el sitio y asignar un nombre a cada uno.

Por ejemplo:
`small`
`medium`
`large`

Donde aparecen los elementos `<img>` en el HTML, en vez de los atributos `width` y `height`, podemos utilizar estos nombres como valores para el atributo `class`.

En la hoja CSS, podemos añadir selectores para cada uno de los nombres de clase y después usar las propiedades `width` y `height` para controlar las dimensiones de la imagen.

ALINEAR IMAGENES CON CSS

En el último capítulo, vimos cómo utilizar la propiedad `float` para mover un elemento a la izquierda o la derecha de su bloque contenedor, y permitir que el texto fluya alrededor.

En vez de usar el atributo `align` del elemento `<img>`, los autores de páginas web utilizan mucho la propiedad `float` para alinear imágenes. Hay dos maneras de hacerlo:

1. Añadiendo la propiedad `float` a la clase creada para representar el tamaño de la imagen (como la clase `small` de nuestro ejemplo).

2. Creando nuevas clases con nombres como `align-left` o `align-right` para alinear las imágenes a la izquierda o a la derecha de la página. Se usan estos nombres de clase, además de las clases que indican el tamaño de la imagen.

En este ejemplo, vemos que se han utilizado las clases `align-left` y `align-right` para alinear la imagen.

También es habitual añadir un margen a la imagen para asegurarse de que el texto no toca los bordes.

`chapter-16/aligning-images.html` **HTML**

```html
<p><img src="images/magnolia-medium.jpg"
  alt="Magnolia" class="align-left medium" />
  <b><i>Magnolia</i></b> is a large genus that
  contains over 200 flowering plant species...</p>
<p><img src="images/magnolia-medium.jpg"
  alt="Magnolia" class="align-right medium" />
  Some magnolias, such as <i>Magnolia stellata</i>
  and <i>Magnolia soulangeana</i>, flower quite
  early in the spring before the leaves open...</p>
```

CSS

```css
img.align-left {
  float: left;
  margin-right: 10px;}
img.align-right {
  float: right;
  margin-left: 10px;}
img.medium {
  width: 250px;
  height: 250px;}
```

RESULTADO

Magnolia is a large genus that contains over 200 flowering plant species. It is named after French botanist Pierre Magnol, and having evolved before bees appeared the flowers were developed to encourage pollination by beetles.

Some magnolias, such as *Magnolia stellata* and *Magnolia soulangeana*, flower quite early in the spring before the leaves open. Others flower in late spring or early summer, such as *Magnolia grandiflora*.

CENTRAR IMÁGENES CON CSS

chapter-16/centering-images.html

```
<p><img src="images/magnolia-medium.jpg"
    alt="Magnolia" class="align-center medium" />
    <b><i>Magnolia</i></b> is a large genus that
    contains over 200 flowering plant species. It
    is named after French botanist Pierre Magnol and,
    having evolved before bees appeared, the
    flowers were developed to encourage pollination
    by beetle.</p>
```

CSS

```
img.align-center {
    display: block;
    margin: 0px auto;}
img.medium {
    width: 250px;
    height: 250px;}
```

RESULTADO

Magnolia is a large genus that contains over 200 flowering plant species. It is named after French botanist Pierre Magnol and, having evolved before bees appeared, the flowers were developed to encourage pollination by beetle.

Por defecto, las imágenes son elementos de línea. Esto significa que fluyen dentro del texto que las rodea. Para centrar una imagen, habría que convertirla en un elemento de bloque, dando a la propiedad `display` el valor `block`.

Una vez transformada en elemento de bloque, hay dos formas comunes de centrar una imagen horizontalmente:

1. En el elemento contenedor, se puede utilizar la propiedad `text-align` con el valor `center`.

2. En la propia imagen, podemos usar la propiedad `margin` y establecer los valores de los márgenes derecho e izquierdo en `auto`.

Podemos especificar nombres de clase que permitan centrar cualquier elemento, igual que hacemos con las dimensiones o la alineación de las imágenes.

Las técnicas para especificar el tamaño y la alineación de una imagen sirven también para el elemento `<figure>` de HTML5 que vimos en la página 126.

IMÁGENES DE FONDO
background-image

La propiedad `background-image` permite colocar una imagen detrás de cualquier elemento HTML, que puede ser toda la página o solo una parte. Por defecto, una imagen de fondo se repetirá hasta rellenar la página completa.

La ruta hasta la imagen sigue a las letras `url` y va entre paréntesis y comillas.

 Esta es la imagen usada en este ejemplo.

En el primer ejemplo, tenemos una imagen de fondo aplicada a una página entera (porque el selector CSS se aplica al elemento `<body>`). En el segundo ejemplo, la imagen de fondo se aplica solo a un párrafo.

Si buscas en Internet, encontrarás muchos recursos que ofrecen texturas de fondo para usar en tus páginas.

Las imágenes de fondo suelen ser lo último que se carga en la página (lo cual puede hacer que el sitio web parezca lento). Como con cualquier imagen que usemos en línea, si el tamaño del archivo es grande, tardará más en descargarse.

chapter-16/background-image-body.html `CSS`

```css
body {
    background-image: url("images/pattern.gif");}
```

`RESULTADO`

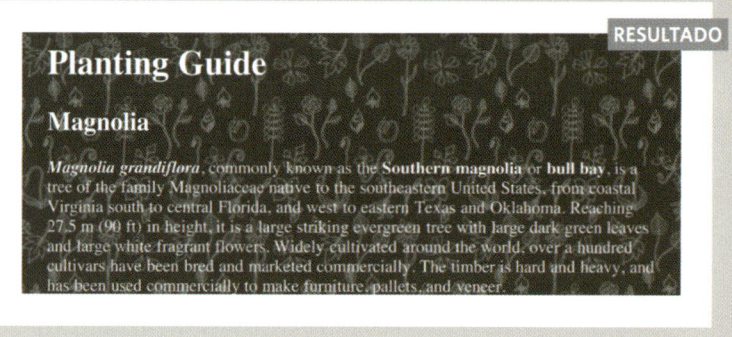

chapter-16/background-image-element.html `CSS`

```css
p {
    background-image: url("images/pattern.gif");}
```

`RESULTADO`

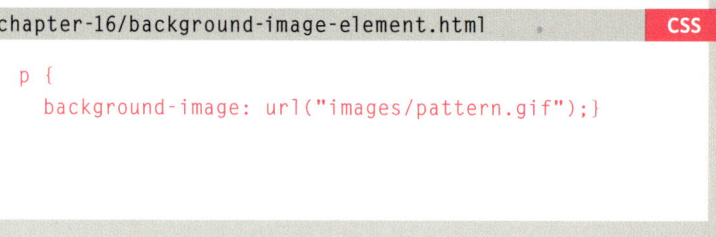

REPETIR IMÁGENES
background-repeat
background-attachment

```
body {
  background-image: url("images/header.gif");
  background-repeat: repeat-x;}
```

RESULTADO

Planting Guide

Magnolia

Magnolia grandiflora, commonly known as the **Southern magnolia** or **bull bay**, is a tree of the family Magnoliaceae native to the southeastern United States, from coastal Virginia south to central Florida, and west to eastern Texas and Oklahoma. Reaching 27.5 m (90 ft) in height, it is a large striking evergreen tree with large dark green leaves and large white fragrant flowers. Widely cultivated around the world, over a hundred

CSS   chapter-16/background-attachment.html

```
body {
  background-image: url("images/tulip.gif");
  background-repeat: no-repeat;
  background-attachment: fixed;}
```

RESULTADO

Planting Guide

Magnolia

Magnolia grandiflora, commonly known as the **Southern magnolia** or **bull bay**, is a tree of the family Magnoliaceae native to the southeastern United States, from coastal Virginia south to central Florida, and west to eastern Texas and Oklahoma. Reaching 27.5 m (90 ft) in height, it is a large striking evergreen tree with large dark green leaves and large white fragrant flowers. Widely cultivated around the world, over a hundred cultivars have been bred and marketed commercially. The timber is hard and heavy, and

La propiedad background-repeat puede tener cuatro valores:

repeat

La imagen de fondo se repite horizontal y verticalmente (la forma predeterminada en la que se mostrará si no se utiliza la propiedad background-repeat).

repeat-x

La imagen se repite solo horizontalmente (como en el primer ejemplo de la izquierda).

repeat-y

La imagen se repite solo verticalmente.

no-repeat

La imagen se muestra solo una vez. La propiedad background-attachment especifica si una imagen de fondo debería quedarse en una posición o moverse cuando el usuario suba o baje por la página. Puede tener uno de estos dos valores:

fixed

La imagen de fondo permanece en la misma posición en la página.

scroll

La imagen de fondo se mueve cuando el usuario sube o baja por la página.

POSICIÓN DE FONDO
background-position

Cuando una imagen no se repite, podemos utilizar la propiedad background-position para especificar dónde debería colocarse la imagen de fondo en la ventana del navegador.

Esta propiedad tiene, por lo general, un par de valores. El primero representa la posición horizontal y el segundo, la vertical.

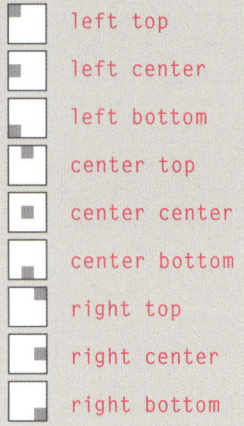

left top

left center

left bottom

center top

center center

center bottom

right top

right center

right bottom

Si especificamos solo un valor, el segundo será center por defecto.

También podemos utilizar un par de píxeles o porcentajes que representen la distancia desde la esquina superior izquierda de la ventana del navegador (o la caja contenedora). Dicha esquina es igual a 0% 0%. Nuestro ejemplo, con valores 50% 50%, centra la imagen horizontal y verticalmente.

chapter-16/background-position.html `CSS`

```
body {
  background-image: url("images/tulip.gif");
  background-repeat: no-repeat;
  background-position: center top;}
```

`RESULTADO`

Planting Guide

Magnolia

Magnolia grandiflora, commonly known as the **Southern magnolia** or **bull bay**, is a tree of the family Magnoliaceae native to the southeastern United States, from coastal Virginia south to central Florida, and west to eastern Texas and Oklahoma. Reaching 27.5 m (90 ft) in height, it is a large striking evergreen tree with large dark green leaves and large white fragrant flowers. Widely cultivated around the world, over a hundred

chapter-16/background-position-percentage.html `CSS`

```
body {
  background-image: url("images/tulip.gif");
  background-repeat: no-repeat;
  background-position: 50% 50%;}
```

`RESULTADO`

Planting Guide

Magnolia

Magnolia grandiflora, commonly known as the **Southern magnolia** or **bull bay**, is a tree of the family Magnoliaceae native to the southeastern United States, from coastal Virginia south to central Florida, and west to eastern Texas and Oklahoma. Reaching 27.5 m (90 ft) in height, it is a large striking evergreen tree with large dark green leaves and large white fragrant flowers. Widely cultivated around the world, over a hundred cultivars have been bred and marketed commercially. The timber is hard and heavy, and has been used commercially to make furniture, pallets, and veneer.

MÉTODO ABREVIADO
background

CSS

CSS   chapter-16/background-shorthand.html

```
body {
  background: #ffffff url("images/tulip.gif")
    no-repeat top right;}
```

RESULTADO

Planting Guide

Magnolia

Magnolia grandiflora, commonly known as the **Southern magnolia** or **bull bay**, is a tree of the family Magnoliaceae native to the southeastern United States, from coastal Virginia south to central Florida, and west to eastern Texas and Oklahoma. Reaching 27.5 m (90 ft) in height, it is a large striking evergreen tree with large dark green leaves and large white fragrant flowers. Widely cultivated around the world, over a hundred cultivars have been bred and marketed commercially. The timber is hard and heavy, and has been used commercially to make furniture, pallets, and veneer.

Ranunculus

Ranunculus asiaticus (Persian Buttercup) is a species of buttercup (Ranunculus) native to the eastern Mediterranean region in southwestern Asia, southeastern Europe (Crete, Karpathos and Rhodes), and northeastern Africa. It is a herbaceous perennial plant growing to 45 cm tall, with simple or branched stems. The basal leaves are three-lobed, with leaves higher on the stems more deeply divided; like the stems, they are downy or hairy. The flowers are 3-5 cm diameter, variably red to pink, yellow, or white, with one to several flowers on each stem.

Tulip

Tulipa gesneriana L. or "Didier's tulip" is a plant belonging to the family of Liliaceae. This species has uncertain origins, possibly from Asia, and has become naturalised in south-west Europe. Most of the cultivated species, subspecies and cultivars of tulip are derived from Tulipa gesneriana. The flower and bulb can cause dermatitis through the allergen, tuliposide A, even though the bulbs may be consumed with little ill-effect. The sweet-scented bisexual flowers appear during April and May. Bulbs are extremely resistant to frost, and can tolerate temperatures well below freezing - a period of low temperature is necessary to induce proper growth and flowering, triggered by an increase in sensitivity to the phytohormone auxin. The bulbs may be dried and pulverised and added to cereals or flour.

La propiedad background actúa como método abreviado para todas las demás propiedades del fondo que acabamos de ver, y también la propiedad background-color.

Las propiedades deben especificarse en el siguiente orden, pero podemos saltarnos algún valor si no queremos especificarlo.

1. background-color
2. background-image
3. background-repeat
4. background-attachment
5. background-position

CSS3 permite el uso de varias imágenes de fondo repitiendo el método abreviado background.

```
div {
  background:
    url(example-1.jpg)
    top left no-repeat,
    url(example-2.jpg)
    bottom left no-repeat,
    url(example-3.jpg)
    centre top repeat-x;}
```

La primera imagen aparece arriba y la última abajo.

ROLLOVERS Y SPRITES

Con CSS es posible crear un enlace o botón que cambie a un segundo estilo cuando el usuario pase el ratón por encima (efecto **rollover**) y un tercer estilo al hacer clic.

Esto se logra estableciendo una imagen de fondo para el enlace o el botón que tiene tres estilos diferentes, pero solo deja espacio para mostrarlos de uno en uno. A la derecha vemos la imagen que utilizaremos en este ejemplo. En realidad, muestra dos botones en una imagen.

Cuando el usuario pasa el ratón por encima del elemento o hace clic en él, la posición de la imagen de fondo cambia para mostrar la imagen relevante.

Cuando se usa una sola imagen para varias partes de una interfaz, hablamos de un **sprite**. Podemos añadir el logotipo y otros elementos de la interfaz, además de botones, a la imagen.

La ventaja de usar *sprites* es que el navegador web solo necesita solicitar una imagen en lugar de varias, lo que permite que la página se cargue más deprisa.

chapter-16/image-rollovers-and-sprites.html `HTML`

```html
<a class="button" id="add-to-basket">
    Add to basket</a>
<a class="button" id="framing-options">
    Framing options</a>
```

`CSS`

```css
a.button {
  height: 36px;
  background-image: url("images/button-sprite.jpg");
  text-indent: -9999px;
  display: inline-block;}
a#add-to-basket {
  width: 174px;
  background-position: 0px 0px;}
a#framing-options {
  width: 210px;
  background-position: -175px 0px;}
a#add-to-basket:hover {
  background-position: 0px -40px;}
a#framing-options:hover {
  background-position: -175px -40px;}
a#add-to-basket:active {
  background-position: 0px -80px;}
a#framing-options:active {
  background-position: -175px -80px;}
```

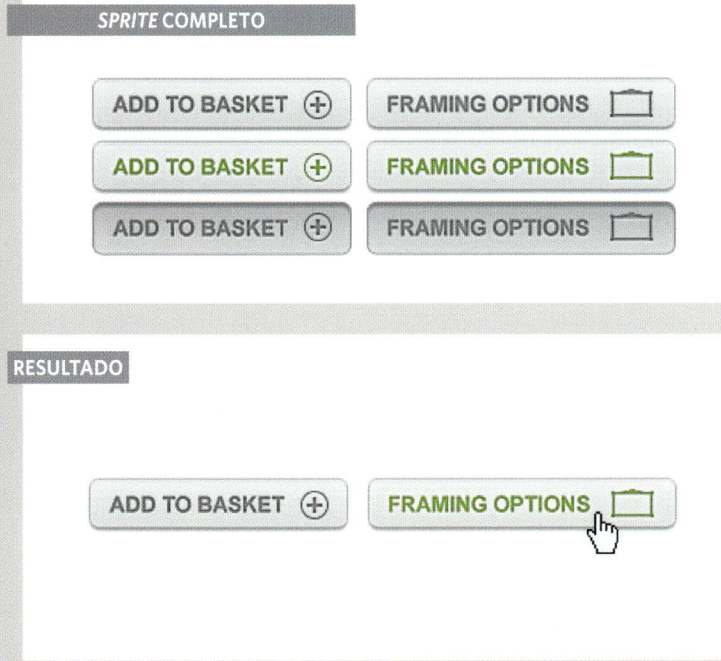

SPRITE COMPLETO

RESULTADO

En este ejemplo, vemos dos enlaces que actúan como botones. Cada uno de los botones tiene tres estados diferentes, representados todos ellos con una sola imagen.

Como el elemento <a> es de línea, establecemos la propiedad display de los enlaces para indicar que deberían ser elementos de bloque. Esto nos permite especificar la anchura y altura de cada elemento <a> para que coincida con el tamaño del botón correspondiente.

La propiedad background-position sirve para mover la imagen y mostrar el botón en el estado adecuado.

Cuando el usuario pasa el ratón por encima de un enlace, la pseudoclase :hover tiene una regla que cambia la propiedad background-position de la imagen para mostrar un estado diferente para ese botón.

Del mismo modo, cuando el usuario hace clic en el enlace, la pseudoclase :active tiene una regla para mostrar el tercer estado del botón.

Los dispositivos con pantalla táctil no cambiarán el estado del enlace cuando el usuario pase por encima porque la pantalla no tiene forma de saber cuándo está haciendo eso el usuario. No obstante, sí cambiarán su aspecto cuando el usuario los active.

CSS3: DEGRADADOS
background-image

CSS3 introdujo la capacidad de especificar un degradado para el fondo de una caja. El degradado se crea con la propiedad `background-image` y los distintos navegadores pueden requerir una sintaxis diferente.

Lo habitual es especificar una imagen de fondo para la caja (que representaría el degradado) y luego usar las alternativas de CSS para el degradado.

En esta página, nos estamos centrando en el degradado lineal. Vemos que para crear un degradado lineal, necesitamos especificar dos colores entre los que estará el degradado.

Algunos navegadores permiten especificar el ángulo del degradado o incluso distintos tipos de degradado (como el radial).

chapter-16/gradient.html | CSS

```css
#gradient {
  /* fallback color */
  background-color: #66cccc;
  /* fallback image */
  background-image: url(images/fallback-image.png);
  /* Firefox 3.6+ */
  background-image: -moz-linear-gradient(#336666,
    #66cccc);
  /* Safari 4+, Chrome 1+ */
  background-image: -webkit-gradient(linear, 0% 0%,
    0% 100%, from(#66cccc), to(#336666));
  /* Safari 5.1+, Chrome 10+ */
  background-image: -webkit-linear-gradient(#336666,
    #66cccc);
  /* Opera 11.10+ */
  background-image: -o-linear-gradient(#336666,
    #66cccc);
  height: 150px;
  width: 300px;}
```

RESULTADO

CONTRASTE DE LAS IMÁGENES DE FONDO

Si quieres superponer texto sobre una imagen de fondo, esta debe tener bajo contraste para que el texto sea legible.

ALTO CONTRASTE

Una imagen de fondo de alto contraste dificulta la lectura del texto.

La mayoría de las fotografías tienen un contraste bastante alto, lo cual significa que no son ideales para usar como imagen de fondo.

BAJO CONTRASTE

Una imagen de fondo de bajo contraste hace que resulte más fácil leer el texto.

Los programas de edición de imágenes, como Photoshop y GIMP, cuentan con herramientas que permiten ajustar manualmente las imágenes para darles menos contraste.

PANTALLA

Añadir una pantalla a una imagen de alto contraste facilita la lectura del texto.

Para superponer texto en una imagen de alto contraste, podemos colocar un fondo de color semitransparente (o «pantalla») detrás del texto para mejorar la legibilidad.

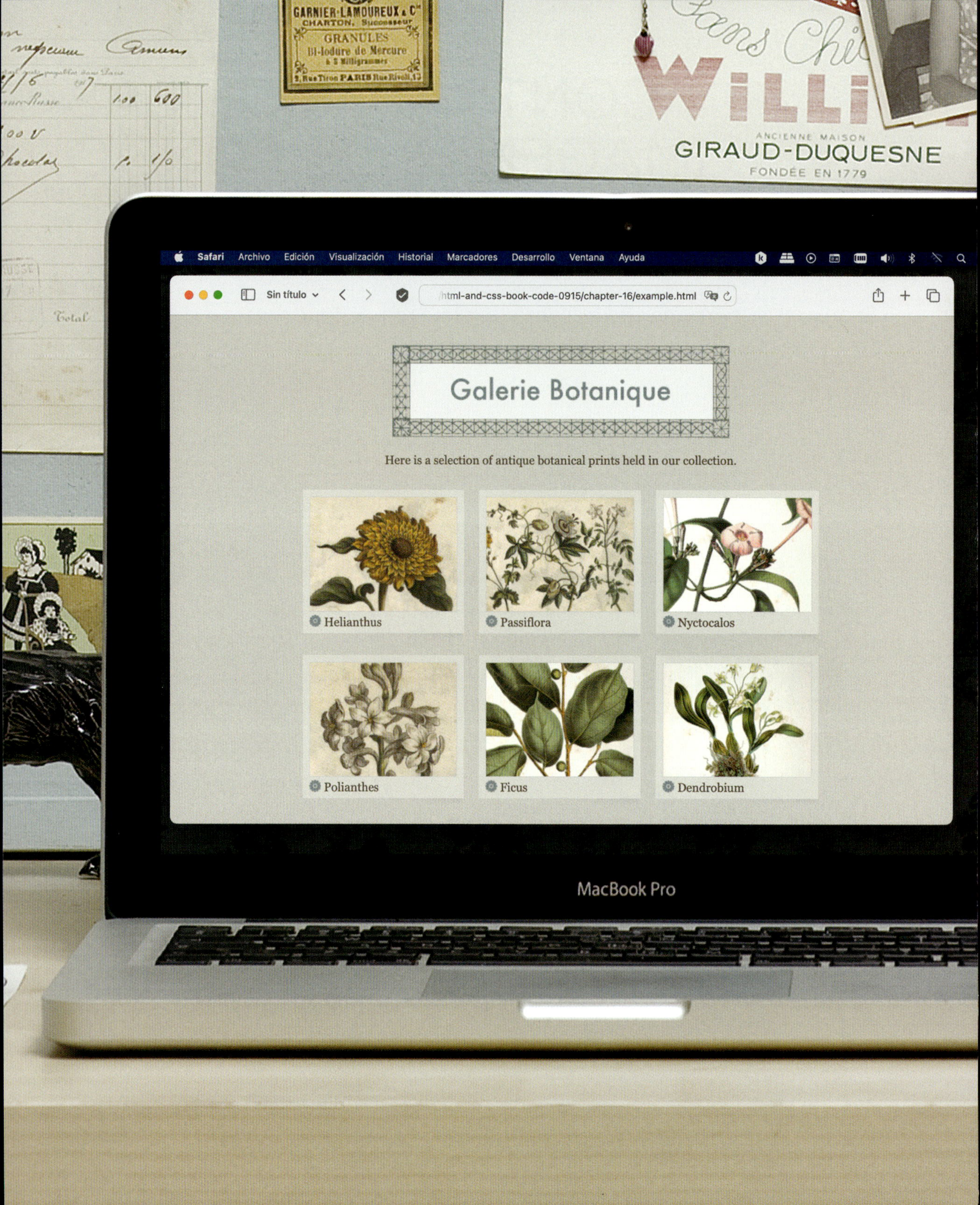

EJEMPLO
IMÁGENES

Este ejemplo ilustra cómo usar CSS para crear un diseño de galería de imágenes sencillo.

Se aplica una textura de fondo a toda la página repitiendo una imagen con la textura detrás del elemento `<body>`. Una imagen de fondo que se repite se denomina en ocasiones **fondo de escritorio**, o *wallpaper*.

El contenido de la página va dentro de un elemento `<div>` cuya clase es `wrapper`. Esto sirve para fijar la anchura de la página en 720 píxeles. Los márgenes derecho e izquierdo están configurados en `auto` para centrarla en medio de la pantalla.

Las imágenes se encuentran dentro de un elemento `<figure>` de HTML5 y los pies van en el elemento `<figcaption>`. Usamos CSS para establecer las dimensiones y el color de fondo de cada elemento `<figure>`. Las dimensiones de las imágenes también se han configurado con CSS y tienen un borde gris de un píxel.

Para los pies, se ha usado una imagen de fondo a la izquierda del texto. No queremos que esta imagen rellene el fondo, así que especificamos que no hay que repetirla. Ponemos relleno a la izquierda del texto para que las palabras no pisen la imagen de fondo.

Cada uno de los elementos `<figure>` está contenido en un `<div>`, obedeciendo a dos fines. En primer lugar, sirve para crear el diseño de tres columnas especificando una anchura y márgenes para el elemento y haciéndolo flotar después a la izquierda. En segundo lugar, añade una sutil sombra debajo de cada imagen. Esto crea una aspecto tridimensional que hace que parezca un trozo de cartulina. Para asegurarnos de que se queda debajo de la imagen, utilizamos la propiedad `background-position`.

EJEMPLO
IMÁGENES

```html
<!DOCTYPE html>
<html>
  <head>
    <title>Images</title>
    <style type="text/css">
      body {
        color: #665544;
        background-color: #d4d0c6;
        background-image: url("images/backdrop.gif");
        font-family: Georgia, "Times New Roman", serif;
        text-align: center;}
      .wrapper {
        width: 720px;
        margin: 0px auto;}
      .header {
        margin: 40px 0px 20px 0px;}
      .entry {
        width: 220px;
        float: left;
        margin: 10px;
        height: 198px;
        background-image: url("images/shadow.png");
        background-repeat: no-repeat;
        background-position: bottom;}
      figure {
        display: block;
        width: 202px;
        height: 170px;
        background-color: #e7e3d8;
        padding: 9px;
        text-align: left;}
      figure img {
        width: 200px;
        height: 150px;
        border: 1px solid #d6d6d6;}
      figcaption {
        background-image: url("images/icon.png");
        padding-left: 20px;
        background-repeat: no-repeat;}
    </style>
```

```
    </head>
    <body>
      <div class="wrapper">
        <div class="header">
          <img src="images/title.gif" alt="Galerie Botanique" width="456" height="122" />
          <p>Here is a selection of antique botanical prints held in our collection.</p>
        </div>
        <div class="entry">
          <figure><img src="images/print-01.jpg" alt="Helianthus" />
            <figcaption>Helianthus</figcaption>
          </figure>
        </div>
        <div class="entry">
          <figure><img src="images/print-02.jpg" alt="Passiflora" />
            <figcaption>Passiflora</figcaption>
          </figure>
        </div>
        <div class="entry">
          <figure><img src="images/print-03.jpg" alt="Nyctocalos" />
            <figcaption>Nyctocalos</figcaption>
          </figure>
        </div>
        <div class="entry">
          <figure><img src="images/print-04.jpg" alt="Polianthes" />
            <figcaption>Polianthes</figcaption>
          </figure>
        </div>
        <div class="entry">
          <figure><img src="images/print-05.jpg" alt="Ficus" />
            <figcaption>Ficus</figcaption>
          </figure>
        </div>
        <div class="entry">
          <figure><img src="images/print-06.jpg" alt="Dendrobium" />
            <figcaption>Dendrobium</figcaption>
          </figure>
        </div>
      </div>
    </body>
</html>
```

- ▸ Podemos especificar las dimensiones de las imágenes con CSS. Esto es muy útil cuando se utilizan imágenes del mismo tamaño en varias páginas de un sitio.

- ▸ Las imágenes se pueden alinear horizontal y verticalmente con CSS.

- ▸ Podemos utilizar una imagen de fondo detrás de la caja creada por cualquier elemento de una página.

- ▸ Las imágenes de fondo pueden aparecer solo una vez o repetirse por el fondo de la caja.

- ▸ Podemos crear un efecto *rollover* moviendo la posición de fondo de una imagen.

- ▸ Para reducir el número de imágenes que tendrá que cargar el navegador, podemos usar *sprites*.

17

DISEÑO HTML5

- ▸ Elementos de diseño HTML5.
- ▸ Cómo entienden los navegadores antiguos los elementos nuevos.
- ▸ Dar estilo a elementos de diseño HTML5 con CSS.

HTML5 introdujo nuevos elementos que ayudan a definir la estructura de una página.

Los comentaremos aquí (en vez de con otros elementos HTML que han aparecido antes) para que te resulte más fácil entenderlos ahora que hemos visto cómo CSS puede controlar el diseño de una página. En este capítulo abordaremos:

- Los elementos de diseño que introdujo HTML5 y sus usos.

- Cómo ofrecen alternativas útiles al elemento `<div>`.

- Cómo asegurarnos de que los navegadores más antiguos reconocen estos elementos.

DISEÑOS HTML TRADICIONALES

Durante mucho tiempo, los autores de páginas web utilizaron elementos `<div>` para agrupar elementos relacionados en una página (como los de un encabezado, un artículo, un pie o una barra lateral). Los autores utilizaban atributos `class` o `id` para indicar el papel del elemento `<div>` en la estructura de la página.

A la derecha tenemos un diseño bastante habitual, sobre todo en blogs.

En la parte superior de la página está el encabezado, que contiene un logotipo y la navegación principal.

Debajo hay uno o varios artículos o *posts*. A veces, se trata de resúmenes enlazados a *posts* individuales.

Hay una barra lateral a la derecha (tal vez con una opción de búsqueda, enlaces a artículos recientes, otras secciones del sitio o incluso anuncios).

Al escribir el código de un sitio como este, los desarrolladores solían incluir estas secciones principales dentro de elementos `<div>` y utilizaban los atributos `class` o `id` para indicar el propósito de esa parte de la página.

```
<body>
  <div id="page">
    <div id="header">


      <div id="nav">


    <div id="content">                    <div id=
                                          "sidebar">
      <div class="article">




      <div class="article">




    <div id="footer">
```

ELEMENTOS DE DISEÑO INTRODUCIDOS EN HTML5

HTML5 introdujo un nuevo conjunto de elementos que permitían dividir las partes de una página. Los nombres de estos elementos indican el tipo de contenido que hay en ellos.

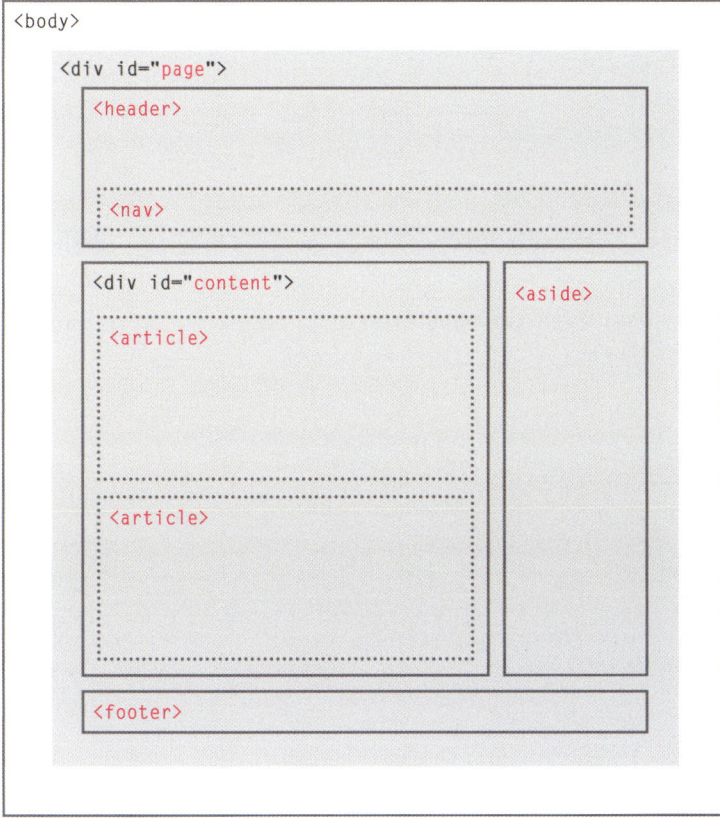

Este ejemplo tiene exactamente la misma estructura que el de la página anterior, pero varios de los elementos `<div>` han sido reemplazados por elementos de diseño HTML5.

Por ejemplo, el encabezado está dentro de un elemento `<header>`, la navegación en `<nav>` y los artículos en elementos `<article>` individuales.

La gracia de estos elementos era que los creadores de páginas web pueden usarlos para describir la estructura de la página. Por ejemplo, el software de lectura de pantalla puede permitir a los usuarios omitir encabezados y pies para ir directamente al contenido. Del mismo modo, los motores de búsqueda pueden dar más peso al contenido del elemento `<article>` que al de los elementos `<header>` o `<footer>`. Esto hace que sea más fácil seguir el código.

ENCABEZADOS Y PIES
\<header\> \<footer\>

Los elementos \<header\> y \<footer\> sirven para:

- El encabezado y el pie principales que aparecen en la parte superior e inferior de todas las páginas del sitio.

- Un encabezado o pie para un elemento \<article\> o \<section\> individual dentro de la página.

En este ejemplo, el elemento \<header\> se utiliza para contener el nombre del sitio y la navegación principal. El elemento \<footer\> contiene información de derechos de autor, junto con enlaces a la política de privacidad y los términos y condiciones. Cada \<article\> y \<section\> individual también puede tener sus propios elementos \<header\> y \<footer\> para alojar la información de encabezado y pie de esa sección dentro de la página.

Por ejemplo, en una página con varios *posts* de blog, cada uno podría considerarse una sección aparte. Por tanto, se podría usar el elemento \<header\> para contener el título y la fecha de cada *post*, y el elemento \<footer\> para contener enlaces para compartir el artículo en redes sociales.

Ten en cuenta que todo el código de este capítulo va en un mismo archivo HTML llamado html5-layout.html.

chapter-17/example.html `HTML`

```html
<header>
  <h1>Yoko's Kitchen</h1>
  <nav>
    <ul>
      <li><a href="" class="current">home</a></li>
      <li><a href="">classes</a></li>
      <li><a href="">catering</a></li>
      <li><a href="">about</a></li>
      <li><a href="">contact</a></li>
    </ul>
  </nav>
</header>
```

chapter-17/example.html `HTML`

```html
<footer>
  &copy; 2011 Yoko's Kitchen
</footer>
```

NAVEGACIÓN
\<nav\>

`chapter-17/example.html`

```html
<nav>
  <ul>
    <li><a href="" class="current">home</a></li>
    <li><a href="">classes</a></li>
    <li><a href="">catering</a></li>
    <li><a href="">about</a></li>
    <li><a href="">contact</a></li>
  </ul>
</nav>
```

El elemento \<nav\> sirve para contener los bloques de navegación principales del sitio.

Volviendo al ejemplo del blog, si quisiéramos terminar un artículo con enlaces a otros relacionados, no contarían como bloques de navegación principales y, por consiguiente, no irían dentro de un elemento \<nav\>.

Algunos desarrolladores utilizan el elemento \<nav\> para los enlaces que aparecen al final de cada página (para la política de privacidad, los términos y condiciones y la información de accesibilidad).

ARTÍCULOS
<article>

El elemento <article> actúa como contenedor para cualquier sección de una página que podría ser independiente y sindicarse.

Esto podría ser un artículo o entrada de blog individual, un comentario o post en un foro o cualquier otro contenido independiente.

Si una página contiene varios artículos (o incluso resúmenes de varios), cada artículo individual estaría dentro de su propio elemento <article>.

Los elementos <article> pueden anidarse unos en otros. Por ejemplo, una entrada de blog puede estar dentro de un elemento <article> y cada comentario sobre el artículo dentro de su propio elemento <article> secundario.

chapter-17/example.html · HTML

```html
<article>
  <figure>
    <img src="images/bok-choi.jpg" alt="Bok Choi" />
    <figcaption>Bok Choi</figcaption>
  </figure>
  <hgroup>
    <h2>Japanese Vegetarian</h2>
    <h3>Five week course in London</h3>
  </hgroup>
  <p>A five week introduction to traditional
    Japanese vegetarian meals, teaching you a
    selection of rice and noodle dishes.</p>
</article>
<article>
  <figure>
    <img src="images/teriyaki.jpg"
         alt="Teriyaki sauce" />
    <figcaption>Teriyaki Sauce</figcaption>
  </figure>
  <hgroup>
    <h2>Sauces Masterclass</h2>
    <h3>One day workshop</h3>
  </hgroup>
  <p>An intensive one-day course looking at how to
    create the most delicious sauces for use in a
    range of Japanese cookery.</p>
</article>
```

ACOTACIONES
\<aside\>

chapter-17/example.html

```html
<aside>
  <section class="popular-recipes">
    <h2>Popular Recipes</h2>
    <a href="">Yakitori (grilled chicken)</a>
    <a href="">Tsukune (minced chicken patties)</a>
    <a href="">Okonomiyaki (savory pancakes)</a>
    <a href="">Mizutaki (chicken stew)</a>
  </section>
  <section class="contact-details">
    <h2>Contact</h2>
    <p>Yoko's Kitchen<br />
       27 Redchurch Street<br />
       Shoreditch<br />
       London E2 7DP</p>
  </section>
</aside>
```

El elemento \<aside\> tiene dos propósitos, dependiendo de si está o no dentro de un elemento \<article\>.

Cuando va dentro de un elemento \<article\>, \<aside\> debería contener información relacionada con el artículo pero no esencial para su significado general. Por ejemplo, una cita destacada o un glosario serían acotaciones del artículo relacionado.

Cuando el elemento \<aside\> está fuera de un elemento \<article\>, actúa como contenedor de contenido relacionado con toda la página. Por ejemplo, podría contener enlaces a otras secciones del sitio, una lista de entradas recientes, un cuadro de búsqueda o mensajes recientes del autor en redes sociales.

SECCIONES
<section>

El elemento <section> agrupa el contenido relacionado y, por lo general, cada sección tiene su propio encabezado.

Por ejemplo, en una página de inicio puede haber varios elementos <section> que contengan distintas secciones de la página, como las últimas noticias, los mejores productos y la suscripción al boletín.

Al agrupar cosas relacionadas, el elemento <section> puede contener varios elementos <article> con un tema o propósito común.

Como alternativa, si tenemos una página con un artículo largo, el elemento <section> puede servir para dividir el artículo en varias secciones.

El elemento <section> no debería utilizarse como contenedor de toda la página (a menos que la página solo contenga un único contenido distinguido). Si quieres un elemento contenedor para toda la página, es mejor usar el elemento <div>.

```
chapter-17/example.html                    HTML

<section class="popular-recipes">
  <h2>Popular Recipes</h2>
  <a href="">Yakitori (grilled chicken)</a>
  <a href="">Tsukune (minced chicken patties)</a>
  <a href="">Okonomiyaki (savory pancakes)</a>
  <a href="">Mizutaki (chicken stew)</a>
</section>
<section class="contact-details">
  <h2>Contact</h2>
  <p>Yoko's Kitchen<br />
     27 Redchurch Street<br />
     Shoreditch<br />
     London E2 7DP</p>
</section>
```

GRUPOS DE ENCABEZADOS
`<hgroup>`

```html
<hgroup>
  <h2>Japanese Vegetarian</h2>
  <h3>Five week course in London</h3>
</hgroup>
```

La finalidad del elemento `<hgroup>` es agrupar un conjunto de uno o varios elementos de `<h1>` a `<h6>` para tratarlos como un único encabezado

Por ejemplo, se podría utilizar `<hgroup>` para contener un título dentro de un elemento `<h2>` y un subtítulo dentro de un `<h3>`.

Al principio, este elemento no fue bien recibido y, tras algunas quejas, fue retirado de las propuestas de HTML5, pero después la gente cambió de opinión y se volvió a añadir al lenguaje. A algunos desarrolladores no les gusta usar el elemento `<hgroup>` y prefieren poner un subtítulo en un elemento `<p>`, con un atributo que indique que se trata de un subtítulo.

Hay quien piensa que no tiene más utilidad que la de dar un poco de estilo, pero también algunos desarrolladores lo consideran útil para agrupar el título y el subtítulo, porque ambos son parte de un encabezado.

FIGURAS
\<figure\> \<figcaption\>

Ya vimos el elemento \<figure\> en el capítulo 5 al hablar de las imágenes. Podemos usarlo para alojar cualquier contenido al que se haga referencia desde el flujo principal del artículo, no solo imágenes.

Es importante darse cuenta de que el artículo debería seguir teniendo sentido si se moviese el contenido del elemento \<figure\> (a otra parte de la página o incluso a otra página).

Por este motivo, solo debería usarse cuando el contenido simplemente hace referencia al elemento, y no para algo que forme realmente parte del flujo de la página.

Algunos ejemplos de uso incluyen:

- Imágenes.
- Vídeos.
- Gráficos.
- Diagramas.
- Muestras de código.
- Texto que apoya el cuerpo principal de un artículo.

El elemento \<figure\> debería contener asimismo un elemento \<figcaption\> que proporcione una descripción del contenido de \<figure\>. En este ejemplo, vemos un elemento \<figure\> dentro del elemento \<article\>.

chapter-17/example.html   `HTML`

```html
<figure>
  <img src="images/bok-choi.jpg" alt="Bok Choi" />
  <figcaption>Bok Choi</figcaption>
</figure>
```

SELECCIONAR ELEMENTOS
\<div\>

chapter-17/example.html

```
HTML                              chapter-17/example.html

<div class="wrapper">
  <header>
    <h1>Yoko's Kitchen</h1>
    <nav>
      <!-- nav content here -->
    </nav>
  </header>
  <section class="courses">
    <!-- section content here -->
  </section>
  <aside>
    <!-- aside content here -->
  </aside>
  <footer>
    <!-- footer content here -->
  </footer>
</div><!-- .wrapper -->
```

Puede parecer extraño seguir estos elementos nuevos volviendo sobre el elemento \<div\>. Después de todo, estos elementos se utilizan a menudo en su lugar.

Sin embargo, \<div\> sigue siendo una forma importante de agrupar elementos relacionados porque no deberíamos utilizar los otros elementos para fines distintos de los mencionados explícitamente.

Cuando no haya otro elemento adecuado para agrupar una serie de elementos, podemos usar \<div\>. En este ejemplo, lo hemos utilizado para envolver toda la página.

Algunas personas preguntan por qué no hay un elemento \<content\> que contenga el grueso de una página. La razón es que nada que quede fuera de los elementos \<header\>, \<footer\> o \<aside\> se puede considerar como el contenido principal.

ENLAZAR ELEMENTOS DE BLOQUE

HTML5 permite a los autores de páginas web colocar un elemento <a> alrededor de un elemento de bloque con elementos secundarios. De ese modo, podemos convertir todo un bloque en un enlace.

Este elemento no era una novedad de HTML5, pero no se veía como uso correcto del elemento <a> en versiones anteriores de HTML.

Esta página utiliza un código ligeramente diferente que los demás ejemplos del capítulo.

chapter-17/example.html   `HTML`

```html
<a href="introduction.html">
  <article>
    <figure>
      <img src="images/bok-choi.jpg"
           alt="Bok Choi" />
      <figcaption>Bok Choi</figcaption>
    </figure>
    <hgroup>
      <h2>Japanese Vegetarian</h2>
      <h3>Five week course in London</h3>
    </hgroup>
    <p>A five week introduction to traditional
     Japanese vegetarian meals, teaching you a
     selection of rice and noodle dishes.</p>
  </article>
</a>
```

AYUDAR A LOS NAVEGADORES MÁS ANTIGUOS A ENTENDER

CSS   chapter-17/example.html

```css
header, section, footer, aside, nav, article, figure
{
    display: block;}
```

HTML   chapter-17/example.html

```html
<!--[if lt IE 9]>
    <script src="http://html5shiv.googlecode.com/svn/
    trunk/html5.js"></script>
<![endif]-->
```

Aunque esto ya no sea habitual, es posible que algún navegador muy antiguo no identifique bien los elementos de HTML5 y los trate como elementos de línea. Así pues, para ayudar a esos navegadores, podemos incluir la línea de CSS de la izquierda que indica los elementos que deberían presentarse como bloques.

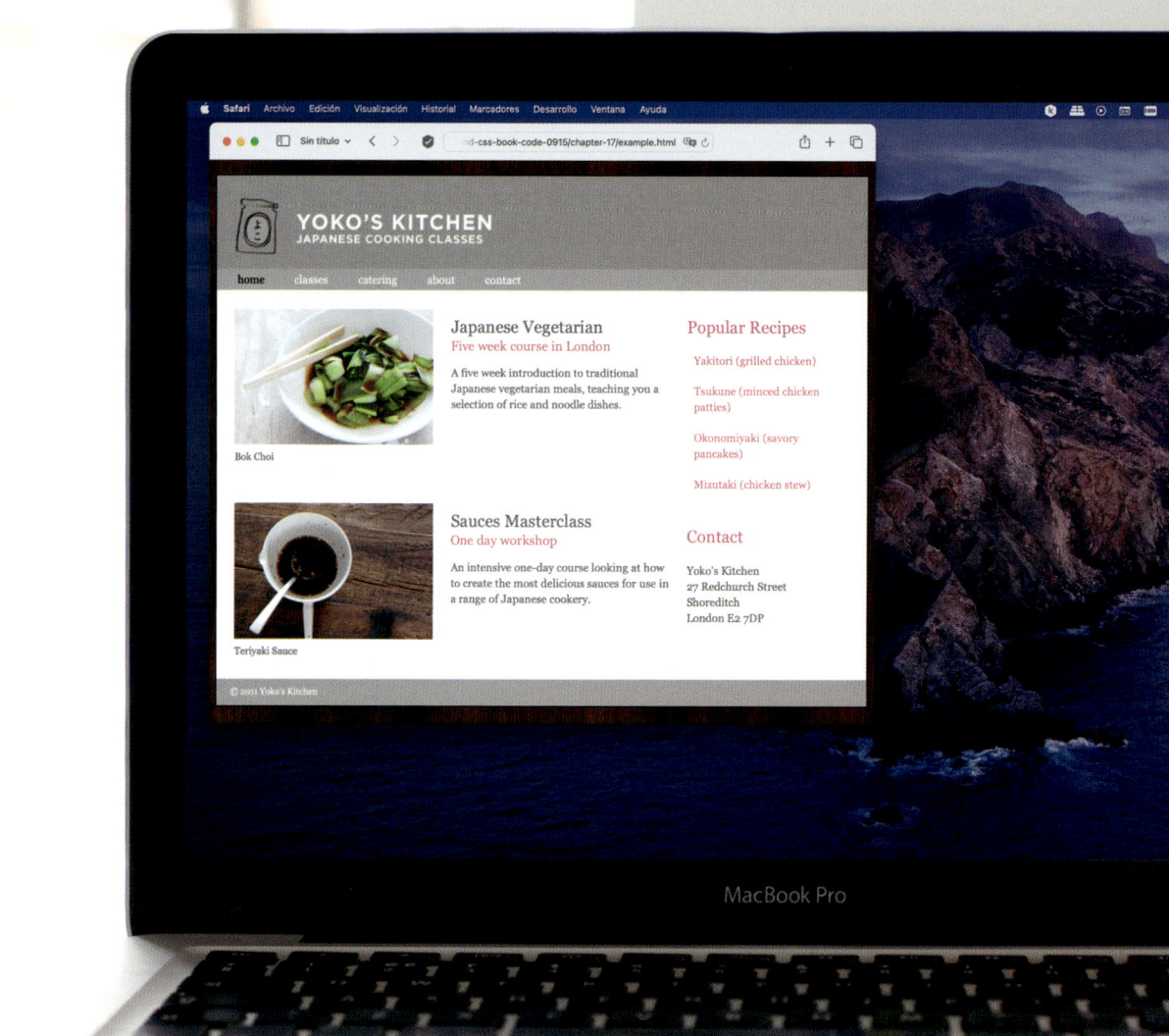

EJEMPLO
DISEÑO HTML5

Este ejemplo muestra un sitio de cocina con elementos de HTML5 para describir la estructura de la página, en lugar de agrupando elementos con <div>).

El encabezado y el pie de la página van dentro de los elementos <header> y <footer>. Los platos se agrupan en un elemento <section> que tiene un atributo class cuyo valor es courses (para diferenciarlo de otros elementos <section> de la página). La barra lateral está dentro de un elemento <aside>.

Cada uno de los platos va dentro de un elemento <article> y utiliza los elementos <figure> y <figcaption> para contener una imagen. Los encabezados de los platos tienen subtítulos, así que se han agrupado en un elemento <hgroup>. En la barra lateral, las recetas y los datos de contacto van colocados en elementos <section> independientes.

Se aplica estilo a la página con CSS. La única diferencia es que nuestros selectores usan elementos de HTML5 para crear reglas dirigidas a esos elementos.

EJEMPLO
DISEÑO HTML5

```html
<!DOCTYPE html>
<html>
  <head>
    <title>HTML5 Layout</title>
    <style type="text/css">
      header, section, footer, aside, nav, article, figure, figcaption {
        display: block;}
      body {
        color: #666666;
        background-color: #f9f8f6;
        background-image: url("images/dark-wood.jpg");
        background-position: center;
        font-family: Georgia, times, serif;
        line-height: 1.4em;
        margin: 0px;}
      .wrapper {
        width: 940px;
        margin: 20px auto 20px auto;
        border: 2px solid #000000;
        background-color: #ffffff;}
      header {
        height: 160px;
        background-image: url(images/header.jpg);}
      h1 {
        text-indent: -9999px;
        width: 940px;
        height: 130px;
        margin: 0px;}
      nav, footer {
        clear: both;
        color: #ffffff;
        background-color: #aeaca8;
        height: 30px;}
      nav ul {
        margin: 0px;
        padding: 5px 0px 5px 30px;}
      nav li {
        display: inline;
        margin-right: 40px;}
      nav li a {
```

```
  color: #ffffff;}
nav li a:hover, nav li a.current {
  color: #000000;}
section.courses {
  float: left;
  width: 659px;
  border-right: 1px solid #eeeeee;}
article {
  clear: both;
  overflow: auto;
  width: 100%;}
hgroup {
  margin-top:40px;}
figure {
  float: left;
  width: 290px;
  height: 220px;
  padding: 5px;
  margin: 20px;
  border: 1px solid #eeeeee;}
figcaption {
  font-size: 90%;
  text-align: left;}
aside {
  width: 230px;
  float: left;
  padding: 0px 0px 0px 20px;}
aside section a {
  display: block;
  padding: 10px;
  border-bottom: 1px solid #eeeeee;}
aside section a:hover {
  color: #985d6a;
  background-color: #efefef;}
a {
  color: #de6581;
  text-decoration: none;}
h1, h2, h3 {
  font-weight: normal;}
h2 {
```

EJEMPLO
DISEÑO HTML5

```
      margin: 10px 0px 5px 0px;
      padding: 0px;}
    h3 {
      margin: 0px 0px 10px 0px;
      color: #de6581;}
    aside h2 {
      padding: 30px 0px 10px 0px;
      color: #de6581;}
    footer {
      font-size: 80%;
      padding: 7px 0px 0px 20px;}
  </style>
  <!--[if lt IE 9]>
  <script src="http://html5shiv.googlecode.com/svn/trunk/html5.js"></script>
  <![endif]-->
</head>
<body>
  <div class="wrapper">
    <header>
      <h1>Yoko's Kitchen</h1>
      <nav>
        <ul>
          <li><a href="" class="current">home</a></li>
          <li><a href="">classes</a></li>
          <li><a href="">catering</a></li>
          <li><a href="">about</a></li>
          <li><a href="">contact</a></li>
        </ul>
      </nav>
    </header>
    <section class="courses">
      <article>
        <figure>
          <img src="images/bok-choi.jpg" alt="Bok Choi" />
          <figcaption>Bok Choi</figcaption>
        </figure>
        <hgroup>
          <h2>Japanese Vegetarian</h2>
          <h3>Five week course in London</h3>
        </hgroup>
```

```
        <p>A five week introduction to traditional Japanese vegetarian meals,
            teaching you a selection of rice and noodle dishes.</p>
      </article>
      <article>
        <figure>
          <img src="images/teriyaki.jpg" alt="Teriyaki sauce" />
          <figcaption>Teriyaki Sauce</figcaption>
        </figure>
        <hgroup>
          <h2>Sauces Masterclass</h2>
          <h3>One day workshop</h3>
        </hgroup>
        <p>An intensive one-day course looking at how to create the most delicious
            sauces for use in a range of Japanese cookery.</p>
      </article>
    </section>
    <aside>
      <section class="popular-recipes">
        <h2>Popular Recipes</h2>
        <a href="">Yakitori (grilled chicken)</a>
        <a href="">Tsukune (minced chicken patties)</a>
        <a href="">Okonomiyaki (savory pancakes)</a>
        <a href="">Mizutaki (chicken stew)</a>
      </section>
      <section class="contact-details">
        <h2>Contact</h2>
        <p>Yoko's Kitchen<br />
            27 Redchurch Street<br />
            Shoreditch<br />
            London E2 7DP</p>
      </section>
    </aside>
    <footer>
      &copy; 2011 Yoko's Kitchen
    </footer>
  </div><!-- .wrapper -->
  </body>
</html>
```

▶ HTML5 introdujo nuevos elementos para indicar la finalidad de las distintas partes de una página web y ayudar a describir su estructura.

▶ Estos elementos ofrecen un código más claro, en comparación con el empleo de muchos elementos `<div>`.

▶ Todavía puede quedar algún navegador antiguo que no entienda bien el HTML5 y convendría indicarle qué elementos son de bloque.

18

PROCESO
Y DISEÑO

- ▸ Cómo enfocar la creación de un sitio.
- ▸ Entender a nuestro público y sus necesidades.
- ▸ Cómo presentar la información que quieren ver los visitantes.

Esta sección explica un proceso que puedes seguir cuando crees un sitio web.

Analizaremos quién podría visitar el sitio y cómo asegurarnos de que las páginas presentan la información que necesitan esos visitantes. También cubre algunos aspectos claves de la teoría del diseño para ayudarte a crear sitios con aspecto profesional. En este capítulo veremos:

- Cómo entender al público que puede atraer nuestro sitio y qué información esperarán encontrar allí.

- Cómo organizar la información de manera que los visitantes puedan encontrar lo que buscan.

- Teoría del diseño para presentar la información de una forma que ayude a los visitantes a conseguir sus objetivos.

- Consejos de diseño para ayudarte a crear sitios más atractivos y profesionales.

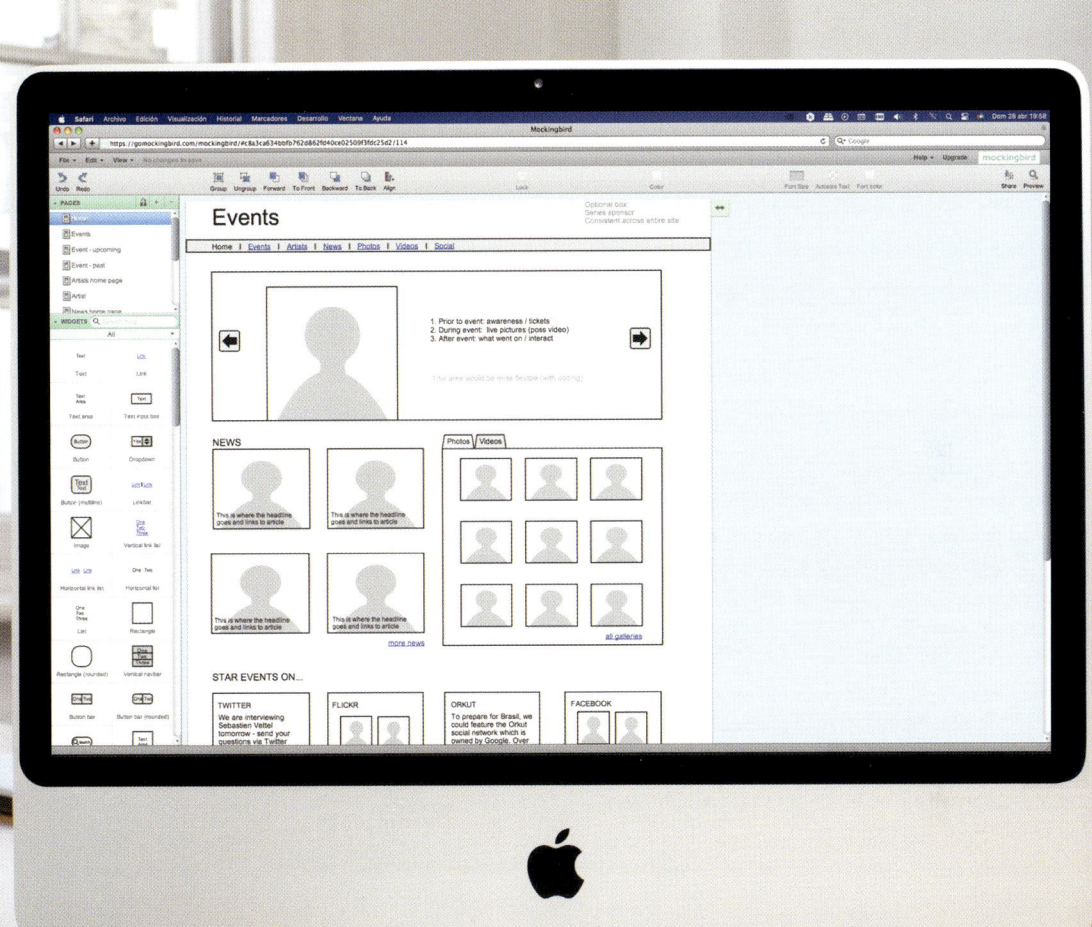

¿PARA QUIÉN ES EL SITIO?

Todo sitio web debería diseñarse para un público objetivo, no solo para uno mismo o para el propietario del sitio. Así pues, es muy importante conocer quién es ese público objetivo.

Puede ser útil hacer preguntas sobre la gente que pensamos podría estar interesada en el tema del sitio.

Si preguntamos a un cliente para quién es el sitio, no es raro que respondan «para todo el mundo».

Pero siendo realistas, no es probable que interese a todo el mundo. Si el sitio vende bombillas, aunque la mayoría de la gente que usa un ordenador también usa bombillas, no es probable que las pidan a otro país.

Incluso aunque el sitio tenga un gran atractivo, conviene pensar en la demografía de una muestra del público objetivo.

PÚBLICO OBJETIVO: PERSONAS

- ¿Qué edades abarca el público objetivo?
- ¿Atraerá el sitio a más mujeres que hombres? ¿En qué proporción?
- ¿En qué país residen los visitantes?
- ¿Viven en zonas urbanas o rurales?
- ¿Cuál es la renta media de los visitantes?
- ¿Qué nivel educativo tienen?
- ¿Cuál es su estado civil o familiar?
- ¿A qué se dedican?
- ¿Cuántas horas trabajan a la semana?
- ¿Con qué frecuencia usan Internet?
- ¿Qué tipo de dispositivo utilizan para acceder?

PÚBLICO OBJETIVO: EMPRESAS

- ¿Qué tamaño tiene la empresa o el departamento relevante?
- ¿Qué puesto ocupa en la empresa la gente que visita el sitio?
- ¿Usarán los visitantes el sitio para sí mismos o para otros?
- ¿Qué presupuesto manejan?

Inventa algunos visitantes ficticios que representen a tu público normal. Acabaréis siendo amigos. Pueden influir en decisiones de diseño, desde la paleta de colores hasta el nivel de detalle de las descripciones.

NOMBRE	GORDON	MOLLY	JASPER	AYO	IVY
Género	M	F	M	M	F
Edad	28	47	19	32	35
Ubicación	Chicago	San Francisco	Nueva York	Miami	Boston
Profesión	Maestro	Abogada	Estudiante	Minorista	Periodista
Ingresos	62 000 $	180 000 $	24 000 $	160 000 $	75 000 $
Uso de Internet	2-3 días/ semana	Diario	Diario	4-5 días/ semana	Diario

Si tienes alguna pregunta sobre cómo se va a utilizar el sitio o cuáles deberían ser sus prioridades, puedes pensar «¿Qué querrían Gordon o Molly en esta situación?»

POR QUÉ VISITA LA GENTE TU SITIO WEB

Una vez sabes quiénes son tus visitantes, debes pensar **por qué** vienen. Aunque algunos pueden acabar en tu sitio web por casualidad, la mayoría lo visitarán por una razón concreta.

El contenido y el diseño de tu sitio deberían corresponderse con los objetivos de tus usuarios.

Para determinar por qué la gente viene a nuestro sitio web, hay dos tipos de preguntas básicas que puedes hacerte:

1. El primero trata de descubrir el motivo subyacente por el que los visitantes llegan a un sitio.

2. El segundo examina los objetivos específicos de los visitantes. Son los gatillos que hacen que visiten el sitio ahora.

MOTIVACIONES CLAVES

- ¿Buscan entretenimiento general o necesitan cumplir un objetivo específico?

- Si hay un objetivo específico, ¿es personal o profesional?

- ¿Perciben el tiempo dedicado a esta actividad como esencial o prescindible?

OBJETIVOS ESPECÍFICOS

- ¿Necesitan información / investigación general (para contextualizar un tema / empresa) o buscan algo específico (un dato concreto o información de un producto)?

- ¿Están ya familiarizados con el servicio o producto que ofreces o hay que presentárselo?

- ¿Buscan información sensible al paso del tiempo, como noticias o actualizaciones de un tema?

- ¿Quieren descubrir información sobre un producto o servicio específico para decidir si lo compran o no?

- ¿Necesitan contactar contigo? Si es el caso, ¿pueden visitarte en persona (esto requeriría un mapa y un horario de atención al público)? ¿O pueden necesitar datos de contacto por teléfono o correo electrónico?

LO QUE INTENTAN CONSEGUIR LOS VISITANTES

Es poco probable que puedas recoger todas las potenciales razones de alguien para visitar tu sitio, pero en realidad lo que buscamos son tareas y motivaciones claves. Esta información te ayudará a orientar el diseño de tu sitio.

Lo primero que hay que hacer es una lista de motivos por los cuales la gente visitaría nuestro sitio. Después, podemos asignar la lista de tareas a los visitantes ficticios imaginados en el paso anterior.

GORDON compró una raqueta de tenis hace años y ahora quiere comprar una en tu sitio para su novia.

MOLLY ha leído algo sobre tu servicio de guardería canina en la prensa y quiere saber si le iría bien.

JASPER tuvo una mala experiencia en el hotel donde se alojaba en Sídney, Australia, y quiere presentar una queja.

AYO espera estudiar arquitectura y quiere saber más sobre un curso que se oferta.

IVY es editora de imágenes y quiere buscar en la web de un fotógrafo ejemplos de su obra antes de decidir si le encarga un trabajo.

QUÉ INFORMACIÓN NECESITAN LOS VISITANTES

Sabes quién va a visitar tu sitio y por qué, por tanto, ahora hay que averiguar qué información necesitan para conseguir sus objetivos de manera rápida y eficaz.

Puede que te interese ofrecer información adicional de apoyo que crees que podrían encontrar útil.

Observa las razones por las que esas personas visitarán tu sitio y piensa qué necesitan para conseguir sus objetivos.

Puedes jerarquizar la información en niveles, desde los puntos esenciales hasta información contextual no indispensable.

Si te aseguras de ofrecer la información que buscan tus visitantes, tu sitio les parecerá más relevante.

Por consiguiente, tendrás más oportunidades de darles cualquier información adicional que consideres les resultará útil (o de exponerlos a otros productos o servicios que quieras promocionar).

En cambio, si no les pareces relevante dando respuesta a sus necesidades, es probable que se vayan a otro sitio.

Estas preguntas pueden ayudarte a decidir qué información ofrecer a los visitantes de tu sitio.

INFORMACIÓN CLAVE

- ¿Estarán los visitantes familiarizados con tu tema / marca o necesitarás presentarte?

- ¿Estarán familiarizados con el producto / servicio / información que cubres o requerirán más contexto?

- ¿Cuáles son las características más importantes de lo que ofreces?

- ¿Qué tiene de especial tu oferta que te diferencia de otros sitios web que ofrecen algo similar?

- Una vez que la gente ha conseguido el objetivo que la llevó hasta tu sitio, ¿hay preguntas habituales que hacen sobre el tema?

CON QUÉ FRECUENCIA VISITARÁ LA GENTE EL SITIO

Algunos sitios se benefician de actualizaciones más frecuentes que otros. Alguna información (como las noticias) puede cambiar constantemente, mientras que otro contenido es relativamente estático.

Un sitio web sobre tendencias de moda necesitará cambiar con más frecuencia que otro que promueva un servicio que la gente no use con regularidad (como uno de fontanería doméstica o de doble acristalamiento).

Una vez creado el sitio, pueden hacer falta mucho tiempo y recursos para actualizarlo con frecuencia.

Considerar con qué frecuencia es probable que vuelva la gente a tu sitio te da una idea de la asiduidad con la que deberías actualizarlo.

También puede ser útil programar un calendario de actualizaciones, en lugar de hacerlas *ad hoc*.

A menudo, verás que algunas partes de un sitio se benefician de actualizaciones más frecuentes que otras.

Las siguientes preguntas te ayudarán a decidir la frecuencia de actualización del contenido de tu sitio web.

PRODUCTOS / SERVICIOS

- ¿Con qué frecuencia volverá la misma gente para comprarte algo?
- ¿Con qué asiduidad actualizas tu stock o cambias tu servicio?

INFORMACIÓN

- ¿Con qué frecuencia cambia el tema?
- ¿Qué porcentaje de tus visitantes volverían para actualizaciones regulares sobre el tema, en comparación con los que solo necesitarán la información una vez?

MAPA DEL SITIO

Ahora que ya sabes lo que debe aparecer en el sitio, puedes empezar a organizar la información en secciones o páginas.

El objetivo es crear un diagrama de las páginas que servirá para estructurar el sitio. Esto es lo que se conoce como **mapa del sitio** y muestra cómo se pueden agrupar las páginas.

Para ayudarte a decidir qué información debería ir en cada página, puedes usar una técnica denominada **clasificación de tarjetas**.

Consiste en colocar cada información que un visitante podría necesitar en un papel y organizar la información relacionada en grupos.

Cada grupo se relaciona con una página y, en sitios más grandes, las páginas pueden a su vez agruparse para crear distintas secciones del sitio web.

Los grupos de información se convierten en el diagrama que llamamos mapa del sitio.

A veces puede ser útil pedir a gente que vaya a ser público objetivo que te ayude a agrupar información relacionada.

Un mapa del sitio suele empezar con la página de inicio. Además, si el sitio es grande y está compartimentado en secciones, cada una podría requerir su propia página de inicio para vincular toda la información que contiene.

Por ejemplo, la mayoría de las tiendas en línea tienen páginas de inicio de sección para cada tipo de producto, que a su vez enlazan a páginas de producto individuales.

Es posible que tengas que duplicar alguna información si debe aparecer en más de una página.

Las páginas (o grupos de páginas) informan al usuario sobre cómo navegar por el sitio.

Recuerda centrarte en los objetivos que quieren cumplir tus visitantes.

Cabe destacar que el propietario del sitio podría organizar la información de una forma distinta a lo que espera el público. Es importante reflejar el entendimiento del público, en vez de solo la visión del propietario del sitio.

EJEMPLO DE MAPA
DEL SITIO

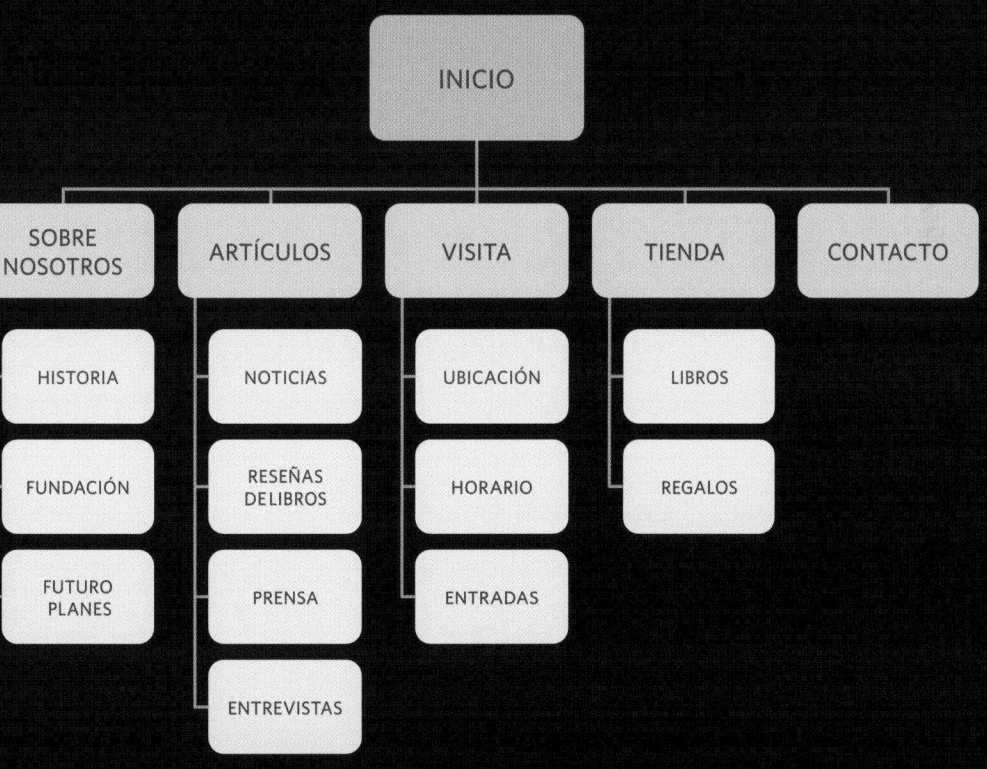

WIREFRAMES

Un *wireframe* es un sencillo esquema de la información clave que debe ir en cada página de un sitio. Muestra la jerarquía de la información y el espacio que podría requerir.

Muchos diseñadores cogen los elementos que deben aparecer en una página y empiezan por crear *wireframes*, lo que implica esbozar o sombrear las áreas en las que irá cada elemento de la página (como el logotipo, la navegación principal, los encabezados y los cuerpos de texto, el inicio de sesión de usuarios registrados, etc.).

Al crear este diagrama nos aseguramos de que se incluye toda la información que debe ir en una página.

No deberías incluir el esquema de colores, las fuentes elegidas, los fondos o las imágenes para el sitio web aquí. La idea es concentrarse en qué información debe ir en cada página y crear una jerarquía visual para indicar las partes más importantes de cada página.

Los *wireframes* facilitan el diseño porque sabemos qué información debe ir en qué página antes de pensar en el aspecto del sitio. Puede ser muy útil mostrar los *wireframes* de un sitio al cliente

antes de enseñarle un diseño. Así podrá asegurarse de que el sitio tiene todas las funciones e información que debe ofrecer.

Si simplemente presentamos un diseño al cliente, lo habitual es que se centre en el aspecto del sitio y no se plantee nada sobre la funcionalidad una vez que esté construido.

El ejemplo de la derecha se creó en Photoshop con las plantillas del sistema de cuadrícula 960.gs.

Puedes hacer los esquemas en papel o con una aplicación de diseño gráfico, como Illustrator o InDesign.

También hay herramientas para hacer *wireframe* en línea, como las de http://lovelycharts.com.

logo

home   products   services   about   contact

product photography

key selling point of product
key selling point of product
key selling point of product

buy button

news

headline one

Lorem ipsum dolor sit amet, consectetur adipiscing elit. Sed volutpat, urna at viverra molestie, elit turpis vulputate mi, non pretium ipsum tellus sit amet lacus.

headline two

Cum sociis natoque penatibus et magnis dis parturient montes, nascetur ridiculus mus. Maecenas placerat aliquam convallis.

testimonials

Lorem ipsum dolor sit amet, consectetur adipiscing elit. Sed volutpat, urna at viverra molestie, elit turpis vulputate mi, non pretium ipsum tellus sit amet lacus.

sale

Lorem ipsum dolor sit amet, consectetur adipiscing elit. Sed volutpat, urna at viverra molestie, elit turpis vulputate mi, non pretium ipsum tellus sit amet lacus.

copyright notice

TRANSMITIR EL MENSAJE A TRAVÉS DEL DISEÑO

El principal objetivo de cualquier diseño visual es comunicar algo. Organizar y priorizar la información en una página ayuda a los usuarios a entender su importancia y en qué orden leerla.

CONTENIDO

Las páginas web tienen a menudo mucha información que transmitir. Por ejemplo, los sitios de periódicos en línea tendrán información que no aparece en su equivalente impreso:

- Una cabecera o logotipo.
- Enlaces para navegar por el sitio.
- Enlaces a contenido relacionado y otros artículos relacionados.
- Opciones para registrarse o iniciar sesión.
- Capacidad para que los usuarios comenten.
- Información de derechos de autor.
- Enlaces a políticas de privacidad, términos y condiciones, información sobre la publicidad, fuentes RSS, opciones de suscripción...

Con tantas cosas en la página, los diseñadores necesitan **organizar** y **priorizar** la información para comunicar su mensaje y ayudar a los usuarios a encontrar lo que buscan.

PRIORIZAR

Si todo lo de la página apareciese con el mismo estilo, sería mucho más difícil de entender; los mensajes clave no destacarían.

Al hacer que partes de la página sean **distintas** del contenido que las rodea, los diseñadores llaman la atención hacia (o la alejan de) esos elementos.

Los diseñadores crean una **jerarquía visual** para ayudar a los usuarios a concentrarse en los mensajes clave que llamarán la atención de la gente y después los guían hacia los siguientes mensajes.

Veremos las jerarquías visuales en las páginas 464-465.

ORGANIZAR

Agrupar contenido relacionado en **bloques** o **fragmentos** hace que la página parezca más sencilla (y fácil de entender).

Los usuarios deberían ser capaces de identificar el propósito de cada bloque sin procesar cada elemento de manera individual.

Presentando algunos tipos de información con un estilo visual **similar** (por ejemplo, con el mismo estilo para todos los botones o enlaces), los usuarios enseguida asociarán ese estilo con un tipo particular de contenido.

Veremos las agrupaciones y la similitud en las páginas 466-467.

Veamos un ejemplo de cómo se puede usar el diseño para comunicar con eficacia los servicios de una empresa.

JERARQUÍA VISUAL

La atención se va directamente a una imagen que muestra el servicio que ofrece esta empresa y el encabezado que lo explica. El tamaño y el fondo de color refuerzan la idea que se trata del mensaje principal de la página.

Si este servicio atrae al usuario, debajo puede ver más detalles de lo que hace, cuánto cuesta y quién lo utiliza.

AGRUPACIÓN

Hay varios fragmentos de información en esta página.

En la parte superior están el logotipo y la navegación. Debajo, la información que presenta los servicios de la empresa.

Más abajo hay tres grupos que nos muestran en qué consiste el servicio, el coste que conlleva y algunos usuarios del servicio.

SIMILITUD

Hay varios ejemplos de similitud en esta página.

Los cuatro puntos (en la parte inferior izquierda de la captura de pantalla) se presentan de manera similar y con encabezados e iconos consistentes.

Todos los enlaces del cuerpo de texto están en azul, así que se ve enseguida en qué texto se puede hacer clic.

JERARQUÍA VISUAL

La mayoría de los usuarios de Internet no leen las páginas enteras. En vez de eso, echan una ojeada para buscar información. Puedes usar el contraste para crear una jerarquía visual que transmita tus mensajes principales y ayude a los usuarios a encontrar lo que buscan.

TAMAÑO

Los elementos más grandes llamarán antes la atención del usuario. Por eso conviene hacer los encabezados y puntos clave relativamente grandes.

COLOR

El color de fondo y de primer plano pueden llamar la atención hacia los mensajes clave. Las secciones más claras tienden a llamar antes la atención del usuario.

ESTILO

Un elemento puede ser del mismo tamaño y color que el contenido de alrededor, pero tener un estilo diferente para destacar.

Lorem ipsum
dolor sit amet, consectetur adipiscing elit. Lorem ipsum dolor sit amet, consectetur adipscing elit.

Lorem ipsum dolor sit amet, consectetur adipiscing elit. Lorem ipsum dolor sit amet, consectetur adipscing elit.

Lorem ipsum dolor sit amet, consectetur adipiscing elit. Lorem ipsum dolor sit amet, consectetur adipiscing elit.

La **jerarquía visual** se refiere al orden en el que los ojos perciben lo que ven. Se crea añadiendo **contraste visual** entre los elementos mostrados. Los elementos con más contraste se reconocen y procesan primero.

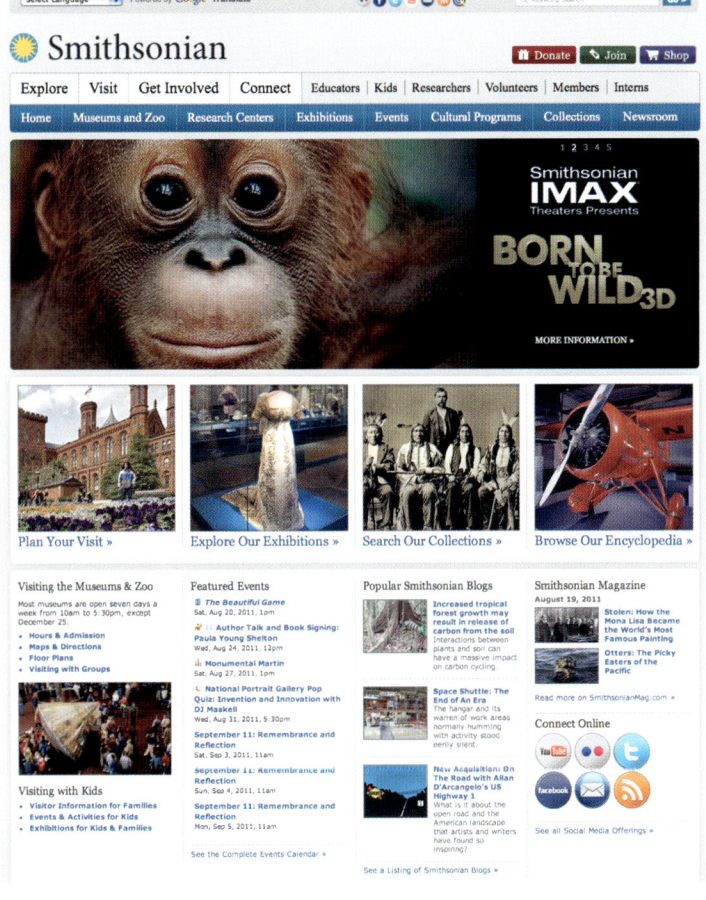

IMÁGENES

Las imágenes crean contraste visual alto y suelen captar la atención primero. Pueden utilizarse para atraer al usuario a un mensaje específico. En algunos casos, una imagen adecuada puede revelar de manera sucinta más que una página de texto entera.

El efecto de una jerarquía visual bien diseñada es muy subliminal. Conseguir una buena jerarquía requiere equilibrio; si nada destaca, el sitio puede resultar poco interesante, y si hay demasiados elementos compitiendo por la atención, puede ser difícil encontrar los mensajes importantes. Este ejemplo tiene una jerarquía clara que cubre las necesidades de los visitantes del sitio.

AGRUPACIÓN Y SIMILITUD

Para dar sentido a un diseño, tendemos a organizar los elementos visuales en grupos. Agrupar información relacionada puede hacer un diseño más fácil de entender. Podemos utilizar las siguientes técnicas.

PROXIMIDAD

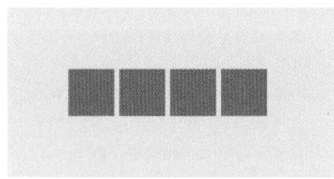

Cuando hay varios elementos muy próximos se perciben como más relacionados entre sí que con otros más apartados. También se puede anidar grupos de información dentro de grupos más grandes.

CIERRE

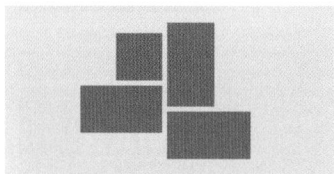

Cuando nos enfrentamos a una disposición complicada de elementos, a menudo buscamos un único patrón o forma reconocible. Podemos formar una caja real o imaginaria alrededor de ciertos elementos por su proximidad y alineación.

CONTINUACIÓN

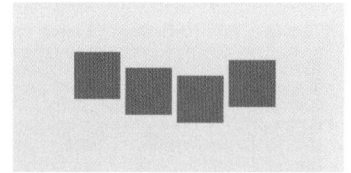

Cuando los elementos se colocan en una línea o una curva se perciben como más relacionados que los que no siguen la misma dirección. Esto sirve para dirigir a un lector de una parte de la página a la siguiente.

ESPACIO EN BLANCO

Consiste en colocar juntos los elementos relacionados y dejar un espacio en blanco más grande entre estos y los no relacionados.

COLOR

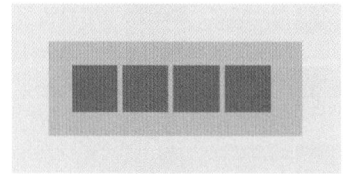

Un color de fondo detrás de los elementos relacionados enfatiza la conexión entre ellos.

BORDES

Se puede dibujar una línea en el contorno del grupo o entre este y sus vecinos.

De manera natural, nos fijamos en las similitudes en el diseño y lo que es similar se percibe como más relacionado que lo que es diferente. La repetición de colores, tamaños, orientaciones, texturas, fuentes o formas similares sugiere que los elementos que coinciden tienen una importancia o significación similar.

Book Reviews

Raw Creation
John Maizels

Raw Creation is the definitive book on outsider art and provides an indispensible guide to the self-taught art of this century and a fascinating account of human creativity. The chapter entitled *Wonders of the World* is mostly dedicated to Nek Chand's Rock Garden and includes a number of color photographs.
Buy on Amazon

Fantasy Worlds
Deidi von Schaewen, John Maizels

Presenting the world's most unusual, colorful and poetic creations, some of which have never previously appeared in print. *Fantasy Worlds* includes the classics of fantasy architecture such as the Palais Ideal near Lyon and, of course, Nek Chand's Rock Garden in Chandigarh, India.
Buy on Amazon

Nek Chand Outsider Art
Lucienne Peiry, Philippe Lespinasse

This publication tells the story of Nek Chand and his life and takes the reader on a colorful journey through his Rock Garden, the world's most expansive work of environmental art.
Buy on Amazon

The Rock Garden
M.S.Aulakh

This small black and white book is M.S. Aulakh's commentary on and tribute to the Rock Garden and is not widely available, but used copies can be found from time to time.
Buy on Amazon

Cada bloque visual puede tener su propia jerarquía, como en este ejemplo, donde cada libro tiene sus propias subsecciones de título, autor, texto y enlace.

CONSISTENCIA

En este ejemplo, cada reseña de libro tiene un estilo consistente para títulos, autores y enlaces de compra. Leyendo solo uno de los bloques es posible inferir el significado de los demás elementos de esta caja que tienen el mismo estilo.

ENCABEZADOS

Dar a cada fragmento de información un encabezado indica claramente al usuario si el contenido agrupado es relevante para él. Si no lo es, puede ignorar todos los elementos que contiene. También ayuda a los usuarios de lectores de pantalla, porque tienen la opción de escuchar los títulos de la página.

DISEÑAR LA NAVEGACIÓN

La navegación del sitio no solo permite a la gente llegar donde quieren ir, sino que también le ayuda a comprender de qué trata el sitio y cómo está organizado. La buena navegación tiende a seguir estos principios.

CONCISIÓN

Idealmente, la navegación debería ser rápida y fácil de leer. Conviene intentar limitar el número de opciones de un menú a menos de ocho enlaces, que pueden estar vinculados a páginas de inicio de secciones enlazadas a su vez a otras páginas.

CLARIDAD

Los usuarios deberían ser capaces de predecir el tipo de información que encontrarán en la página antes de hacer clic en el enlace. Cuando sea posible, elige una sola palabra descriptiva para cada enlace en lugar de una frase.

SELECTIVIDAD

La navegación principal debería reflejar solo las secciones o el contenido del sitio. Las funciones de inicio de sesión y búsqueda y la información legal (como los términos y condiciones) están mejor colocadas en otro lugar de la página.

Inicio   Perfiles de artistas   Exposiciones y eventos   Galerías   Libros y revistas
Sobre la web   Contáctar   Iniciar sesión   Registrarse   Términos y condiciones   Política de privacidad

Inicio   Artistas   Exposiciones   Galerías   Publicaciones   Información   Contacto

Un sitio grande puede tener navegación principal, secundaria o incluso terciaria. La navegación principal suele aparecer en la parte superior del sitio, de izquierda a derecha, o hacia abajo en el lado izquierdo de la página. La secundaria podría estar debajo de la principal o en el lateral de la página. La terciaria suele estar al pie de la página. El menú no será la única forma que tengan los usuarios de navegar por el sitio. También puede usar enlaces dentro de las páginas. Algunos sitios incluyen una función de búsqueda.

MÁS EN LÍNEA
Visita `https://www.htmlandcssbook.com/extras/google-search/` para obtener información (en inglés) sobre cómo implementar una funcionalidad de búsqueda Google Search.

CONTEXTO

Una buena navegación proporciona contexto. Hace saber al usuario dónde está en el sitio web en ese momento. Usar un color diferente o algún tipo de marcador visual para indicar la página actual es una buena forma de hacerlo.

INTERACTIVIDAD

Cada enlace debería ser lo bastante grande como para que se pueda hacer clic y su aspecto debería cambiar cuando el usuario pasa por encima o hace clic. También debería diferenciarse visualmente de otro contenido de la página.

CONSISTENCIA

Cuantas más páginas contiene un sitio, más elementos de navegación habrá. Aunque la navegación secundaria cambiará entre páginas, lo mejor es mantener la navegación principal exactamente igual.

Inicio Artistas Exposiciones Galerías Publicaciones Información Contacto

Inicio *Artistas* Exposiciones Galerías Publicaciones Información Contacto

▸ Es importante entender quién es nuestro público objetivo, por qué visitan nuestro sitio, qué información esperan encontrar y cuándo es probable que vuelvan.

▸ Un mapa del sitio permite planificar la estructura de un sitio.

▸ Los *wireframes* permiten organizar la información que debe contener cada página.

▸ El diseño debe comunicar. La jerarquía visual ayuda a los visitantes a entender lo que intentamos decirles.

▸ Podemos diferenciar fragmentos de información a través de tamaños, colores y estilos.

▸ Podemos usar la agrupación y la similitud para simplificar la información presentada.

19

INFORMACIÓN PRÁCTICA

▸ Optimización para motores de búsqueda.
▸ Utilizar análisis para entender a los visitantes.
▸ Subir un sitio a Internet.

Para terminar el libro compartiremos
información práctica que te ayudará a
lanzar un sitio web con éxito.

Hay libros enteros sobre cada uno de los temas de este capítulo,
pero te presentaré las claves de cada uno y te daré pistas de lo
que debes considerar. Veremos:

- Lo básico de la optimización para motores de búsqueda.

- Cómo usar análisis para entender cómo utiliza la gente
  nuestro sitio después de publicarlo.

- Cómo subir un sitio a Internet.

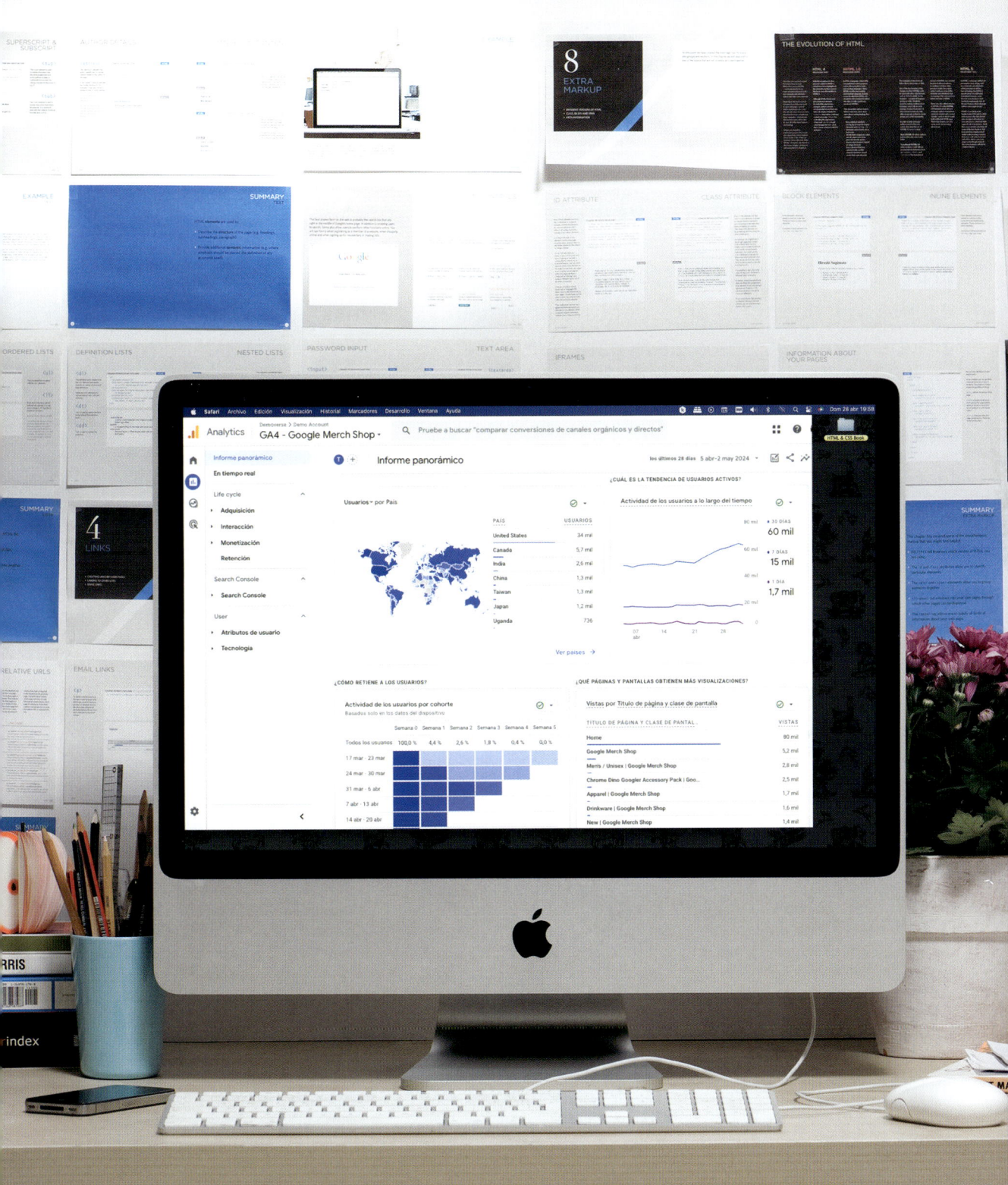

OPTIMIZACIÓN PARA MOTORES DE BÚSQUEDA (SEO)

El posicionamiento en buscadores (SEO) es un tema enorme y se han escrito muchos libros al respecto. Las siguientes páginas te ayudarán a entender los conceptos clave para que puedas mejorar la visibilidad de tu sitio web en los motores de búsqueda.

LO BÁSICO

La optimización para motores de búsqueda (*Search Engine Optimization*, SEO) o posicionamiento en buscadores es la práctica de intentar que tu sitio aparezca más arriba en los resultados de un buscador cuando la gente busca los temas que cubre tu sitio.

El corazón del SEO es la idea de averiguar qué palabras es probable que escriba la gente en un buscador para localizar nuestro sitio y utilizarlas en los lugares correctos del sitio para aumentar las probabilidades de que los motores de búsqueda muestren un enlace a nuestro sitio en sus resultados.

Para determinar quién aparece primero en los resultados de una búsqueda, los buscadores no se fijan solo en lo que aparece en el sitio. También tienen en cuenta con cuántos sitios está vinculado (y lo relevantes que son esos enlaces). Por eso, el SEO suele dividirse en dos áreas: técnicas en la página y técnicas fuera de la página.

TÉCNICAS EN LA PÁGINA

Las técnicas en la página son los métodos que podemos usar en nuestras páginas web para mejorar su posicionamiento en los motores de búsqueda.

La cuestión es dar con las palabras clave que la gente probablemente introduciría en un motor de búsqueda si quisiera encontrar nuestro sitio para incluirlas en el texto y el código HTML y ayudar así a los motores de búsqueda a saber que el sitio cubre estos temas.

Los motores de búsqueda se basan en gran medida en el texto de las páginas, por lo que es importante que los términos que la gente busca aparezcan en el texto. Hay siete lugares esenciales en los que conviene que aparezcan las palabras clave.

Asegurarse de que todas las imágenes tienen el texto adecuado en el valor de su atributo alt también ayuda a los buscadores a entender el contenido de las imágenes.

TÉCNICAS FUERA DE LA PÁGINA

Hacer que otros sitios pongan enlaces al nuestro es tan importante como las técnicas en la página. Los motores de búsqueda ayudan a determinar cómo posicionar un sitio observando el número de otros con un enlace a este.

Les interesan especialmente los sitios cuyo contenido está relacionado con el nuestro. Por ejemplo, si tenemos un sitio web que vende cebo para pescar, no es probable que se considere tan relevante un enlace desde una peluquería como uno de una asociación de pesca con caña.

Los motores de búsqueda también miran las palabras entre las etiquetas <a> y </a> del enlace. Si el texto del enlace contiene palabras clave (en vez de «clic aquí» o una URL) puede considerarse más relevante.

Las palabras que aparecen en enlaces a nuestro sitio deberían aparecer en el texto de la página también.

SEO EN LA PÁGINA

En cada página de un sitio web hay siete lugares fundamentales donde podrían aparecer las palabras clave (las que la gente podría buscar para encontrar el sitio) para mejorar el posicionamiento.

1. TÍTULO DE LA PÁGINA

El título de la página aparece en la parte superior de la ventana del navegador o en una pestaña. Se especifica en el elemento `<title>` que va dentro del elemento `<head>`.

2. URL / DIRECCIÓN WEB

El nombre del archivo forma parte de la URL. Siempre que sea posible, usa palabras clave para nombrar los archivos.

3. ENCABEZADOS

Si las palabras clave están en un elemento `<hn>`, un motor de búsqueda sabrá de qué trata la página y ese tema tendrá más peso que otro texto.

4. TEXTO

Siempre que sea posible, conviene repetir las palabras clave en el cuerpo de texto al menos dos o tres veces. Sin embargo, no hay que abusar de estos términos porque el texto debe ser fácil de leer para los humanos.

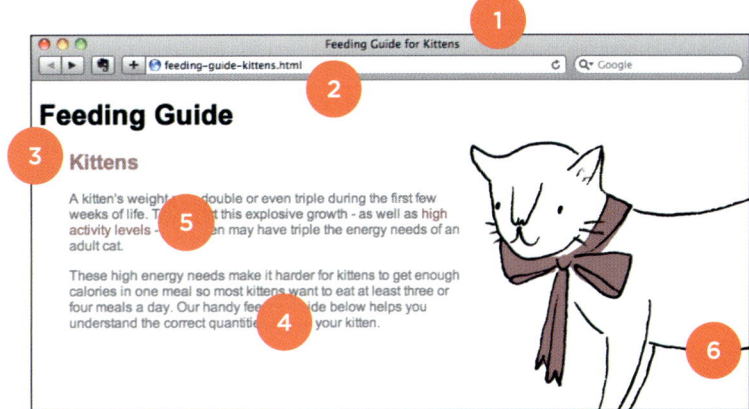

5. TEXTO DE ENLACES

Utiliza palabras clave en el texto que creen vínculos entre páginas (en vez de utilizar la expresión genérica «haz clic aquí»).

6. TEXTO ALTERNATIVO EN IMÁGENES

Los motores de búsqueda confían en que pongamos una descripción precisa de las imágenes en el texto alternativo. Así las imágenes aparecerán en las búsquedas basadas en imágenes.

7. DESCRIPCIONES DE LA PÁGINA

La descripción también va en el elemento `<head>` y se especifica con una etiqueta `<meta>`. Debería ser una oración que describa el contenido de la página. (No se ven en la ventana del navegador, pero pueden salir en las páginas de resultados de los buscadores).

¡No intentes nunca engañar a un buscador! Te penalizarán. Por ejemplo, no añadas texto del mismo color del fondo de la página porque lo pueden detectar.

CÓMO IDENTIFICAR PALABRAS Y FRASES CLAVE

Decidir qué palabras clave usar en un sitio puede ser una de las tareas más difíciles cuando se empieza a pensar en el SEO. Estos seis pasos te ayudarán a identificar las palabras y frases clave para tu sitio.

1. LLUVIA DE IDEAS

Haz una lista de palabras que alguien escribiría en Google para buscar tu sitio. Asegúrate de incluir los distintos temas, productos o servicios relacionados con tu sitio.

Suele ser útil preguntar a otros qué palabras usarían para encontrar tu sitio porque las personas que están menos familiarizadas con un tema podrían emplear términos de búsqueda distintos de los tuyos. (En particular, es menos probable que utilicen jerga propia de una industria).

La lista debe incluir algunas frases clave (no solo palabras) si tienes temas que requieran más de una palabra para describirse.

2. ORGANIZAR

Agrupa las palabras clave en listas según las secciones o categorías de tu sitio web.

Por ejemplo, si el sitio es una tienda de mascotas, puedes tener distintas categorías para los diferentes animales (perros, gatos y conejos, por ejemplo).

En un sitio más grande se pueden descomponer en más subcategorías (por ejemplo, grupos aparte para las distintas comidas de mascota).

3. BUSCAR

Hay varias herramientas que permiten introducir palabras clave y sugieren otras adicionales, como www.wordtracker.com o www.keyworddiscovery.com.

Una vez que las herramientas te hayan sugerido más palabras clave, añade las opciones más relevantes a tus listas. Es posible que estas herramientas sugieran términos que no sean relevantes para ti, así que omite cualquiera que no proceda.

4. COMPARAR

Es poco probable que tu sitio aparezca bien posicionado para todas las palabras clave. Esto se da sobre todo con temas donde hay mucha competencia. Cuantos más sitios haya por ahí ya optimizados para una palabra clave concreta, más difícil será para ti subir en los resultados de la búsqueda de ese término.

Algunos de los sitios de búsqueda de palabras clave pueden indicar cuánta gente ha buscado un término específico y ayudarte a saber cuánta competencia tienes con esa palabra.

También puedes usar la función de búsqueda avanzada de Google para buscar los títulos de páginas web. De ese modo, podrás determinar cuántos sitios tienen la palabra clave en el título: cuantas más páginas haya con el término en el título, mayor es la competencia.

5. REFINAR

Ahora tienes que seleccionar las palabras clave en las que te vas a centrar. Deberían ser las más relevantes para cada sección de tu sitio.

Si hay una frase muy relevante, pero tiene mucha competencia, deberías usarla a pesar de todo. Para mejorar las probabilidades de que se encuentre tu sitio, puedes mirar si hay otras palabras que se podrían incorporar a una frase. Por ejemplo, si la información o el servicio que ofrece tu sitio es propio de una ubicación, incorporar esa ubicación a la lista de palabras clave ayudará a la gente a encontrarte.

Si tu sitio promociona una empresa de tejados de pizarra en Australia, es mejor captar a 100 personas de Australia que buscan un tejado de pizarra que a 10 000 de EE. UU. que buscan cualquier tipo de tejado.

6. ASIGNAR

Ahora que tienes una lista refinada de palabras clave y sabes cuáles tendrán más competencia y cuáles son las más relevantes, es el momento de seleccionar las que usar en cada página.

Elige entre 3 y 5 palabras o frases que asignar a cada página de tu sitio y úsalas como palabras clave para esa página.

No es necesario repetir las mismas palabras clave en todas las páginas. Es probable que, a medida que te alejes de la página de inicio, las palabras sean más específicas para el tema tratado en cada sección.

ANÁLISIS: APRENDER SOBRE LOS VISITANTES

En cuanto la gente empiece a visitar tu sitio, puedes analizar cómo lo han encontrado, qué han mirado y en qué momento se han ido. Una de las mejores herramientas para hacer esto es el servicio gratuito Google Analytics.

REGISTRARSE

El servicio Google Analytics requiere registrarse con una cuenta en www.google.com/analytics. El sitio te da un código de seguimiento que hay que poner en todas las páginas del sitio.

CÓMO FUNCIONA

Cada vez que alguien carga una página de tu sitio, el código de seguimiento envía datos a los servidores de Google donde está almacenado. Google ofrece una interfaz basada en web que permite ver cómo los visitantes utilizan tu sitio.

EL CÓDIGO DE SEGUIMIENTO

Google Analytics proporciona un código de seguimiento para cada sitio web que se desea rastrear. Deberías incluirlo antes de la etiqueta de cierre </head>. El código no altera el aspecto de tus páginas web.

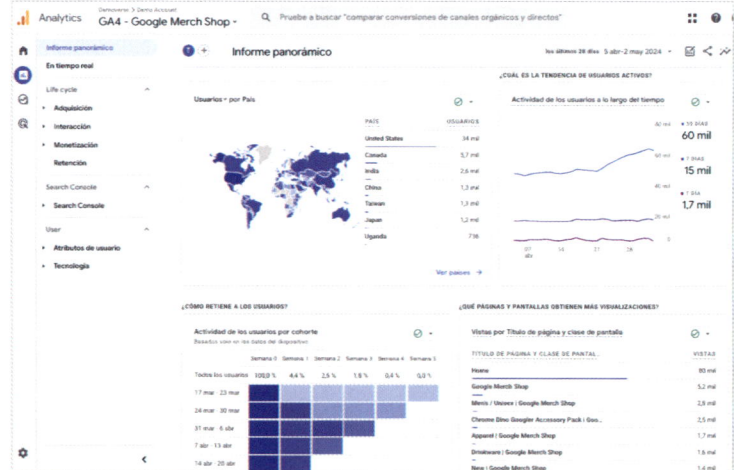

Ten en cuenta que Google actualiza el servicio de vez en cuando, así que la interfaz que veas podría ser diferente a la que se muestra aquí.

¿CUÁNTA GENTE VISITA TU SITIO?

La página de visión general ofrece una instantánea de la información principal que es probable que desees conocer. En particular, te dice cuánta gente visita tu sitio.

SESIONES
El número de veces que la gente ha visitado un sitio. Si alguien permanece inactivo en tu sitio durante 30 minutos y luego mira otra página del sitio, contará como nueva sesión.

USUARIOS
El número total de personas que han visitado el sitio en el periodo de tiempo especificado. Esta cifra será inferior a la de sesiones si la gente ha vuelto al sitio más de una vez en el plazo definido.

PÁGINAS VISTAS
El número total de páginas que han visto todos los visitantes en tu sitio.

PÁGINAS/SESIÓN
La cantidad media de páginas que ha mirado cada visitante del sitio por visita.

DURACIÓN MEDIA DE LA SESIÓN
La cantidad de tiempo media que ha pasado cada usuario en el sitio por visita.

SELECTOR DE FECHA
Con el selector de fecha de la esquina superior derecha de la pantalla, se puede cambiar el periodo para los informes. Al iniciar sesión, suele estar configurado con el último mes, pero se puede cambiar para ver un periodo específico diferente.

EXPORTAR
El enlace para exportar permite sacar las estadísticas de esta página a otras aplicaciones, como Excel.

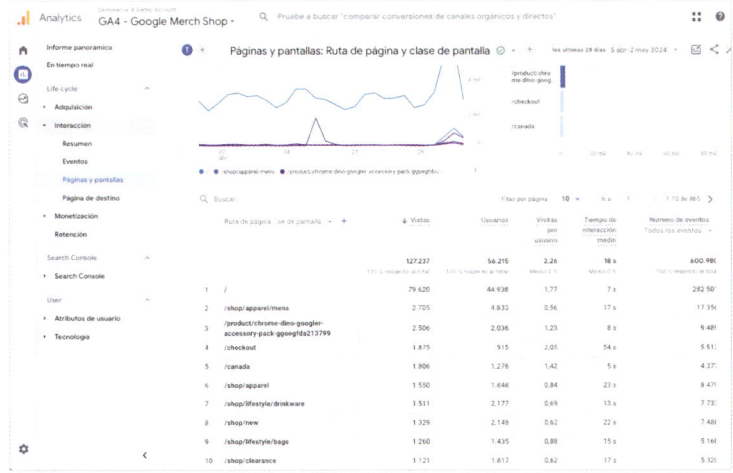

¿QUÉ MIRAN LOS VISITANTES?

En el panel de contenido podemos descubrir más sobre lo que los visitantes miran cuando vienen a nuestro sitio.

PÁGINAS

Te dice qué páginas están mirando más los visitantes y en qué páginas pasan más tiempo.

PÁGINAS DE DESTINO

Son las páginas a las que llega la gente la primera vez que visita el sitio. Saber esto puede ser muy útil porque tal vez descubras que la gente no llega a tu sitio por la página de inicio.

PÁGINAS DE SALIDA

Muestra las páginas desde las que suele salir la gente. Si mucha gente se va desde la misma página, deberías considerar cambiarla o mejorarla.

PORCENTAJE DE REBOTE

Muestra el número de personas que se van desde la misma página a la que llegaron. Un alto porcentaje de rebote sugiere que el contenido no es lo que estaban buscando o que la página no los animó a echar un vistazo al resto del sitio. Cuenta como rebote:

- Hacer clic en un enlace a otro sitio.

- Hacer clic en un anuncio.

- Escribir otra URL.

- Hacer clic en el botón para volver atrás.

- Cerrar el navegador.

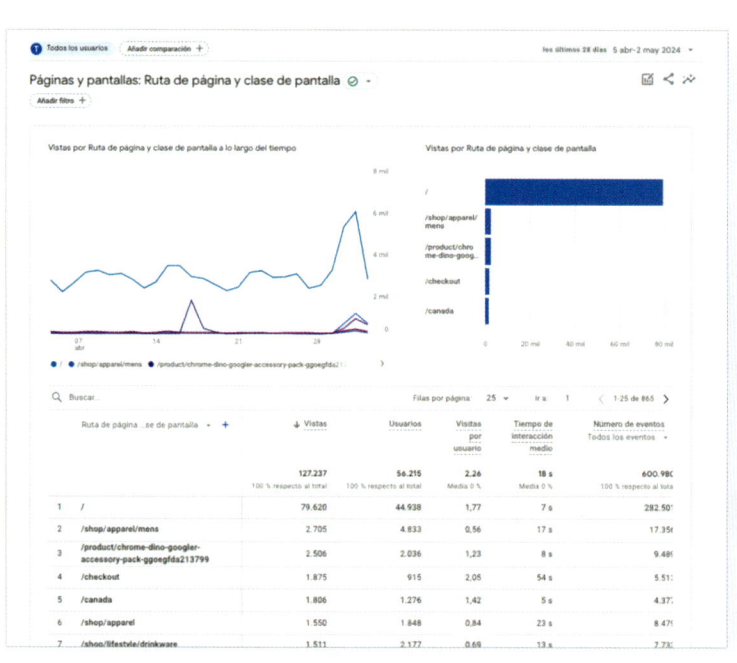

¿DE DÓNDE VIENEN LOS VISITANTES?

El enlace al origen del tráfico permite saber de dónde vienen los visitantes.

REFERENCIAS

Muestra los sitios que tienen enlaces al tuyo y la cantidad de gente que te visita a través de esos enlaces. Si un sitio te envía mucho tráfico, ponte en contacto con ellos con el fin de intentar colaborar para que siga fluyendo el tráfico. También podrías buscar sitios similares y pedirles que pongan un enlace al tuyo.

DIRECTO

Muestra a qué página llegó un usuario si no vino a través de un enlace en otro sitio. Podría haber escrito la URL en el navegador, empleado un marcador o hecho clic en el enlace de un correo o un documento de Word o PFD.

ORGÁNICO

Muestra los términos introducidos por los usuarios en un buscador para encontrar tu sitio. Puede ayudarte a descubrir cómo describen los visitantes lo que buscan (que con frecuencia no es igual a cómo uno describe su propio sitio). De este modo, puedes ajustar tu contenido y palabras clave para SEO.

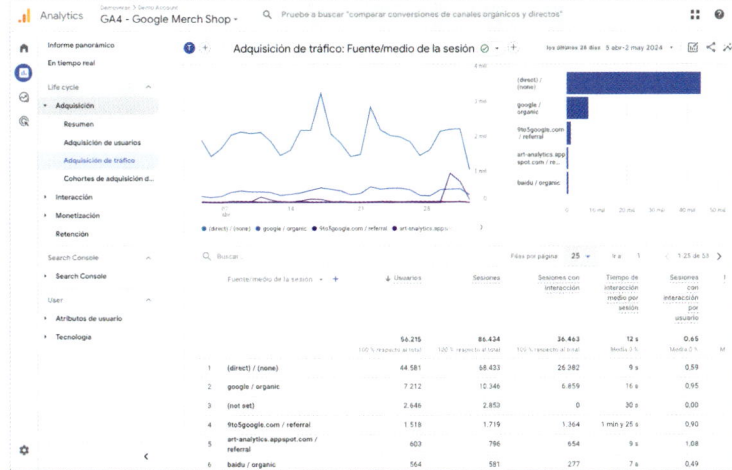

FUNCIONES AVANZADAS

Solo hemos rozado la superficie de lo que se puede aprender sobre los visitantes usando Google Analytics. Los archivos de ayuda te darán más información sobre las funciones avanzadas. Si tienes una tienda en línea, te merece la pena echar un vistazo a su seguimiento de comercio electrónico, que añade información sobre los productos vendidos, el tamaño medio de la cesta de la compra y mucho más. También puedes fijar objetivos en los que especificar las rutas que quieres siga la gente y ver hasta dónde han llegado, lo cual puede ser muy útil al recabar datos de los usuarios.

NOMBRES DE DOMINIO Y ALOJAMIENTO

Para subir tu sitio a Internet, necesitarás un nombre de dominio y un alojamiento web.

NOMBRES DE DOMINIO

El nombre de tu dominio es tu dirección web (por ejemplo, google.com o bbc.co.uk). Hay muchos sitios web que permiten registrar nombres de dominio. Por lo general, hay que pagar una cuota anual para mantener ese nombre.

Estos sitios suelen tener un formulario que permite comprobar si el nombre que quieres está disponible y, como ya hay registrados millones de nombres, puedes tardar un poco en encontrar uno que sea adecuado.

Muchos sitios que ofrecen registro de nombres de dominio también ofrecen alojamiento web.

ALOJAMIENTO WEB

Para que otra gente pueda ver tu sitio, necesitas subirlo a un servidor web. Los servidores son ordenadores especiales constantemente conectados a Internet. Están configurados para servir las páginas web cuando se solicitan.

Con la excepción de algunos sitios muy grandes, la mayoría de los sitios web están en servidores gestionados por empresas de alojamiento, lo que suele ser mucho más económico y fiable que gestionar un servidor propio.

Hay muchos tipos de alojamiento. Examinemos algunos de los puntos clave que te ayudarán a elegir cuál utilizar.

ESPACIO EN DISCO

Se refiere al tamaño total de todos los archivos que componen el sitio (todos los archivos HTML y CSS, imágenes y *scripts*).

ANCHO DE BANDA

Es la cantidad de datos que la empresa de alojamiento enviará a los visitantes del sitio. Si crees que 10 personas mirarán todas las páginas del sitio, sería el equivalente a 10 veces la cantidad de espacio en disco que usas.

COPIAS DE SEGURIDAD

Comprueba si la empresa de alojamiento realiza copias de seguridad del sitio (y con qué frecuencia). Algunas solo crean copias para restaurar el sitio web si hay un fallo del servidor. Otras permiten acceder a las copias de seguridad, lo cual puede ser útil si estropeas el sitio por accidente al actualizarlo.

CUENTAS DE CORREO ELECTRÓNICO

Muchas empresas de alojamiento ofrecen servidores de correo con sus paquetes de alojamiento web. Te interesa comprobar el tamaño del buzón que te ofrecen y la cantidad de buzones que puedes usar.

LENGUAJES Y BASES DE DATOS DEL LADO DEL SERVIDOR

Si utilizas un sistema de gestión de contenidos, lo más probable es que utilice un lenguaje de programación del lado del servidor y una base de datos (como PHP con una base de datos MySQL, o ASP.Net con una base de datos SQL Server). Asegúrate de que tu empresa de alojamiento es compatible con las tecnologías que tu software necesita para funcionar.

A menudo merece la pena buscar opiniones sobre una empresa de alojamiento para ver cuál ha sido la experiencia de otras personas con ella. Por desgracia, con frecuencia se puede saber lo buena que es una empresa de alojamiento cuando algo va mal, momento en el que se averigua cómo son capaces de ayudarte (así que puedes esperar ver unas cuantas críticas negativas de cualquier empresa).

SERVICIO ALOJADO

Hay varios servicios en línea que permiten apuntar tu nombre de dominio a sus servidores. Plataformas de blogs como WordPress.com y Tumblr, o plataformas de comercio electrónico como Big Cartel y Shopify proporcionan los servidores en los que se aloja tu sitio. Si utilizas una plataforma de este tipo, no necesitarás tu propio alojamiento para el sitio web, aunque a menudo seguirás necesitando alojamiento para tu correo electrónico. Si este es el caso, algunas empresas de alojamiento web ofrecen paquetes que solo dan servicios de correo electrónico.

FTP Y HERRAMIENTAS DE TERCEROS

Para transferir código e imágenes desde nuestro ordenador hasta la empresa de alojamiento, utilizamos lo que se conoce como protocolo de transferencia de archivos.

Como sugiere el nombre, el protocolo de transferencia de archivos (*File Transfer Protocol*, FTP) permite transferir archivos por Internet desde nuestro ordenador hasta el servidor donde se aloja nuestro sitio.

Hay muchos programas FTP que ofrecen una interfaz sencilla que muestra los archivos en el ordenador junto con los que están en el servidor web. Esto nos permite arrastrar y soltar archivos del ordenador al servidor y viceversa.

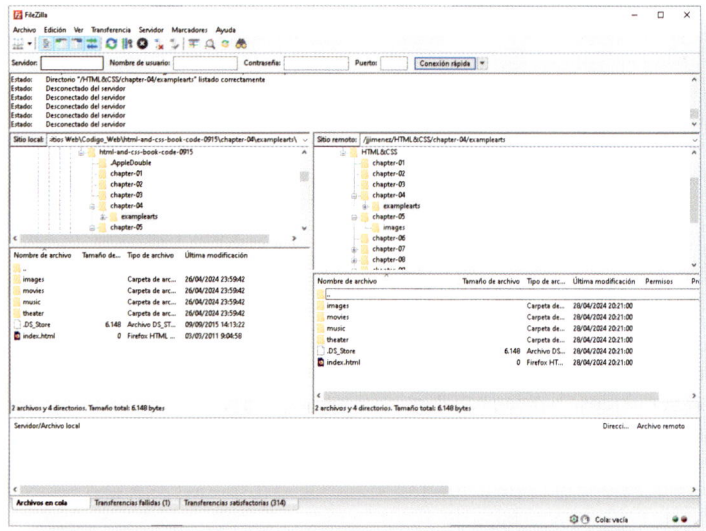

Hay una gran variedad de sitios que ofrecen servicios creados por desarrolladores web (para ahorrarte tener que construirlos tú mismo).

Algunas empresas de alojamiento cuentan con herramientas para subir archivos a sus servidores utilizando un navegador web, pero lo más habitual es utilizar un programa FTP, porque son más rápidos transmitiendo archivos.

Cuando contrates tu alojamiento web, te darán los datos FTP que debes introducir en el programa FTP para conectarte al servidor. Por lo general, se trata de una dirección (como `ftp://midominio.com`), un nombre de usuario y una contraseña. Es importante mantener esta información segura para evitar que un extraño pueda acceder a tu servidor.

Aquí tienes una lista de algunas aplicaciones FTP populares:

FileZilla
`filezilla-project.org`
Windows, Mac, Linux

CuteFTP
`cuteftp.com`
Windows, Mac

SmartFTP
`smartftp.com`
Windows

Transmit
`panic.com/transmit`
Mac

Y aquí tienes una lista de herramientas de terceros populares:

BLOGS
`wordpress.com`
`tumblr.com`

COMERCIO ELECTRÓNICO
`shopify.com`
`bigcartel.com`
`go.magento.com`

BOLETINES DE NOTICIAS PARA CORREO
`campaignmonitor.com`
`mailchimp.com`

BOTONES PARA COMPARTIR EN REDES SOCIALES
`addtoany.com`

▸ La optimización para motores de búsqueda ayuda a los visitantes a encontrar nuestros sitios cuando usen buscadores.

▸ Las herramientas de análisis, como Google Analytics, nos permiten ver cuánta gente visita nuestro sitio, cómo lo han encontrado y qué hacen cuando llegan.

▸ Para subir un sitio a Internet, hay que obtener un nombre de dominio y un alojamiento web.

▸ Los programas FTP permiten transferir archivos de un ordenador local a un servidor web.

▸ Muchas empresas ofrecen plataformas para blogs, correo electrónico, boletines de noticias, comercio electrónico y otras herramientas para sitio web populares, y así nos evitan tener que escribirlos desde cero.

ÍNDICES

- ▶ A-Z.
- ▶ Atajos de HTML y CSS.
- ▶ Solución de problemas.

SOLUCIÓN DE PROBLEMAS

Estos son algunos de los problemas habituales a los que se enfrentan los principiantes. Vienen con las páginas donde encontrarás las soluciones.

COMIENZOS

El navegador muestra el marcado en lugar del resultado.

Comprueba que la extensión del archivo es `.html` y no `.txt`. pp. 37, 39

El texto en negrita o cursiva, en los encabezados o en los enlaces se extiende más de lo esperado.

Comprueba que has cerrado la etiqueta relevante, por ejemplo `</a>`. pp. 28, 29

La página a la que he puesto un enlace no se encuentra.

Comprueba la URL relativa. pp. 90, 91

IMÁGENES

Las imágenes no se muestran.

Comprueba la URL relativa. pp. 90, 91

Las imágenes se ven borrosas.

Comprueba que has guardado las imágenes en el formato correcto y con el tamaño en el que quieres mostrarlas. pp. 116-120

Los GIF redimensionados se ven mal.

Comprueba el espacio de color en un programa de edición de imágenes. Debería ser RGB.

TEXTO

Algunos textos parpadean antes de mostrar la fuente correcta.

Tienes un flash de contenido sin estilo. p. 275

Al copiar de procesadores de texto, se añaden muchas etiquetas adicionales al marcado.

Copia el texto en un editor de texto simple (para quitar el formato) antes de pegarlo en tu editor de HTML. p. 56

El texto parece más grande/ pequeño en algunas pantallas.

Normalmente, esto se debe a las variaciones en la resolución de pantalla. Comprueba la escala tipográfica para el elemento `<body>`. pp. 374, 273

La fuente especificada no se muestra en algunos navegadores.

El navegador necesita tener esa fuente instalada. p. 266
Si estás usando `@font-face` debe estar en varios formatos. p. 338

Mis fuentes se ven dentadas en un PC.

Algunas fuentes no se suavizan tan bien como otras en un PC. Prueba con otra tipografía o con una versión más gruesa. p. 269

CSS GENERAL

No se muestra un estilo especificado. Recuerda que los selectores de CSS distinguen mayúsculas y minúsculas.

Comprueba que los selectores son correctos. p. 235

La barra de herramientas del diseñador web puede ayudarte a encontrar el selector adecuado. p. 345

Si los selectores son correctos, ¿tienes otro selector que se aplique al mismo elemento más adelante en el código CSS? pp. 236, 237

CSS varía en algunos navegadores.

Hay varios errores de CSS en algunos navegadores que hacen que las páginas se muestren un poco diferentes; busca el problema y comprueba si es un error de CSS conocido. p. 239

HTML 5

Los elementos de bloque aparecen como elementos de línea.

Utiliza `display:block` para decir al navegador qué elementos de HTML5 son de bloque. p. 439

DISEÑO

El diseño parece más grande/pequeño en algunas pantallas.

La resolución del monitor influye en lo grande que aparezcan los elementos de la página. pp. 374, 375

No se muestran los márgenes por encima y debajo de una caja.

Se ha producido un colapso del espacio en blanco vertical. p. 305

Mi contenido no encaja en la caja contenedora/ventana del navegador.

Puedes resolverlo con la propiedad `overflow`. pp. 303, 313

Las cajas no aparecen centradas cuando uso `auto` para los márgenes derecho e izquierdo.

Puede que tengas que utilizar la propiedad `text-align` del elemento contenedor. p. 312

Hay elementos que se superponen.

Cuando sacas los elementos del flujo normal, pueden superponerse. `z-index` te ayuda a controlar qué elemento queda encima. p. 366

¿Por qué la propiedad `vertical-align` no centra verticalmente mi elemento de bloque?

Esta propiedad no está diseñada para ese fin. Sirve para centrar elementos de línea en la página. Encontrarás varias formas de centrar verticalmente elementos de bloque (dependiendo del contexto) si buscas en Google.

No aparece la imagen de fondo en mi caja.

¿Tiene la caja a la que estás aplicando el estilo una altura y una anchura predefinidas? p. 300

¿Tiene la caja contenedora una propiedad `overflow` configurada en `auto`? pp. 370, 371

Mis imágenes de fondo no se muestran al imprimir la página.

Muchos navegadores no imprimen por defecto las imágenes de fondo para ahorrar tinta, pero puedes cambiar ese comportamiento en las preferencias de tu impresora.

Hay un espacio entre la ventana del navegador y el contenido.

Es posible que necesites configurar los márgenes y el relleno del elemento `<body>` en 0. pp. 310, 311

FLOTANTES EN EL DISEÑO

Una caja no se queda junto a otro elemento flotante.

Asegúrate de que hay suficiente espacio en el elemento contenedor para que ambos elementos se queden uno al lado del otro. p. 300

Los márgenes y el relleno se añaden a la anchura de la caja, por lo que la caja podría ser más ancha de lo especificado en la propiedad `width`. p. 313

¿Especificaste una anchura para el elemento flotante? (Véase el siguiente punto).

Mi elemento flotante ocupa la anchura completa de la ventana del navegador (o caja contenedora).

Comprueba que has especificado una anchura para el elemento flotante. p. 368

El contenedor alrededor de mis elementos flotantes tiene un píxel de alto.

El elemento contenedor no conoce la altura del elemento flotante que lleva dentro. Puedes añadir un elemento que actúe como caja para dejar espacio o utilizar la propiedad `overflow` con valor `auto`. p. 370

Si te has encontrado con un problema que crees que debería ir en esta sección de soluciones, puedes escribirnos a hello@htmlandcssbook.com. Nos esforzaremos por cubrir los problemas más habituales a los que se hayan enfrentado nuestros lectores en futuras ediciones del libro. ¡Gracias!

ELEMENTOS HTML

ATRIBUTOS HTML

PROPIEDADES CSS

PSEUDOCLASES, ELEMENTOS Y REGLAS